DES CONTRATS

A LA GROSSE

EN DROIT ROMAIN & EN DROIT FRANÇAIS

THÈSE POUR LE DOCTORAT

PAR

Louis BONNARD

Docteur en Droit, Avocat à la Cour d'appel

CHARTRES

IMPRIMERIE ÉDOUARD GARNIER

Rue du Grand-Cerf, 15

1881

DES CONTRATS

A LA GROSSE

EN DROIT ROMAIN & EN DROIT FRANÇAIS

DES CONTRATS

A LA GROSSE

EN DROIT ROMAIN & EN DROIT FRANÇAIS

THÈSE POUR LE DOCTORAT

Soutenue le 27 Avril 1881

PAR

Louis BONNARD

Né à Chartres. — Eure-&-Loir.

Président : M. GLASSON

Suffragants : {
MM. RATAUD
LABBÉ
} professeurs.

MM. MICHEL
ESMEIN
} agrégés.

A mon Père,

A ma Mère.

DROIT ROMAIN

DROIT ROMAIN

INTRODUCTION

LE DROIT MARITIME DANS L'ANTIQUITÉ

Dès qu'il s'établit entre les peuples de l'antiquité des relations commerciales, la navigation prit naissance et fit de rapides progrès. En ces temps reculés, le commerce par terre était presque impossible, en raison des difficultés de communications, du petit nombre des routes et du peu de sécurité qu'elles offraient aux voyageurs qui les parcouraient. Du reste la navigation ancienne ne fut qu'un grand cabotage dans la Méditerranée, sur les rives de laquelle habitaient les peuples qui occupèrent alors la scène du monde et dont les noms remplissent l'histoire de l'antiquité. C'est à peine si nous voyons quelques rares expéditions se hasarder dans l'Océan, et, pendant longtemps, les colonnes d'Hercule furent pour les marins anciens une infranchissable limite.

Les Phéniciens, les premiers, se distinguèrent par l'importance de leur commerce maritime.

Navigateurs habiles et hardis, ils couvrirent de leurs colonies les rives de la Méditerranée. Le nombre de ses vaisseaux et l'importance de ses opérations commerciales valurent à Tyr le surnom de *Marché des Nations* et ses lois furent adoptées par les Rhodiens et les Carthaginois.

A Rhodes, le droit maritime atteignit une véritable perfection. Mais les lois rhodiennes étaient-elles des principes rédigés en forme législative, ou, simplement, des usages traditionnellement observés? Il nous semble qu'on doit admettre cette seconde solution et qu'il faut faire remonter à l'époque de la domination romaine la rédaction des usages rhodiens, lorsqu'on songe que nous n'avons d'autres lois rhodiennes que celles que nous trouvons dans le corps de droit romain.

Cependant, en 1591, parut un ouvrage intitulé : *Loi maritime des Rhodiens*, Νόμος Ῥοδίων ναυτίκος, sur l'authenticité duquel s'élevèrent les plus vives controverses, qui ne sont pas encore complètement tranchées aujourd'hui.

Tandis que Jacques Godefroy, Vinnius, Valin considéraient ce recueil comme authentique et comme la véritable expression du droit à Rhodes, Baudoin, Heineccius, Gravina n'y voyaient qu'une compilation de textes inventés à plaisir par un juriste ignorant et malhabile.

Cujas, et, après lui, de Pastoret, nous semblent plus près de la vérité, en considérant la loi des Rhodiens comme l'expression, non pas de l'ancien droit de Rhodes, mais de lois maritimes plus récentes. Cela semble bien résulter de la conformité de plusieurs chapitres avec des lois et règlements de l'empire romain, dont l'existence n'est pas douteuse, ainsi que de traces que nous trouvons dans l'ouvrage de contrats qui se développèrent par la suite dans notre droit. Nous pensons, avec M. Pardessus : « Que cette série de chapitres, sans appartenir à la législation positive ni en faire partie, s'y rattachait comme un livre de pratique se rattache à la loi, dont il offre le développement et le supplément usuel. » (*Collection des Lois maritimes*, tome I, page 218.)

Quant à la date de cette compilation, elle est peut-être antérieure à la promulgation des Basiliques, qui eut lieu vers l'an 890 (1). Mais elle précéda certainement l'abrégé des Basiliques, appelé *Synopsis major,* dont le plus ancien manuscrit est de 1167, et qui contient plusieurs chapitres copiés presque textuellement dans la loi des Rhodiens (2).

La Grèce eut également un droit maritime, qui nous est connu principalement par les plaidoyers de Démosthène (3). « Les discours du grand orateur, dit M. Pardessus, nous ont conservé le fond d'une législation dont l'injure des temps a fait disparaître les textes. » Le prêt à la grosse était fort en usage en Grèce, surtout à Athènes. Nous trouvons dans le plaidoyer de Démosthène contre Lacritus le texte d'un contrat de ce genre, où nous reconnaissons les caractères et presque tous les effets qui le distinguent encore aujourd'hui :

« Androclès de Sphette et Nausicrate de Caryste ont prêté à Artémon et à Apollodore de Phasélis trois mille drachmes d'argent sur des effets à transporter d'Athènes à Mende ou à Scyone, de là dans le Bosphore, et, s'ils le veulent, à la côte gauche jusqu'au Borysthène pour revenir à Athènes.

Les emprunteurs paieront l'intérêt à raison de 225 par 1000 ; mais s'il ne passent du Pont au Temple (des Argonautes), qu'après le coucher de l'Arcture, ils paieront 300 d'intérêt pour 1,000. Ils engagent pour la somme prêtée trois mille amphores de vin de Mende qu'ils transporteront de Mende ou

______

(1) Giraud, *Histoire du Droit romain*, p. 445.

(2) Cette question est traitée dans tous ses détails dans la collection des lois maritimes de Pardessus, tome I, chapitre VI, où le texte de la compilation est rapporté.

(3) Deux ou trois textes seulement des lois grecques nous ont été conservés.

de Scyone, sur un navire à 20 rames, dont Hiblésius est armateur. Ils ne doivent et n'emprunteront à personne sur le vin affecté à ce prêt.

Ils rapporteront à Athènes sur le même navire les objets qu'ils auront achetés avec le prix de ce vin, et, lorsqu'ils seront arrivés, ils paieront, en vertu du présent acte, aux prêteurs, la somme convenue, dans les vingt jours à compter de celui où ils seront entrés dans le port d'Athènes, sans autre déduction que les pertes ou sacrifices consentis par le commun accord des passagers, ou celles qu'ils auraient essuyées de la part des ennemis; sauf cette seule exception, ils paieront la totalité et livreront sans aucune charge aux créanciers les objets affectés, jusqu'à ce qu'ils aient payé intégralement l'intérêt et le principal convenus par le présent acte.

Si cette somme n'est pas payée dans le temps marqué, les créanciers pourront faire vendre ces objets; et, s'ils n'en tirent pas l'argent qui leur est promis par le présent acte, ils pourront exiger le reste d'Artémon et d'Apollodore, ou de l'un d'eux, ou de tous les deux en même temps, saisir leurs biens sur terre et sur mer, en quelque lieu qu'ils soient, comme s'ils eussent été condamnés, et qu'il s'agît de l'exécution d'une sentence des tribunaux.

Si les emprunteurs ne chargent point de retours dans le Pont, ou que, restant dans l'Hellespont dix jours après la canicule, ils déchargent leurs marchandises dans un pays où les Athéniens ne peuvent poursuivre la vente de leurs gages, revenus à Athènes, ils paieront l'intérêt de leur dette au taux de l'année précédente.

S'il arrive quelque accident considérable au navire sur lequel seront chargées les marchandises, le droit des créanciers sera limité aux effets qui auront échappé. Pour toutes ces conventions, rien ne pourra infirmer le présent acte. » (Pardessus, *Collection des Lois maritimes,* tome I, page 46.)

En résumant, comme l'a fait M. Pardessus (*Loc. cit.*), le contrat que nous venons de citer, nous voyons qu'il contient les idées principales que nous aurons à développer dans la suite de cette étude. Ainsi :

1° Le navire est désigné par ce qui peut en faire connaître l'identité, et éclairer le prêteur sur ses chances.

2° Le navire suivra la route convenue dans le contrat, sans pouvoir débarquer ailleurs qu'aux lieux déterminés.

3° On placera sur le navire des marchandises affectées au prêt, qui, en cas de déchargement, seront remplacées par d'autres.

4° En cas de force majeure, les droits des créanciers se réduiront aux marchandises sauvées, et la contribution aux avaries communes, telles que jet ou rachat payé, sera déduite des sommes payées par l'emprunteur.

5° Un profit maritime sera payé au prêteur pour l'indemniser des chances qu'il a courues.

6° L'argent prêté sera remboursable après l'arrivée.

7° A défaut de paiement, le prêteur aura le droit de faire vendre les marchandises affectées, et, s'il n'est pas pleinement remboursé par leur prix, il aura un recours sur les autres biens du débiteur.

8° Toutes ces clauses sont de rigueur, et, pour sûreté de leur exécution, le débiteur oblige ses biens tant meubles qu'immeubles, comme s'il y avait été condamné par jugement.

Jusqu'à ses guerres avec Carthage, Rome n'eut pas de marine. Après la chute de sa rivale, elle hérita de sa prospérité commerciale; puis, le cercle de ses conquêtes s'étendant, elle établit avec les peuples de l'Orient des relations qui devinrent de plus en plus fréquentes, à mesure que grandit dans l'empire le goût du luxe.

Mais ce qui développa le plus le mouvement maritime à Rome, fut la nécessité d'assurer la subsistance du peuple romain. C. Gracchus ayant fait décider que les citoyens pauvres seraient nourris en partie aux frais de l'État, on leur distribuait des bons (*tesseræ frumentariæ*), qui leur permettaient d'avoir le blé à moitié prix. Plus tard, on le leur donna pour rien. Le nombre des individus qui prenaient part à ces distributions était énorme. On en comptait 320,000 quand César s'empara du pouvoir. Bien que restreint par la suite, le nombre en resta cependant fort considérable : à la mort d'Auguste, 200,000 citoyens recevaient du blé de l'État.

Lorsque l'Italie épuisée et mal cultivée ne fut plus en état de suffire à l'approvisionnement de Rome, il fallut des flottes considérables pour aller chercher en Afrique le blé nécessaire au peuple romain. Aussi voyons-nous les encouragements prodigués au commerce maritime; des primes sont données à ceux qui arment ou construisent des vaisseaux; les navigateurs se forment en *Corpora* et en *Ordines* (1), à qui on accorde de nombreux privilèges, entre autres des commissions élevées sur les objets qu'ils transportent.

Mais, en échange de ces avantages, comme il importait que ce service fût toujours assuré, les naviculaires étaient soumis à une discipline rigoureuse. Lorsque le blé n'arrivait pas à l'époque fixée, c'était la famine qui menaçait une partie de la population de Rome : de là, des troubles et des émeutes.

___

(1) Les premières corporations de Rome datent du règne de Numa. (Plut., *Vita Numæ*, 28.)

« Tous les jours, dit Tacite dans son énergique langage, la vie du peuple romain est le jouet des flots et des tempêtes (1). »

Aussi, pour assurer le recrutement des mariniers, on les enchaîna à leur profession; les fils de mariniers furent même obligés de suivre l'état de leur père. En outre, comme leur exactitude était une question de salut public, on fixait la durée de leur voyage; on imposait aux gouverneurs l'obligation de veiller à ce qu'ils ne s'arrêtassent pas dans les ports où ils devaient charger ou relâcher, et cette surveillance ne cessait que lorsque, après avoir doublé le cap de Minerve, où les pilotes montaient faire des libations à Minerve Tyrrhénienne, dont le temple s'élevait sur la falaise, la flotte jetait l'ancre devant les *emporia* et les *horrea*, vastes magasins et greniers qui entouraient les ports d'Ostie (2).

Du reste, cette organisation de la marine marchande ne fut pas spéciale à Rome. Elle s'étendit aux provinces de l'empire, et, notamment, au midi de la Gaule, où de nombreuses inscriptions relevées le long de la Méditerranée et du Rhône nous révèlent l'existence de collèges de naviculaires très-florissants. On en a retrouvé également sur les rives du Danube (3).

(1) *Vita populi romani per incerta maris et tempestatum quotidiè volvitur.* (Tacite, *Ann.*, III, 54.)

(2) Ostie avait deux ports: le premier construit par Claude, le second par Trajan. C'était le grand entrepôt de Rome, pour le blé et le vin. (Gaston Boissier, *Promenades archéologiques.*)

(3) On a trouvé des inscriptions de ce genre à Lyon, Arles, Montélimart, Cavaillon, Saint-Gabriel (Ernaginum), Saint-Gilles (Hœraclea), Narbonne, à Montbard, en Bourgogne, à Temeswar, en Hongrie, etc. Il résulte de celles qu'on a relevées dans le midi de la Gaule, que les corps de naviculaires se divisaient en trois catégories distinctes: les *navicularii marini*, dont les navires pouvaient tenir la mer; les *nautæ*, ou nautonniers du Rhône et des Durances; les *utricularii*, utriculaires, qui naviguaient à la surface des étangs. Il y avait donc simultanément une flotte maritime, une flotte fluviale et une flotte paludéenne.

On conçoit aisément que ce grand mouvement maritime ait donné naissance à de nombreux contrats. Le *nauticum fœnus*, entre autres, apparaît de très-bonne heure, car il était fort avantageux pour les capitalistes qui voulaient retirer un gros intérêt de leur argent. Les plus riches citoyens de Rome devinrent prêteurs à la grosse, entre autres Caton l'Ancien, qui recommandait à son fils l'usure maritime comme le plus sûr moyen d'augmenter sa fortune. Lui-même s'y livrait beaucoup, et pour en tirer un plus gros profit, il exigeait que ceux à qui il prêtait contractassent une société de commerce de cinquante membres; qu'ils équipassent un nombre égal de vaisseaux, sur chacun desquels il avait, outre sa part dans les bénéfices des sociétaires, une part qu'il faisait valoir par un de ses affranchis embarqué avec les autres associés. De cette manière il ne pouvait perdre son argent que dans le cas où la société aurait été ruinée par la perte de tous ses vaisseaux, et il aurait fallu pour cela un concours de circonstances presque impossible. (Plutarque, *Cato major.*)

Lorsque des relations fréquentes s'établirent entre Rome et l'Orient, la supériorité incontestable des lois rhodiennes les fit adopter par les Romains, qui les modifièrent plus ou moins pour les coordonner au système des actions et de la procédure. Aussi, on remarque les plus grandes analogies entre les textes romains et ce que nous connaissons des usages de Rhodes; un texte du Digeste (livre 14, t. II), relatif au jet, est qualifié *lex Rhodia*; enfin, le *nauticum fœnus* romain présente une grande analogie avec le prêt à la grosse athénien, qui était lui-même calqué sur le droit rhodien.

Mais s'il est hors de doute que la législation maritime romaine ait été empruntée aux lois rhodiennes, on n'est pas d'accord sur le point de savoir à quelle époque cet emprunt fut fait et ces lois pénétrèrent à Rome.

Terrasson, dans ses *Mélanges historiques*, fixe leur introduction au règne de Claude, vers l'an 53 de notre ère. C'est aussi l'avis de M. de Pastoret. Pour nous, nous pensons, avec Pardessus, qu'elles furent connues à Rome au siècle qui précéda l'empire, vers l'époque où Rhodes méritait, à la suite de ses guerres avec les rois de l'Asie, le nom de *plus fidèle alliée du nom romain*. Nous n'en voulons pour preuve que la loi 9, au Dig., de jactu, qui s'exprime ainsi : « Deprecatio Eudœmonis ad Antoninum imperatorem. Domine imperator Antonine, naufragium in Italia facientes, direpti sumus a Publicanis Cyclades insulas habitantibus. Respondit Antoninus Eudœmoni : Ego quidem mundi dominus, lex autem maris, lege id Rhodia, quæ de rebus nauticis præscripta est, judicetur, quatenus nulla nostrarum legum adversatur. *Hoc idem quoque divus Augustus judicavit.* »

Haubold, dans ses *Tablettes chronologiques de droit romain*, fixe l'introduction du droit rhodien à Rome, entre 699 et 703 de Rome, 55 à 51 ans avant Jésus-Christ.

Le droit maritime romain ne fut jamais l'objet d'une codification spéciale, et les textes qui y sont relatifs sont disséminés dans l'ensemble de la législation. Le livre VIII des Basiliques était spécial au droit maritime, mais il ne nous est pas parvenu. Il ne nous en reste que l'abrégé, *Synopsis major*, œuvre d'un jurisconsulte inconnu, et dont nous parlions plus haut.

Relativement au sujet spécial de nos études, le *Nauticum fœnus*, les textes qui en traitent sont : le livre 22, titre 2, au Digeste; le livre 4, titre 33, au Code; quelques fragments épars au Digeste, au Code, aux Institutes et dans les Sentences de Paul; enfin, les Novelles 106 et 110.

DE NAUTICO FOENORE

CHAPITRE Ier

NATURE ET CARACTÈRES DU NAUTICUM FŒNUS

Le Nauticum fœnus (1) était un contrat par lequel une personne prêtait à une autre, le plus souvent une somme d'argent, pour une opération maritime, sous cette condition que si cette somme ou les objets qui la représentaient venaient à périr par fortune de mer, le prêteur ne réclamerait rien, mais que, s'il y avait heureuse arrivée, l'emprunteur rembourserait, en outre du capital et comme prix de risque, un intérêt convenu.

Le prêteur s'appelait *creditor*, le preneur *fœnerator*. Quant au contrat lui-même, on l'appelait quelquefois *Trajectitia pecunia*, *nautica* ou *maritima usura*.

Ce contrat défini, nous devons nous demander quelle était sa nature?

Cujas, au commencement de son Commentaire sur le prêt à la grosse, se posait cette question : « Sed, quæro, fœnus, quale sit negotium? »

---

(1) Les mots « Nauticum fœnus » signifient proprement *intérêt nautique*. Nous l'emploierons cependant dans le sens de *Contrat à la grosse*, qui n'a pas d'équivalent en latin.

Est-ce un louage, une *locatio conductio?* Les deniers sont bien donnés pour qu'on en use moyennant un certain prix, mais ce n'est pas cependant un contrat de louage : « Nam ea locantur quorum est usus aliquis; pecuniæ non in usu consistunt, quoniam utendo consumuntur. Item contracta locatione eadem res redditur; contracto fœnore, eadem res non redditur. »

Ce n'est pas non plus une société. Le bénéfice qui peut résulter de l'opération entreprise reste propre à l'emprunteur, et les risques sont à la charge du prêteur seul, qui n'a droit, en cas d'heureuse arrivée, qu'à l'intérêt maritime convenu. « Non est contractus societatis, quia periculum non est commune; nec etiam lucrum commune. » (Dumoulin, *De Usuris,* n° 98.)

Est-ce un *mutuum?* Pas davantage, d'après Cujas : « Nam mercedem non recepit mutuum, sicut nec commodatum. »

D'après lui, le contrat est double : pour le capital, c'est un mutuum; pour le profit maritime, une stipulation ou un pacte d'intérêts. « Verum duplex est contractus : datione pecuniæ mutuum contrahitur; stipulatione fœnus. Fœnus igitur, id est, fœneratitia stipulatione. Excipiuntur quidam casus, quibus pacto fœnus constituitur, quos supra diximus. »

D'après Maynz (*Cours de Droit romain,* t. 2), le contrat à la grosse n'était autre chose qu'un mutuum sous condition suspensive, et cette condition consistait à mettre le *periculum* de l'argent prêté à la charge du prêteur, contrairement à la règle d'après laquelle l'emprunteur est toujours tenu de rendre sans qu'il puisse se prévaloir de la perte de la chose prêtée.

M. de Savigny n'admettait pas la distinction proposée par Cujas. D'après lui, « la forme du prêt n'était, en cette matière, qu'une apparence extérieure; dans la réalité, on donnait une chose avec chance de perte, et l'autre partie promettait une somme supérieure dans le cas où la perte n'aurait pas lieu;

c'était donc un acte dans la forme *do ut des*. » (System., t. VI, § 268, note m.)

Nous repoussons tout d'abord cette idée du grand romaniste prussien, qu'il ne fait du reste qu'indiquer d'une façon incidente sans la discuter, et sans apporter aucune preuve à l'appui de sa solution.

L'opinion de Cujas ne nous satisfait pas davantage et nous ne considérons le nauticum fœnus ni comme un contrat innommé, ni comme un composé de deux contrats : mutuum, pour le capital; pacte ou stipulation, pour le profit maritime. Pour nous, d'accord en cela avec la majorité des auteurs, nous ne voyons dans le *nauticum fœnus* qu'un *mutuum* d'une condition particulière, soumis à des règles spéciales. Cela ressort jusqu'à l'évidence de l'examen des textes, où nous trouvons souvent le mot *mutuum* employé en parlant de notre contrat. Ainsi, dans la loi 6, D., *De naut. fœn*. « Fœnerator pecuniam usuris *mutuam* dando. » Et dans la loi 4, C., *De naut. fœn*. « Trajectitiæ quidem pecuniæ, quæ periculo creditonis *mutuo* datur; » et dans la loi 122, 1, D., *De verb. oblig.*, 45, 1, « Callimachus *mutuam* pecuniam nauticam accepit. »

En outre, nous verrons que le prêteur exerce ici, comme dans les cas ordinaires, une action de droit strict. (L. 2, 8, loi 7, pr., *De eo quod certo loco*, D. 13, 4.) Or l'action *præscriptis verbis*, par laquelle on sanctionne les contrats innommés, est de bonne foi.

Tel est l'avis de M. Accarias, qui s'exprime ainsi : « On peut dire que, jusqu'à l'achèvement de la traversée, le contrat tout entier n'a qu'une existence conditionnelle; que par l'arrivée du navire il est réputé s'être formé définitivement à compter de la numération des espèces, mais qu'il n'a pas eu pendant sa durée une nature uniforme : il a commencé par n'être qu'un *mutuum* ordinaire; au jour du départ, il est devenu *nauticum fœnus*, et enfin, l'arrivée du navire lui a rendu pour l'avenir son caractère primitif. » (*Précis de droit romain*, t. 2, p. 411, texte et note.)

Le nauticum fœnus n'est donc qu'une variété du mutuum, avec lequel il présente les différences suivantes, que relevait Emérigon :

1° Le péril de l'argent simplement prêté regarde l'emprunteur, au lieu que l'argent à la grosse est au risque du donneur.

2° Dans le simple prêt, l'intérêt n'était dû qu'en vertu de la stipulation; au lieu que le change nautique courait en vertu d'un simple pacte.

3° Dans le prêt simple, l'intérêt entre négociants ne peut pas excéder le taux du prince, ou tout au plus celui qui est en usage sur la place; au lieu que le contrat à la grosse est susceptible d'un change indéfini.

4° Les intérêts de terre se calculent temps pour temps, d'une manière successive et séparément du sort principal; au lieu que l'entier change nautique est dû conjointement avec le capital et à la même époque : *simul et semel*. Le change maritime est un accroissement du capital, *augmentum sortis*.

5° L'intérêt du prêt à jour est prohibé par les lois; au lieu que le change maritime est licite, parce qu'il est le prix du péril. (Ch. 1, sect. 4.)

A Athènes, l'emprunt à la grosse était constaté par un acte qu'on déchirait lorsque le débiteur s'était entièrement acquitté. L'acte restait entre les mains du prêteur ou d'un tiers. On le faisait souvent en double, dont l'un restait aux mains de l'armateur qui pouvait recevoir le paiement à la place du prêteur.

Le chargement était prouvé par les registres des contrôleurs publics ou par des témoins, en présence desquels l'emprunteur déclarait quels objets il mettait en mer aux risques du créancier. Sur ces objets, l'emprunteur ne pouvait plus emprunter sans le consentement de celui-ci, ou à moins que les choses affectées au premier ne pussent répondre de l'une et de l'autre obligation. Même en ce cas, il n'en avait pas le droit, s'il se l'était retiré par l'acte d'emprunt.

A Rome, il fallait le consentement exprès du prêteur, qui devait formellement se charger des risques maritimes.

A défaut de cette convention expresse, il ne pouvait y avoir nauticum fœnus. C'est ce qui résulte de la loi 2, liv.4, t. 33, C. : « Cum dicas pecuniam ea lege dedisse, ut in sacra urbe tibi restitueretur, nec incertum periculum, quod ex navigatione maris metui solet, ad te pertinuisse profitearis, non est dubium, pecuniæ creditæ ultra licitum modum te usuras exigere non posse. » Et de la loi 4, *eod. tit.* : « Sine hujusmdoi vero conventione, infortunio naufragii debitor non liberabitur. »

Le contrat à la grosse se composait essentiellement de quatre éléments : un capital prêté, une chose affectée, des risques à la charge du prêteur, et un profit ou intérêt maritime. Nous étudierons séparément chacun de ces éléments.

DES CHOSES QUI PEUVENT ÊTRE PRÊTÉES A LA GROSSE OU AFFECTÉES AU CONTRAT

« Pour former un contrat de prêt à la grosse aventure, dit Pothier, il faut une somme d'argent que l'un des contractants prête à l'autre, aux conditions usitées dans le contrat. Ce n'est pas que ce contrat ne pût être absolument susceptible d'autre chose que d'une somme d'argent, car ce contrat renfermant le contrat mutuum, auquel est jointe une convention par laquelle le prêteur se charge des risques, il peut être susceptible de toutes les choses dont l'est le contrat mutuum : c'est-à-dire de toutes celles *quæ pondere, numero et mensura constant et quæ usu consumuntur*. Mais, dans l'usage, on ne donne à la grosse que de l'argent. »

L'emprunteur devenait propriétaire de la chose prêtée, et s'engageait à restituer plus tard, en cas d'heureux voyage, des choses de même nature et de même qualité. Comme le fait remarquer Pothier, on ne prêtait guère à la grosse que de l'argent. L'emprunteur pouvait employer les deniers provenant du prêt, à acheter des marchandises dans le lieu du contrat, pour les charger sur son navire. Il pouvait également les embarquer avec lui pour les employer pendant le voyage et pour acheter dans le lieu pour lequel le navire était expedié, des marchandises destinées à être rapportées, ou même vendues à l'étranger et remplacées par d'autres qu'on rapportait. C'était là la destination la plus ordinaire de l'argent trajectice, car Rome n'avait pas un grand commerce d'exportation.

Il ne suffisait pas de dire que les deniers étaient donnés à la grosse pour qu'ils devinssent trajectices, et, comme tels, susceptibles de produire un intérêt maritime. Il fallait pour cela que les deniers, ou les marchandises qui les représentaient, eussent été embarqués et réellement exposés à des risques de mer à la charge du donneur. Le contrat n'était véritablement contrat à la grosse que du jour où le péril avait commencé à avoir son cours. Si donc le preneur avait dissipé à terre les deniers prêtés, sans leur faire courir de risques de mer, il n'y avait pas nauticum fœnus, bien que les parties l'eussent qualifié tel.

C'est ce que nous dit la loi 1, D, liv. 22, t. 2 : « Trajectitia ea pecunia est quæ trans mare vehitur; ceterum si eodem loci consumatur, non erit trajectitia. Sed videndum, an merces ex ea pecunia comparatæ in ea causa habeantur? Et interest, utrum etiam ipse periculo creditoris navigent : tunc enim trajectitia pecunia fit. »

Les choses affectées étaient celles dont le préteur prenait les risques à sa charge, et qui constituaient une garantie de sa créance. Ce n'étaient pas toujours les objets mêmes donnés par le préteur. Ainsi, nous venons de voir dans la loi 1, D, De nautico fænore, que l'argent reçu pouvait être employé en achat de marchandises. La loi 22, D, l. 42, t. 5, nous apprend qu'on pouvait prêter pour construire, armer ou acheter un navire, et que le préteur avait un privilège : « Qui in navem extruendam, vel instruendam credidit, vel etiam emendam, privilegium habet. »

Les choses affectées étaient donc, ou les deniers prêtés eux-mêmes, si on les embarquait tels pour le voyage, ou les marchandises qu'ils avaient servi à acquérir, ou le navire qu'ils avaient servi à armer, à acquérir ou à réparer. Ce pouvaient être aussi les agrès séparément, ou le navire et le chargement ensemble, ou même des objets précieux, ou des esclaves embarqués sur le navire.

Etait-on réputé, lorsqu'on empruntait une somme « sur le navire, » affecter aussi le chargement? Oui, si l'on voyait que telle avait été l'intention des parties; si, par exemple, la somme prêtée était véritablement supérieure à la valeur du navire. On pouvait décider ainsi, par analogie de la loi 34, D., livre 20, t. 1, d'après laquelle celui qui hypothèque son magasin ou sa boutique est censé hypothéquer les objets qui s'y trouvent.

Il faut admettre, bien qu'aucun texte ne nous le dise expressément, que les choses affectées devaient être d'une valeur au moins égale à la chose prêtée. Le preneur ne devant rien rendre en cas de perte, le sinistre pourrait devenir pour lui une cause de bénéfice, s'il ne mettait en risque qu'une valeur inférieure à celle qu'il a reçue.

D'après un plaidoyer de Démosthène, nous savons qu'en Grèce la chose affectée devait généralement avoir une valeur double de la chose prêtée. Il est certain qu'à Rome également l'emprunt pouvait se faire sur des choses d'une valeur notablement supérieure à la somme prêtée, ce qui donnait au prêteur un gage plus riche, et l'assurait que le preneur veillerait avec plus de soin à la conservation des choses affectées.

A côté de ces choses affectées, qui sont aux risques du prêteur il peut y en avoir d'autres qui lui sont données comme sûretés, comme gage indépendant, et dont il ne supporte aucunement les risques. Le sort du prêteur ne dépend que de la perte ou du salut des premières de ces choses, en ce sens qu'il recevra ou non son capital et son profit maritime, suivant qu'elles arriveront à bon port ou qu'elles feront naufrage. Quant aux autres, elles n'ont pour objet que d'assurer l'exécution du contrat en cas d'heureuse arrivée. Cette distinction se trouve dans la loi 6, D., de *naut. fænore :* « Fœnerator, pecuniam usuris maritimis mutuam dando, quasdam merces in nave pignori accepit. » Ce sont là les choses dont le prêteur va courir les risques. Et le texte continue : « Ex quibus si non potuisset totum debitum exsolvi, aliarum mercium aliis navibus impositarum, propriisque fœneratoribus obligatorum, si quid superfuisset, pignori accepit. » Voilà les sûretés accessoires qui ne garantissent que l'exécution de l'obligation, et relativement auxquelles le prêteur ne court aucun risque.

DE LA LOI 5, D., DE NAUTICO FŒNORE

Avant de nous occuper des effets du contrat à la grosse à l'égard du préteur, nous devons étudier un texte de Scævola, qui forme la loi 5, D., *de naut. fœnore*, et qui est relatif à certains prêts aléatoires autres que le nauticum fœnus (1).

Voici le texte de cette loi : « Periculi pretium est, et si conditione quamvis pænali non existente recepturus sis quod dederis, et insuper aliquid præter pecuniam, si modo in aleæ speciem non cadat : veluti ea ex quibus conditiones nasci solent, ut si manumittas, si non illud facias, si non convaluero, et cœtera. Nec dubitabis, si piscatori erogaturo in apparatum plurimum pecuniæ dederim, ut si cepisset redderet; et athletæ, unde se exhiberet exerceretque, ut si vicisset redderet. — 1. In his autem omnibus et pactum sine stipulatione ad augendam obligationem prodest. »

Peu de textes ont exercé, autant que cette loi, la sagacité des commentateurs et ont été l'objet d'autant d'interprétations diverses. Nous ne pouvons citer toutes les opinions qui se sont produites sur la matière, cela nous entraînerait trop loin. Nous nous contenterons d'analyser quelques-unes des principales (2).

Tous les interprètes sont d'accord sur l'idée qu'a voulu exprimer Scævola dans la loi 5. Il a entendu dire qu'il y a des

---

(1) Les anciens interprètes mettaient cette loi au nombre des *septem leges damnatæ*, ou *septem cruces jurisconsultorum*. Les six autres, si l'on est curieux de les connaître, sont les suivantes : L. 22, *De reb. creditis*, 12, 1, — L. 40, *De reb. creditis*, 12, 1. — L. 38, *De cond. ind.*, 12, 6. — L. 8, *De eo quod certo loco*, 13, 4. — L. 69, *Pro soc.*, 17, 2. — L. 29, *De lib. et post.*, 28, 2.

(2) Zinzerling, *Opinationes variorum de intellectu legis quintæ, de nautico fœnore*.

négociations autres que le prêt maritime, qui sont régies par des principes analogues à ceux du nauticum fœnus. Ce point est incontestable et ne saurait être discuté. Mais c'est sur les détails et l'interprétation littérale de la loi que nous nous trouvons en présence des opinions les plus divergentes.

Nous passons sur les explications de Donneau et de Voët, pour arriver à Cujas, qui a longuement étudié le texte de Scævola, et lui a fait subir de nombreuses corrections.

« Quæro, dit-il, etiamsi periculum creditor suscipiat pecuniæ non nauticæ, eadem ratione possit ei deberi usura ex pacto? Scævola putat posse. » Puis il ajoute qu'il y a dans la loi plusieurs points qui lui semblent obscurs. Ce sont d'abord les mots *et si*, qu'il propose de lire *etsi*. « Illud *etsi* significat non tantum nauticam, sed et aliam pecuniam suscepti periculi pretium recipere posse. »

La condition *pœnalis* dont il est parlé au commencement du texte l'embarrasse. « Atqui non est pœnalis : nam pœna est quæ ob moram infligitur, id, est si pecunia soluta non sit, et interdum dicitur usura. Propriè autem usura est, quæ ob questum, nulla mora intercedente, infligitur; id est, quæ currit statim a contractu, et hoc nullo modo dicitur pœna. At in specie hujus legis, quod recipitur præter pecuniam, non recipitur ob moram, sed ob usuram et periculi mercedem. Igitur usura non est pœna. Denique hæc conditio est fœneratitia, non pœnalis. »

Il continue: « Tertia dubitatio est: proponit Scævola non tantum ex pecunia nautica, sed etiam ex alia pecunia insuper aliquid exigi posse ob periculi pretium. Deinde addit modum huic propositioni, *si modo in aleæ speciem non cadat*. Cur hoc? An quia alea est prohibita legibus? Minime, nam alea est prohibita, veluti, si quis ludat tesseris, aut talis, quasi alea non est prohibita, ut si quis emat a piscatore bolum, id est jactum retis. Cur autem ita dixerit non videtur reddi posse ratio idonea. Prœterea pugnat ipse secum ; nam in fine ait eam pecuniam admittere periculi pretium ea lege, *ut si cepisset, redderet.* Atqui ea res aleæ speciem habet. »

« Quarta dubitatio est circa verba, *veluti ea ex quibus conditiones nasci solent.* Conditio dicitur imponi, prœposui, adscribi, dari; nasci autem nunquàm. »

« Quinta dubitatio est varietas lectionis. Legitur in vulgatis libris pro *quamvis quavis.* Baro negationem tollit. Pro verbis *in alcæ speciem*, legitur in vulgatis *in aliam speciem;* pro *conditiones* quidam habent *condictiones.* Ad primam dubitationem, initio verba legis sunt transposita, legendum autem, *etsi conditione quamvis non pœnali existente.* Hic erit sensus, quamvis quod recipio præter pecuniam, non sit pœna, id est, quamvis non recipiamus ob moram, nihilominus tamen id jure recipio, quia suscepti periculi mercedem. Igitur pretium suscepti exigitur, etiam si infligendæ pœnæ nulla causa sit. Deinde sequitur *si modo in alcæ speciem.* Probanda hic potius est communis lectio, *si modo in aliam speciem non cadat* contractus, id est, diversam a mutuo. Sequitur *ex quibus conditiones;* ibi legendum *condictiones,* scilicet ob rem dati. » .

D'après Cujas, le commencement de la loi 5 devrait donc être ainsi modifié : « Periculi pretium est, etsi conditione non pænali existente, recepturus sis quod dederis et insuper aliquid præter pecuniam, si modo in aliam speciem non cadat : veluti ea ex quibus conditiones nasci solent, ut si manumittas..... » Le reste de la loi ne subit aucun changement.

Le sens du texte serait qu'on peut réclamer « aliquid præter pecuniam, » bien qu'on ne l'ait pas stipulé comme peine d'un retard, toutes les fois qu'on court le risque de perdre son capital. Cette somme qu'on reçoit en sus de son capital, c'est

le prix des risques que courait l'argent « periculi pretium. »
Sans nul doute, il en sera ainsi dans le cas ou le prêt aura été
fait à un pêcheur « ut si cepisset, redderet, » ou à un athlète
« ut si vicisset, redderet. » Mais, pour que le « periculi
pretium » puisse être réclamé, il faut que la convention ne
tombe pas dans la classe des contrats « do ut facias, » qui
engendrent la « condictio ob rem dati » pour la restitution du
capital fourni, contrats dont il donne des exemples : je vous
donne une somme « si manumittas, si non illud facias, si non
convaluero, et cætera. »

Pothier explique de la façon suivante notre loi : « Ce que
nous avons dit jusqu'ici du contrat de prêt maritime peut s'appliquer à toute autre espèce de prêt dans lequel le prêteur se
soumet à l'événement d'une condition pour le recouvrement de
la chose prêtée.

« C'est pourquoi Scævola dit : « Il y a un prix à mettre aux
risques et périls de la chose, et si vous devez recevoir ce que
vous avez donné, avec un intérêt quelconque, sans que la condition, encore que pénale, soit remplie, à moins qu'il ne soit
question d'un autre contrat, comme d'un contrat susceptible de
condition ; par exemple, si on vous avait imposé la condition
d'affranchir un esclave, de ne pas faire quelque chose, ou si
l'on avait dit : dans le cas où je reviendrai en santé, etc. Il n'est
pas douteux que je ne puisse prêter de l'argent à un pêcheur,
sous condition de me le rendre s'il fait une bonne pêche ; ou à
un athlète, à condition de me le restituer s'il remporte le prix. »
« Or, dans tous ces contrats, un pacte tient lieu de stipulation
pour augmenter l'obligation des intérêts. »

Émérigon ne cherche pas à donner une explication de la loi
de Scævola ; il se contente d'en constater l'obscurité. « La loi 5
est très-obscure, dit-il, le texte en est sans doute corrompu.

Cependant on doit en inférer qu'en matière de contrats aléatoires, ce qu'on reçoit au-delà du principal est le prix du péril qu'on a couru, et qu'en pareil cas, le simple pacte non revêtu de la stipulation, suffit pour augmenter l'obligation. Ce qu'on reçoit alors au-delà du capital est moins un intérêt qu'un accroissement d'obligation à cause du péril auquel on a exposé son argent. Et, comme dit Dumoulin (aux contrats usuraires, après le n° 102 : « Valet sine stipulatione, nec subest taxationi usurarum, quia augmentum sortis non est usura, sed periculi pretium. »

M. Pardessus (*Collection des Lois maritimes*, essaye d'expliquer le texte sans y rien changer. « Quelle est, dit-il, de l'aveu de tous les interprètes, l'intention du jurisconsulte Scævola, auteur de ce fragment? De prouver qu'il peut y avoir des négociations, autres que les prêts maritimes, réglées par des principes analogues à ceux du prêt à la grosse ; c'est ce que Pothier a soin de faire remarquer. Dans ces sortes de prêts, dit Scævola, on considère comme prix du risque dont se charge le prêteur ce qu'il stipule *insuper* « præter pecuniam, » Mais il ne faut pas s'y méprendre, continue-t-il; s'il est vrai qu'on puisse stipuler quelque chose « insuper pecuniam, » lorsqu'on stipule par clause pénale qu'à défaut de paiement au jour fixé, le débiteur paiera une somme quelconque outre le principal, c'est à titre d'indemnité, et non « ut periculi pretium. » Pour qu'il y ait prix du risque, il ne suffit pas que le droit du créancier dépende d'une sorte d'incertitude, « cadat in aleæ speciem, » telles que sont les conventions d'où naissent des conditions, soit purement casuelles. « si non convaluero, » soit dépendantes de la volonté du débiteur qui s'oblige à payer au cas où il fera ou ne fera pas une chose, « si manumittas, si non illud facias; » car il n'y a pas là un prix du risque, « periculi pretium. » Mais ce risque existe, « nec dubitabis, » lorsqu'on prête une somme à un pêcheur qui ne rendra rien s'il ne prend pas de poisson, et qui, s'il en prend, rendra le capital et « insuper aliquid. » Cet « insuper aliquid » est évidemment l'indemnité du risque qu'a couru le prêteur de ne rien recevoir, et, par conséquent, c'est le periculi pretium (1). »

En présence d'opinions si divergentes et des autorités qui les soutiennent, il est difficile de prendre un parti sur la question. Il nous semble cependant, s'il nous fallait donner notre avis, que l'interprétation de Cujas doit être admise, comme donnant à la loi, grâce à ses corrections, un sens clair et logique. Quant aux auteurs qui ont voulu essayer d'expliquer la loi sans la modifier, ils en ont donné une glose ou une paraphrase, et non pas une interprétation. Du reste, cette manière d'expliquer le texte n'est pas généralement admise; on lui fait le plus souvent subir quelques corrections, et, comme dit Straccha: « Raro benè loquitur qui contrà omnes loquitur. »

Ajoutons pour terminer qu'il y a là plutôt une querelle de grammairiens qu'une controverse de jurisconsultes. Quelque soit l'interprétation littérale qu'on donne de la loi, il en résulte, de l'aveu de tous les interprètes, qu'il existait des contrats aléatoires,

(1) M. Labbé (*Etudes sur quelques difficultés relatives à la perte de la chose due et à la confusion*) adopte la version « condictiones, » mais lit « in aleæ speciem non cadat. » « Le jurisconsulte, dit le savant professeur, met une limite à la liberté qu'il accorde. La convention ne doit pas dégénérer en un pari. La condition à laquelle est subordonné le remboursement doit être de celles que la loi approuve et sanctionne; le créancier doit avoir, à l'exécution du fait prévu, un de ces intérêts sérieux que le législateur protége, *ea ex quibus condictiones nasci solent*. Un pari n'engendre pas d'action. La condictio n'est pas donnée à celui qui a stipulé un bénéfice dépendant d'un pur hasard. Les Romains n'approuvaient pas plus que nous ces conventions où l'activité de l'homme ne produit rien, où la fortune se déplace sans mérite pour celui qui s'enrichit, où les facultés de l'homme s'absorbent dans des espérances fiévreuses ou des regrets désespérés. »

autres que le nauticum fœnus, dans lesquels le prêteur courait le risque de son capital, et avait droit, comme prix de ces risques, à un certain intérêt qui lui était dû, non d'après une stipulation, mais d'après un simple pacte.

CHAPITRE II

EFFETS DU CONTRAT A L'ÉGARD DU PRÊTEUR

Lorsque le prêteur a fourni à l'emprunteur le capital convenu, il est quitte envers lui de toute obligation, mais il n'est pas encore fixé sur le sort du contrat.

L'argent prêté ou les choses qui en ont été achetées vont naviguer à ses risques, et ce n'est qu'après l'heureuse arrivée qu'il aura droit au remboursement de son capital et au paiement de la somme convenue comme « periculi pretium. »

Les risques : voilà la condition essentielle du nauticum fœnus. Sans risques assumés par le prêteur, il ne saurait y avoir de contrat à la grosse. C'est le désir pour les navigateurs de faire supporter, dans une certaine mesure, à autrui, les pertes résultant des événements de mer qui pouvaient les atteindre, qui fut la principale cause qui donna naissance au contrat à la grosse (1).

Vinnius a conclu des premiers mots de la loi 4, D., *De naut. fœnore* : « Nihil interest, trajectitia pecunia sine periculo creditoris accepta sit....., » qu'on pouvait, en droit romain, prêter à la grosse sans risques du créancier. Cette idée ne peut être admise. Le contraire résulte de cette même loi 4, qui ajoute après ce que nous venons de citer « ..... an post diem præstitutum et conditionem impletam periculum esse creditoris desierit : utrubique igitur majus legitima usura fœnus non debebitur. Sed in

(1) Nihil tàm capax fortuitorum quàm mare. (Tacite, *Annales*.)

priore quidem specie semper : in altera vero, discusso periculo :
nec pignora, vel hypothecæ, titulo amajoris usuræ tenebuntur. »

Nous pouvons invoquer encore d'autres textes qui combattent
la doctrine de Vinnius et qui démontrent de la façon la plus
certaine qu'il fallait qu'il y eût des risques pour qu'il y eût
contrat à la grosse. C'est d'abord la loi 1, D., *De naut. fœnore*,
que nous avons déjà citée, et qui nous apprend que l'argent
prêté pour acheter des marchandises ne sera vraiment trajectice
que lorsque les marchandises navigueront aux risques du créancier. Mais c'est surtout la loi 2, C, l. 4, t. 33 : « Cum dicas
te pecuniam ea lege dedisse, ut in sacra urbe tibi restitueretur,
nec incertum periculum, quod ex navigatione maris metui solet,
ad te pertinuisse profitearis, non, est dubium, pecuniæ creditæ
ultra licitum modum te usuras exigere non posse. » Il est
impossible d'être plus catégorique que ce texte. Un prêteur a
fourni de l'argent, mais il ne s'est pas soumis à ces risques
qu'on peut redouter pendant le cours d'une expédition maritime : il n'est pas douteux, disent les empereurs Dioclétien et
Maximien, qu'il n'y ait pas là contrat de grosse, et que le prêteur ne puisse prétendre à un profit maritime.

La nécessité de l'existence des risques dans le nauticum
fœnus étant admise, nous allons les étudier successivement au
point de vue de leur nature, de leur durée et des lieux dans
lesquels ils devaient se réaliser.

1°. — NATURE DES RISQUES

Le prêteur à la grosse ne répondait que des risques maritimes,
c'est-à-dire des cas fortuits et événements de mer qui pouvaient
survenir pendant le cours d'une navigation, et qu'on comprend
sous la dénomination de fortunes de mer. Il supportait les pertes

et dommages résultant du naufrage, de l'échouement, de l'abordage, des changements forcés de route, de voyage ou de vaisseau, de la prise ou du pillage par l'ennemi, en un mot, de tous les cas de force majeure, par lesquels il faut entendre « vis divina quæ precaveri et cui resisti non potest. »

L'incendie causé par le feu du ciel ou l'ennemi était certainement une fortune de mer. La question pouvait être douteuse quand il s'agissait du feu pris accidentellement au navire, car, d'après les textes, il faut toujours l'attribuer à la faute de quelqu'un. « Incendium sine culpa fieri non potest, » dit la loi 11, D., l. 18, t. 6, et la loi 3, 1, D., l. 1, t. 15, (*De off. præfecti vigil.*), « Plerumque incendia fiunt culpa inhabitantium. »

Était aussi réputée cas fortuit la capture de la chose en risque par les pirates. La piraterie était un accident que l'on considérait comme fatal. L. 2, 3, D., l. 14, t. 2.

Étaient également aux risques du prêteur les accidents survenus pendant un arrêt par ordre de puissance, ou pendant que le navire était réquisitionné pour un service de l'État. De nombreux textes nous apprennent que les propriétaires étaient obligés de fournir leurs bâtiments pour le transport des blés et pour autres nécessités publiques. On peut citer en ce sens la loi 1, C., *De navibus non excusandis*, l. 11, t. 3; la loi 10, C., *De sacros. ecclesiis*, l. 1, t. 2; la loi 3, D., *De vacat. et excusat.*, l. 50, t. 5.

Le prêteur, qui n'avait à sa charge que les cas fortuits, ne répondait pas des fautes du capitaine ou de ses préposés. « Si culpa debitoris intervenerit, dit Cujas, periculum pertinebit ad debitorem. » Il ne s'agit pas seulement ici des fautes intentionnelles, il faut y ajouter toutes celles que le capitaine peut commettre dans l'exercice de ses fonctions, par ignorance ou par négligence. On a fondé cette solution sur le texte de Modestin, qui forme la loi 3, D., *De naut. fœn.* : « In nautica pecunia ex ea die periculum spectat creditorem, ex quo navem navigasse conveniat. » *Conveniat*, a-t-on dit, indique que le départ doit avoir lieu à un moment favorable, et qu'il y aurait faute chez l'emprunteur à lui faire prendre la mer à une époque où les dangers de la navigation étaient trop grands, où cessaient les expéditions maritimes.

Ainsi Cujas met à la charge du prêteur les dommages résultant de l'imprudence du capitaine, ou de sa négligence dans le chargement : « Si navicularius præter voluntatum vectorum in portum, ant locum latronibus infestum navem deduxit, omne danmum præstabit vectoribus..... Item si in navem vetustam et cariosam merces gravis ponderis intulerit, et imposuerit, et perierit navis, periculum agnoscet non creditor, qui ex hac lege 3 non agnoscit, nisi damna fatalia, non quæ contingunt ex culpâ debitoris. »

Et Émérigon vous dit aussi que le capitaine qui, pouvant prendre un chemin plus sûr, s'engageait mal à propos dans des endroits dangereux ou suspects, répondait des événements.

Il en était de même lorsque le capitaine, qui n'était pas pratique des côtes, rivières, havres ou ports où il devait aborder, avait négligé de prendre un pilote. « Si magister navis sine gubernatore in flumen navis immiserit, et tempestate orta temperare non potuerit, et navem perdiderit, vectores habebunt adversùs eum ex locato actionem. » L. 13, 2, D., l. 19, t. 2.

Le prêteur ne supportait pas non plus les conséquences de la confiscation pour contravention aux lois, confiscation qui était prononcée par la loi 11, 2, D., l. 39, t. 4 : « Dominus navis si illicite aliquid in nave, vel ipse, vel vectores imposuerint, navis quoque fisco vindicatur. » La loi 3, C., *De naut. fœn.*, nous dit formellement que cette perte ne regarde nullement le préteur : « Cum proponas te nauticum fœnus ea conditione dedisse, ut post navigium, quod in Africam dirigi debitor adseverabat, in Salonitarum portum nave delata, fænebris pecunia tibi redderetur, ita ut navigii duntaxat, quod in Africam destinabatur, periculum susciperes ; perque vitium debitoris, nec loco quidem navigii servato, illicitis comparatis mercibus, quæ navis continebat, fiscum occupasse, amissarum mercium detrimentum, quod non ex marinæ tempestatis discimine, sed ex præcipiti avaritia, et incivili debitoris audacia, accidisse adseveratur, adscribi tibi juris publici ratio non permittit. »

Kuricke pense que lorsque le prêteur avait été instruit du dessein où l'on était de faire de la contrebande, il devait être tenu de la perte. « Si sciente et consentiente illo fiat, consensus jus facit. » (Tit. 6, p. 762.)

La responsabilité du prêteur ne s'étendait pas aux pertes et détériorations causées par le vice propre du navire et des marchandises, à moins toutefois qu'il ne les ait fournis lui-même.

Si les marchandises, une fois débarquées à terre, venaient à éprouver quelque dommage, étaient pillées ou incendiées, ces événements étaient étrangers au donneur, parce que ce sont fortunes de terre : « Quando post existentem conditionem, cum navis salva pervenerit, res amittitur, tunc periculum nequit dici marinum. » (Stypmannus, part. 4, ch. 2, n° 104.)

Il en était de même, et le contrat à la grosse devait avoir son entier effet, bien que les marchandises eussent été vendues à des prix dérisoires, et que la spéculation du preneur eût été ruineuse pour lui.

2°. — DURÉE DES RISQUES

Les parties pouvaient déterminer elles-mêmes dans leur convention pendant quel temps les risques seraient à la charge du prêteur.

Lorsqu'elles ne l'avaient pas fait, la loi faisait courir les risques à partir du jour où le navire mettait à la voile. C'est la disposition de la loi 3, *De naut. fœn.*, que nous avons citée plus haut.

Lorsqu'il y avait eu un terme convenu, les risques cessaient à l'expiration de ce terme. En cas contraire, ils prenaient fin à l'arrivée au port de destination. « Trajectitiam pecuniam, quæ periculo creditoris datur, tam diu liberam esse ab observatione communium usurarum, quamdiu navis ad portum adpulerit, manifestum est. » L. 1., C., *De naut fœn.* « Trajectiæ quidem pecuniæ, quæ periculo creditoris mutuo datur, casus, antequam ad destinatum locum navis perveniat, ad debitorem non pertinet. » L. 4, C. *eod. tit.*

Les parties avaient le choix entre plusieurs combinaisons pour fixer la durée des risques. On pouvait prêter pour l'entière navigation, comprenant l'aller et le retour, ou seulement pour l'aller, ou seulement pour le retour, ou pour un temps préfix (1).

Pour l'aller et le retour, par exemple : de Béryte à Brindes et de Brindes à Béryte. Loi 122, 1, D., *De verborum oblig.*

Pour l'aller seulement : de Béryte jusqu'en Afrique, L. 3, C. *De n. f.*

---

(1) Nauticæ pecuniæ periculum creditor suscipit, vel in omne navigationis tempus, vel in certum portum duntaxat. Inde Græcis duo pecuniarum nauticarum genera : ἑτερόπλουν et ἀμφοτερόπλουν. (Cujas.)

Pour le retour seulement, L. 1., C., *De n. f.*

Pour un temps préfix, L. 4 et 6., D., *De n. f.*

Tant qu'on est encore dans le temps fixé les risques sont à la charge du donneur. Mais dès que le délai convenu est expiré, ou qu'on a atteint le port indiqué, le risque cesse vis-à-vis du donneur « post diem præstitutum, et conditionem impletam, periculum esse creditoris definit, » (l. 4, D. *De n. f.*) et le change maritime lui est définitivement acquis, bien que le navire soit encore en risque, et quand même il viendrait ensuite à périr « vel si navis postea perierit, quam dies præfinitus periculo exactus fuerit. » L. 6, D., *De n. f.*

3°. — LIEUX DES RISQUES

Il ne suffit pas que la perte arrive par fortune de mer, dans le temps fixé, il faut encore qu'elle se produise dans les lieux déterminés, pour être à la charge du prêteur.

Si, avant le commencement du voyage, le preneur renonce à l'expédition projetée, le contrat à la grosse ne se formera pas. L'emprunteur sera bien obligé de rendre la somme prêtée, mais il ne devra pas le profit maritime ; car ce profit était le prix des risques que le prêteur devait courir, et il n'y a eu aucuns risques. Il est certain que le preneur peut rompre ainsi le voyage avant tous risques commencés, car on ne peut le contraindre à livrer sa fortune aux hasards des flots.

Mais dès que le voyage était commencé, le preneur était tenu de l'accomplir, et, s'il le rompait, il devait payer au prêteur le profit stipulé tout entier. Il ne pouvait pas non plus le changer pour exécuter un autre, car celui qui a prêté des deniers pour un voyage désigné a entendu se charger des chances de ce voyage, et non de celles d'une autre expédition.

Il y a changement de voyage lorsque le navire, au lieu de se diriger vers le lieu désigné par le contrat, cherche à gagner un autre port. Le prêteur est alors déchargé de tout risque ultérieur. Nous en avons un exemple dans la loi 3, C., loi déjà citée, où il est question d'un navire « quod in Africam dirigi debitor adseverabat, » et qui prit une autre direction « nec loco quidem navigii servato. » En cette hypothèse, les empereurs Dioclétien et Maximien déclarent que le prêteur ne peut être responsable de la perte qui est survenue, et cette décision doit être appliquée quand bien même le navire reprendrait ensuite la route désignée au contrat.

Le preneur ne doit pas seulement accomplir le voyage convenu, il doit le faire par la route la plus directe et la plus sûre. Il doit suivre le droit chemin et faire voile « recta navigatione, » sans qu'il lui soit permis de s'arrêter sans nécessité.

Il y aurait changement de route, lorsqu'au lieu de suivre la route usitée, ou celle qui est permise par le contrat, le capitaine en prendrait une différente, sans perdre toutefois de vue l'endroit de sa destination.

Le changement de route ou de voyage ne faisait cesser les risques pour le créancier qu'autant qu'il était volontaire. Mais celui-ci continuait à en être responsable lorsque le changement avait été forcé, soit par suite d'une tempête, soit pour éviter un écueil ou fuir l'ennemi, en un mot, par quelque fortune de mer.

Il en est de même du changement de navire, et le preneur ne pouvait, à moins d'y être forcé par des événements de mer, transporter les marchandises sur un navire autre que celui qui avait été convenu.

Avant de terminer cette matière des risques, nous devons expliquer la loi 122, 1, D., *De verbor. oblig.*, l. 45, t. 1, qui s'y rattache et présente quelques difficultés.

Posons d'abord l'espèce : Callimachus a reçu à Béryte, ville de Syrie « pecuniam nauticam » de Stichus, esclave de Seius, pour un voyage de Béryte à Brindes. Le prêt a été fait pour tout le temps de la navigation, fixé à deux cents jours, et le preneur a hypothéqué à sa dette les marchandises qu'il a achetées à Béryte pour les transporter à Brindes, et celles qu'il doit acheter à Brindes pour les rapporter à Béryte. Il a été convenu entre les parties que lorsque Callimachus serait arrivé à Brindes, il en repartirait avant les prochaines ides de septembre, après avoir acheté de nouvelles marchandises et les avoir chargées sur son navire, et qu'il reviendrait en Syrie. Mais que s'il n'avait pas racheté des marchandises et quitté Brindes au jour fixé, il devrait rendre sans délai la somme entière en ce port, comme si le voyage était terminé, et tenir compte en outre de toutes les dépenses des gens chargés de recevoir cet argent et de le rapporter à Rome. Sur l'interrogation de Stichus, esclave de Lucius Titius, Callimachus a promis d'exécuter fidèlement le contrat. Avant les ides de septembre « *cum ante idus* » Callimachus chargea, suivant la convention, des marchandises sur un navire, et, accompagné d'Héros « conservo Stichi, » il mit à la voile « quasi in provinciam Syriam perventurus enavigavit. » Le navire périt. Qui devait supporter la perte ? Callimachus, répond Scævola.

On relève dans le texte une erreur. Stichus, qui est d'abord l'esclave de Séius, est ensuite celui de Titius. Mais il n'y a là qu'une faute de rédaction sur laquelle nous passons.

Ce qui fait la difficulté véritable de ce texte, c'est que la solution donnée par Scævola est en contradiction évidente avec les principes, et que Callimachus doit être libéré de son obligation par la perte de son navire, puisqu'il a fidèlement exécuté les clauses du contrat.

Émérigon ne cherche pas à expliquer le texte; il se borne à en donner l'analyse. Après avoir exposé l'espèce, « le navire arriva à Brindes, dit-il. Mais aux ides de septembre, il s'y trouvait encore. Erote, qui était l'esclave embarqué pour veiller à l'exécution du contrat, au lieu d'exiger l'argent nautique, consentit à ce que le navire mît à la voile pour Béryte, quoique le terme stipulé fût déjà écoulé. Ce navire périt. La loi décide que le sinistre n'est pas à la charge du créancier. »

Tout cela serait vrai, si Callimachus n'avait quitté Brindes qu'après les ides de septembre. Aussi c'est ce qu'avaient supposé Alciat et Pothier, qui tranchaient la difficulté en ajoutant une négation qu'ils supposaient omise dans le texte, et en lisant « cum non ante idus » au lieu « cum ante idus. » La loi deviendrait alors facilement explicable. Callimachus n'ayant pas quitté Brindes à l'époque indiquée par le contrat était en faute et devenait responsable de la perte ultérieure.

Cujas est d'avis qu'on peut expliquer le texte sans lui faire subir d'addition. « His ita conventis, dit-il après avoir indiqué l'hypothèse, Callimachus Brentesium venit, et Brentesio solvit ante idus septembri, secundum legem conventionis : ita initio ponit Scævola. At postea scribit eum solvisse eo tempore, quo jam pecuniam Brentesio Eroti reddere Romam perferendam deberet, quod est post idus septembri. Secum igitur ipse pugnare videtur : quæ res effecit ut Alc. addita negatione ita legeret : « sed cum non ante idus » quam non puto addendam, sed potius verbi *missiset*, postremam syllabam esse repetendam, hoc modo : « in navem misisset, sed eo tempore, » ut est in quibusdam libris, ut hic sensus sit : solvisse quidem navem Callimachum ante idus, sed eo tempore quo jam pecuniam Eroti reddere deberet, id est, cum non longe abessent idus, certumque esset jam intra idus Berytum appellere eam non posse. Solvit tamen eam eo tempore consensu Erotis servi ejus pecuniæ gratia secuti. Cum autem jam venissent idus, necdum peregisset institutam navigationem, post idus naufragium fecit. Quæritur an pecuniæ periculum ad creditorem pertineat. Quod non videtur, cum debitor ex lege conventionis non enavigarit ante idus. Erit ergo debitoris, nec eum excusabit consensus Erotis, qui domini conditionem deteriorem facere inopportunæ navigationi consentiendo non potuit, et domino competet pecuniæ condictio ex stipulatu. »

D'autres auteurs, sans avoir non plus recours à une interpolation, ont cherché la solution dans les mots : « quasi in provinciam Syriam perventurus navigavit. » D'après eux, Callimachus serait bien parti de Brindes dans le temps voulu, avant les ides de septembre, mais au lieu de faire voile directement vers la Syrie, il aurait pris une autre direction, et c'est pendant le voyage ainsi volontairement modifié que le navire aurait péri.

Du reste, quel que soit le parti qu'on prenne sur cette controverse (et nous inclinons à penser pour notre part que l'interpolation de la négation est nécessaire, et qu'on doit lire « cum non ante idus ») il résulte de notre texte une application des principes que nous avons posés plus haut, à savoir que les risques cessent d'être à la charge du créancier du moment de l'expiration du terme convenu, ou du changement volontaire de route.

Les divers événements de mer qui pouvaient atteindre les objets affectés au prêt ne les affectaient pas tous de la même manière. Ils pouvaient causer une perte totale ou une perte partielle, ou de simples détériorations, des avaries.

Lorsqu'il y avait perte totale, le preneur était déchargé de toute obligation envers le prêteur. Non seulement il ne lui devait aucun profit maritime, mais il ne remboursait pas le capital prêté.

Lorsqu'un navire avait fait naufrage, le capitaine devait en faire la déclaration, et il y avait lieu à une enquête dont il est parlé dans le livre 11, titre 5, C., *De naufragiis*.

Voici comment Émérigon interprète cette loi :

Si un capitaine prétend avoir fait naufrage, il doit se hâter de se présenter devant le juge du lieu où le sinistre est arrivé, et prouver par témoins devant ce juge la vérité de l'accident.

En cas de débat sur la vérité ou sur la cause du naufrage, le débat sera porté au tribunal du Préfet. On n'oubliera rien pour éclaircir la vérité du fait, mais le Préfet donnera son jugement dans l'espace d'une année.

Si, par la négligence de l'avocat du fisc, le terme d'une année s'écoule sans que le Préfet ait prononcé son jugement, le capitaine sera déchargé de toute interpellation ultérieure et de toute poursuite. (Loi 2.)

Toutes les fois qu'il arrivera un naufrage, le juge compétent s'informera de la vérité et de la cause de l'accident, par l'audition de deux ou trois des mariniers. Il entendra de préférence les maîtres des navires, lesquels sont plus en état que tout autre de donner les éclaircissements convenables.

A défaut de maîtres, il prendra la déposition des autres mariniers. (Loi 3.)

Les procès au sujet des naufrages doivent être jugés sommairement « levato velo. » Ceux qui sont convaincus d'avoir pillé des effets naufragés doivent être punis suivant les circonstances. Mais tout doit être terminé à cet égard dans l'espace de deux ans, « intra biennium, » à peine pour les juges d'en répondre en leur propre. (Loi 5.)

Les textes sont muets sur la question de la perte partielle. Le prêteur n'avait pas droit au profit maritime, puisqu'il n'y avait pas heureuse arrivée : mais comme il est de principe qu'on ne doit pas s'enrichir aux dépens d'autrui, il pouvait se payer de son capital sur les objets sauvés du naufrage.

Les avaries sont les dommages réels ou les dépenses extraordinaires qui résultent pour le navire ou les marchandises de fortunes de mer. L'avarie est dite particulière lorsque le dommage arrive à la marchandise seule ou au navire seul, ou que la dépense a été faite pour l'une ou pour l'autre seulement. On appelle avarie commune le dommage souffert ou la dépense faite volontairement pour le salut commun du navire et de la cargaison.

Il est traité de cette matière au titre 2, liv. 14, D., *De lege Rhodia de jactu,* où nous trouvons des exemples d'avaries communes : les choses données aux pirates par composition pour le rachat du navire et des marchandises, le jet d'objets à la mer pour sauver le navire, etc. Le jet est en quelque sorte le type de l'avarie commune : « Lege Rhodia cavetur, dit la loi 1, à notre titre, ut si levandæ navis gratia jactus mercium factus est, omnium contributione sarciatur, quod pro omnibus datum est. »

D'après la loi 6, *cod. tit.,* on ne doit pas considérer comme avarie grosse les frais de radoub et de séjour dans un port où se réfugie un navire qu'un cas de force majeure a mis hors d'état de continuer sa navigation.

Lorsqu'il y avait une avarie commune, tous ceux qui avaient intérêt à ce que la perte n'arrivât pas devaient y contribuer. « Placuit omnes, quorum interfuisset jacturam fieri, conferre oportere, quia id tributum observatæ res deberent ; itaque dominum etiam navis pro proportione obligatum esse. » Loi 2, 2, *cod. tit.* Et la loi continue en réglant le mode de contribution, en indiquant dans quelle proportion les choses contribueront et quelles actions pourront résulter de l'opération.

Les textes sont muets sur la question de savoir si le prêteur contribuait, à la décharge du preneur, aux avaries communes. L'affirmative était admise à Athènes, comme on peut le voir par le plaidoyer de Démosthène, cité dans notre introduction, où il est dit que le débiteur devra payer la somme convenue, sans autre déduction que les pertes ou sacrifices consentis par le commun accord des passagers, ou ceux qu'ils auraient essuyés de la part des ennemis.

Il en était évidemment de même à Rome, et Émérigon nous indique très bien la différence qui existait à cet égard entre les avaries simples et les avaries grosses. « Les donneurs, dit-il, sont exempts des avaries simples, mais supportent les avaries grosses à la décharge du preneur. Pourquoi cette différence ? C'est que l'avarie simple (laquelle arrive par cas fortuit et sans le fait de l'homme), ne concourt en rien à l'accomplissement de la condition ét à l'arrivée du navire; au lieu que sans le secours du rachat ou du jet, le navire ne serait jamais parvenu à bon port. S'il est donc vrai qu'on a fait une dépense ou souffert un dommage volontaire pour sauver votre contrat, et le rendre utile en votre faveur, il est juste que vous contribuiez à l'impense commune. Si vous refusez de vous soumettre à l'oction negotiorum gestorum intentée contre vous, remettez votre sort à la rapacité des pirates ou à l'impétuosité de la tempête. »

CHAPITRE III

EFFETS DU CONTRAT A L'ÉGARD DE L'EMPRUNTEUR

La principale obligation que contracte l'emprunteur consiste, en cas d'heureuse arrivée, à rembourser au prêteur le capital prêté, et à lui payer en outre un profit maritime convenu. Ce profit, nous le savons, est un des éléments de notre contrat. Il est temps de nous en occuper maintenant et de l'étudier avec quelques détails.

DE L'INTÉRÊT MARITIME

L'intérêt que le prêteur devait recevoir en vertu d'un nauticum fœnus présentait ceci de particulier, qu'il était dû comme représentation des risques que devait courir le prêteur, plutôt que comme indemnité pour la privation de jouissance du capital pendant un certain temps. C'est ce que Scævola appelle le « periculi pretium, » le prix du risque.

Le risque à la charge du donneur était la condition de l'existence d'un intérêt maritime. Il n'était pas dû s'il n'y avait pas de risques maritimes, et il n'était dû que pendant leur durée. Les textes abondent pour nous indiquer que tel était le vrai motif de l'intérêt maritime. C'est d'abord la loi 1, C., *De naut. fœn.* « Trajectitiam pecuniam, quæ periculo creditoris datur, tamdiu liberam esse ab observatione communium usurarum, quamdiu navis ad portum adpulerit, manifestum est. » Et la loi 2, C., *cod. tit.* « Cum dicas te pecuniam ea lege dedisse, ut in sacra urbe tibi restitueretur, nec incertum periculum, quod ex navigatione maris metui solet, ad te pertinuisse profitearis, non est dubium pecuniæ creditæ ultra licitum modum te usuras exigere non posse. » Et la loi 4, D., *De n. f.* « Nihil interest, trajectitia pecunia sine periculo creditoris accepta sit, an post diem præstitutum et conditionem impletam periculum esse creditoris desierit : utrubique igitur majus legitima usura fœnus non debebitur. Sed in priore quidem specie semper : in altera vero, discusso periculo, nec pignora, vel hypothecæ, titulo majoris usuræ tenebuntur. »

Tous les auteurs, du reste, sont d'accord sur ce caractère de l'intérêt maritime. « Species est de credito nautico, nous dit Cujas, quod est periculo creditoris. Terrestre est periculo debitoris. Ex qua differentiæ sequentur aliæ : ut nauticæ pecuniæ usuræ debeantur ex pacto, ut infinitæ et immensæ debeantur, quod fit ratione suscepti periculi, quæ in terrestri cessat. »

« Il ne peut pas, dit Pothier, y avoir de contrat de prêt à la grosse aventure, s'il n'y a un profit maritime stipulé par le contrat, c'est-à-dire une certaine somme d'argent, ou quelque autre chose, que l'emprunteur s'oblige à payer au prêteur outre la somme prêtée, pour le prix des risques dont il s'est chargé. Si quelqu'un prêtait une somme d'agent à un armateur pour un certain voyage, avec la clause que celui-ci ne serait pas tenu de la rendre en cas de perte ou de prise du vaisseau, par quelque accident de force majeure, sans exiger de lui pour cela aucun profit maritime, ce contrat ne serait pas un contrat de prêt à la grosse aventure, mais ce serait un contrat de prêt mêlé de donation de la somme prêtée au cas de perte ou de prise du vaisseau, laquelle donation serait valable par la tradition qui a été faite des deniers, pourvu qu'elle fût faite entre personnes capables. »

« La grandeur de l'usure maritime, dit Montesquieu, est fondée sur deux choses : le péril de la mer, qui fait qu'on ne s'expose à prêter son argent que pour en avoir beaucoup davantage, et la facilité que le commerce donne à l'emprunteur de faire de grandes affaires et en grand nombre; au lieu que les usures de terre, n'étant fondées sur aucune de ces deux raisons, sont ou proscrites par le législateur, ou, ce qui est plus sensé, réduites à de justes bornes. » (L. 22, ch. 40.)

De cette différence dans la manière d'envisager l'intérêt maritime, prix du risque, et l'intérêt ordinaire, indemnité pour la privation du capital, il résulte cette première différence que, du moins jusqu'à Justinien, le taux de l'intérêt de mer était illimité, tandis qu'il était limité pour l'intérêt de terre. Il ne sera pas sans utilité, pour bien faire comprendre l'étendue de cette différence, d'exposer les phases principales de la législation romaine en matière d'intérêt (1)

Dans le principe les prêts d'argent se réglèrent par la convention libre des parties. Mais les prêteurs d'argent abusèrent de leur position, et les intérêts devinrent tellement excessifs que des émeutes éclatèrent. « Sane vetus urbis fœnebre malum et seditionum discordiarumque creberrima causa. » (Tacite, *Ann.* VI, 16.)

Pour mettre un terme à cet état de choses, on limita le taux de l'intérêt, qui fut fixé à l'*unciarium fœnus*. Suivant Tacite, cette limitation fut l'œuvre de la loi des Douze Tables : « Primo duodecim Tabulis sanctum, ne quis unciario fœnore amplius exerceret, cum antea ex libidine locupletium agitaretur. » Tite-Live, (VII, 16), attribue cette fixation aux tribuns M. Duilius et L. Mœnius, en 398 de Rome.

(1) V. sur cette intéressante question, une monographie de M. Giraud : *Des Nexi, ou de la condition des débiteurs chez les Romains.*

Quoi qu'il en soit sur l'époque de l'apparition de l'unciarium fœnus, on est loin d'être d'accord sur le taux qu'il représentait.

Au XVIe siècle, l'opinion des jurisconsultes tels que Cujas, des archéologues tels que Paul Manuce, était que l'unciarium fœnus équivalait à 12 pour 100 par an. « Le reproche le plus grave qu'on puisse faire à cette doctrine, dit M. Demangeat, c'est qu'on n'aperçoit pas bien le rapport entre la chose et l'expression qui sert à la désigner. *Uncia*, c'est le douzième de l'unité : Comment le 12 pour 100 peut-il être considéré comme étant un douzième ? un douzième de quoi ? »

Dans une autre opinion défendue par Saumaise, Dumoulin, Pothier, Dureau de Lamalle et Gérard de Noodt, l'unciarium fœnus serait un douzième pour cent par mois, soit un pour cent par an. Ce système est inadmissible. Pareil taux n'aurait pu exciter des plaintes, ni produire des révolutions.

D'autres auteurs, comptant aussi l'intérêt par mois, ont rapporté le mot uncia au capital et non pas aux intérêts. Uncia serait donc un douzième du capital par mois, c'est-à-dire 100 p. 100 par an. Cette hypothèse effrayante n'est appuyée sur aucun passage d'auteurs anciens.

Enfin, suivant Niebuhr, et avec lui Troplong, Fresquet, Giraud et Demangeat, l'unciarium fœnus était le douzième du capital, et non 12 p. 100, et le règlement était annuel. Chaque année, le créancier recevait à titre d'intérêt un douzième du capital. L'argent était donc prêté à 8 1/3 par an, pour l'année de dix mois, et environ 10 p. 100, pour l'année de douze mois.

Il paraît que ce maximum ne satisfit personne. Les créanciers trouvèrent moyen de l'éluder ; les débiteurs se révoltèrent de nouveau, et en l'an 408 de Rome, on essaya de remédier au mal en réduisant l'intérêt de moitié : « ad semiunciam redactum est fœnus. »

On alla même plus loin et, en l'an 413 de Rome, une loi Genucia défendit absolument le prêt à intérêt, ou peut-être sans l'abolir pour l'avenir, eut-elle simplement pour but d'annuler les contrats qui existaient au moment où elle fut portée.

Cette loi tomba en désuétude, comme toutes celles qui avaient été rendues dans le même esprit. « Tantôt, dit M. Giraud, les lois contre l'usure étaient une réduction qu'on imposait sur le capital prêté; tantôt c'était une diminution extravagante des intérêts; tantôt c'était leur suppression même; tantôt l'abolition de la contrainte par corps; on alla même jusqu'à proposer l'abolition des dettes : il en résulta, comme l'a très-bien remarqué Montesquieu, que les lois répressives de l'usure, loin de secourir efficacement les pauvres obérés, en aggravaient au contraire le sort par leur exagération; car la foi dans les contrats étant perdue, nul ne consentait à prêter que par d'énormes profits. »

Vers la fin de la République, l'on emprunta aux Grecs leur mode de calculs des intérêts. Le règlement mensuel fut consacré par l'usage, et on ne parla plus du vieil unciarium fœnus. La *centesima usura*, c'est-à-dire 1 p. 100 par mois, ou 12 p. 100 par an, fut l'intérêt le plus élevé que les édits des gouverneurs provinciaux et la jurisprudence permissent de prendre, et c'est par cette raison qu'on qualifiait ce taux de légitime, « legitimæ usuræ. »

Arcadius et Honorius le réduisirent pour les sénateurs à 6 p. 100, « semisses usuræ. » Enfin Justinien établit un nouveau taux d'intérêt variant, selon la qualité du créancier, entre 4 p. 100 et 8 p. 100.

Toutes ces lois que nous venons de passer en revue, et qui limitaient le taux de l'intérêt, n'étaient pas applicables au nauticum fœnus. Rien, du reste, n'est plus logique. L'intérêt maritime étant le prix du risque ne saurait être limité, car il doit varier avec chaque voyage, où les risques sont différents, et, pour la même navigation, avec diverses circonstances de temps et de saisons. La loi 1, C., de n. f., que nous avons déjà citée, nous en fournit un exemple. De même la loi 2, C., *eod. tit.*, qui parle d'argent prêté : « ultra licitum modum. » Enfin, cela résulte de la façon la plus formelle des Sentences de Paul, l. 2, titre 14, 3 : « Trajectitia pecunia propter periculum creditoris, quamdiu navigat navis, infinitas usuras recipere potest. »

Justinien, dans la loi 26, 1, C., *de Usuris*, l. 4, t. 32, restreint le taux de l'intérêt maritime à 12 pour 100, calculés d'après le temps que le navire est en mer, et que les risques sont à la charge du prêteur. « In trajectitiis autem contractibus, vel specierum fœnori dationibus, usque ad centesimam tantummodo licere stipulari, nec eam excedere; licet veteribus legibus hoc erat concessum. »

« ..... Nec liceat judici memoratam augere taxationem, occasione consuetudinis, in regione obtenentis. Si quis autem aliquid contra modum hujus fecerit constitutionis, nullam penitus de superfluo habeat actionem : sed et si acceperit, in sortem hoc imputare compelletur. Interdicta licentia creditoribus ex pecuniis fœnori dandis aliquid detrahere, vel retinere siliquarum nomine, vel sportutarum, vel alterius cujus eumque causæ gratia. Nam si quid hujusmodi factum fuerit, principale debitum ab initio ex quantitate minuetur, ut tam ipsa minuenda pars, quam usuræ ejus exigi prohibeantur. »

L'innovation de Justinien était incontestablement mauvaise. Les motifs qui avaient empêché les lois anciennes de limiter le taux de l'intérêt maritime subsistant toujours, les prêteurs, ne voulant pas exposer leurs capitaux aux risques de mer pour un intérêt aussi faible, refusaient leur argent aux armateurs dans l'embarras, ou ne le leur prêtaient qu'avec une usure considérable. Les mauvais résultats que dut avoir la constitution de Justinien avaient si bien frappé nos anciens auteurs, qu'ils avaient cherché à en restreindre les applications. Dumoulin (*Contrats usuraires*, nᵒˢ 91 et suiv.) soutenait que la loi de Justinien ne concernait que les temps de navigation ordinaire, où le péril était léger, mais que lorsque le péril est considérable, il faut s'en tenir à la loi 5, au Digeste.

« Il me semble, dit Émérigon, qu'il était plus aisé de dire que la loi de Justinien n'est applicable qu'à l'argent trajectice, dont le péril n'était pas à la charge du créancier; ce qui se réfère à la loi 4, *de nautico fœnore.* »

Ces explications ne sauraient être admises. Le texte de la loi 26 est trop clair et trop précis pour laisser place à aucune interprétation de ce genre.

D'autres auteurs ont prétendu que Justinien, dans sa constitution, avait voulu permettre aux prêteurs d'exiger l'usura centesima, quelle que fût la durée du voyage. Cela est inadmissible, car la centesima n'est pas une partie aliquote du capital, toujours la même, quelle que soit la durée du prêt; c'est un véritable intérêt, fixe pour chaque unité de temps, et qui variera selon le temps que le prêteur sera privé de son capital. C'est ainsi que Justinien la considère relativement aux autres prêts dont il s'occupe dans cette même loi; s'il en avait été différemment pour l'intérêt de l'argent trajectice, il n'aurait pas manqué de le dire.

Il est probable que des réclamations et des plaintes s'étaient élevées sur la constitution que nous venons d'étudier, car elle fut bientôt modifiée par une autre constitution, également de Justinien, qui forme la Novelle 106.

« Le préfet du prétoire, pour se conformer aux vues de Justinien, convoqua des maîtres de navires « quibus hæc mutua curæ sunt » et leur demanda « quæ aliquando antiqua consuetudo fuit. Illos autem et jusjuramdum adjicientes testimonio, perhibuisse modos esse varios talium mutuorum. » Voici quels étaient les usages. Certains prêteurs imposaient à l'emprunteur l'obligation de laisser charger sur son navire autant de mesures d'orge et de froment qu'ils avaient prêté de solides. L'emprunteur devait payer au fisc les droits établis sur cette marchandise. Le prêteur recevait en outre un solide pour dix prêtés « et insuper etiam pro decem aureis unum percipere solidum pro usuris. » Ces charges, dit Cujas, élevaient le profit maritime bien au-delà de la centesima. Ceux qui ne prêtaient pas de cette manière percevaient à titre d'intérêt le huitième de chaque solide, c'est-à-dire trois siliques par solide, le solide contenant vingt-quatre siliques, soit 12 p. 100 de la somme prêtée ; et cela, quelle que fût la durée du voyage. Il est présumable qu'on ne recourait à ce mode de prêt que dans les cas, et c'étaient les plus fréquents, où le voyage devait être de courte durée. Quand le navire était de retour au port après une heureuse navigation, on accordait à l'emprunteur un délai de trente jours, et l'on n'exigeait aucun intérêt tant que le chargement n'était pas vendu « et nihil pro debitis usurarum causa exigere, donec vendi contingat onus. »

Ces usages furent consacrés par la Novelle 106. Elle rendait un peu de liberté aux parties contractantes, en admettant dix pour cent et une commission extraordinaire, ou bien 12 p. 100 du capital pour le voyage, alors même qu'il durerait moins d'un an.

Mais cette constitution n'eut qu'une existence éphémère, et, par la Novelle 110, le même empereur consacra de nouveau le système de la loi 26, C., De usuris, sans qu'on puisse connaître le motif de ce retour en arrière.

Les intérêts maritimes présentent encore cette différence avec les intérêts ordinaires, qu'ils sont dus en vertu d'un simple pacte, tandis que les seconds ne le sont qu'en vertu d'une stipulation.

Dans le *mutuum*, l'emprunteur ne doit rendre que ce qu'il a reçu ; les intérêts du capital prêté ne courent donc ni en l'absence de convention, ni même en vertu d'une simple convention ; ils ne peuvent être dus qu'en vertu d'un contrat spécial, qui est nécessairement une stipulation. On conçoit combien cette règle devait être gênante, et cependant elle subsista toujours pour les prêts d'argent. Mais la rigueur des principes fut adoucie en ce qui concerne les denrées, et on admit d'assez bonne heure qu'on pouvait, lorsqu'on empruntait cinq mesures de froment, s'obliger valablement par une simple convention à en rendre six. « Fromenti, vel hordei mutuo dati accessio, etiam ex nudo pacto præstanda est. — Oleo quidem vel quibuscumque fructibus mutuo datis incertii preti ratio, additamentum usurarum ejusdem materiæ suasit admitti. » Lois 12 et 23, C., *de Usuris*, 4, 32.

« Les Romains, dit M. Accarias, expliquent cette différence par une idée tout à fait fausse, savoir que la valeur des monnaies serait absolument fixe au lieu que celle des denrées se prête à des variations nombreuses ; en d'autres termes, qui rend onze sous d'or au lieu de dix rendrait nécessairement plus qu'il n'a reçu ; qui rend onze mesures de blé au lieu de dix ne rend pas toujours plus, attendu que le cours du blé peut avoir baissé. » (T. 2, p. 404.)

Du reste, même pour les prêts d'argent, on apporta un certain tempérament à la rigueur des principes. La loi 30, D., 221, fit courir, en vertu d'un simple pacte, les intérêts dans les prêts faits par les cités, et la Nov. 136, ch. 4, dans les prêts faits par les argentarii.

Le nauticum fœnus jouissait de la même faveur ; là aussi les intérêts étaient dus en vertu d'un simple pacte. On doit y assimiler tous les prêts qui présentent le même caractère aléatoire, dont il est parlé dans la loi 5, D., que nous avons expliquée plus haut.

« In his autem omnibus, nous dit cette loi, et pactum sine stipulatione ad augendam obligationem prodest. »

On peut également citer la loi 7, D., *De n. f. :* « In quibusdam contractibus etiam usuræ debentur, quemadmodum per stipulationem. Nam si dedero decem trajectitia, ut salva nave sortem cum certis usuris recipiam, dicendum est, posse me sortem cum usuris recipere. »

Cette faveur accordée au nauticum fœnus viendrait, selon Gérard de Noodt, de ce que le pacte d'intérêts, dans notre contrat, aurait été autrefois confirmé par quelque loi dont le souvenir aurait disparu, comme tant d'autres choses, dans le cours des siècles. « Id pactum antiqua est firmatum lege, cujus memoriam, ut multa alia, delevit temporis injuria. »

Une semblable affirmation, pour être admise, devrait s'appuyer sur quelques preuves, et on ne nous en donne aucune. Nous croyons donc plutôt que le véritable motif de la dérogation au droit commun que nous rencontrons dans notre contrat provient de la nature spéciale de l'intérêt maritime, que l'on considère, non comme un véritable intérêt, mais comme un prix des risques.

Les lois romaines, désireuses de favoriser le commerce de mer et de donner de l'extension aux expéditions maritimes, choses qui intéressent au plus haut point la prospérité de la république, « ad summam rempublicam navium exercitio pertinet, » et voulant attirer les capitaux vers l'armement et la construction navale, donnaient à celui qui avait prêté des fonds pour acheter, construire ou équiper un navire, un privilège sur le navire.

C'est ce que nous apprend la loi 26, D., 42, 5 : « Qui in navem extruendam, vel instruendam credidit, vel etiam emendam, privilegium habet. » Et la loi 34, *eod, tit. :* « Quod quis navis fabricandæ, vel emandæ, vel armendæ, vel instruendæ causa, vel quoquo modo crediderit, vel ob navem venditam petat, habet privilegium post fiscum. »

Ce privilège consistait en un simple droit de préférence résultant de la qualité de la créance et opposable aux seuls créanciers chirographaires. « Il était purement personnel, disait Émérigon. Il n'était bon que pour écarter les créanciers chirographaires et n'avait aucune vertu contre les hypothécaires. » Entre les divers créanciers privilégiés, les rangs s'établissaient d'après la seule qualité des créances et sans aucun égard à l'ancienneté, d'où l'on conclut que tous ceux qui doivent leur privilège à une même cause concourent entre eux. (L. 32, D., 42, 5.)

Il existait en droit romain quelques hypothèques privilégiées, qui primaient toutes créances hypothécaires, même antérieures, de même que le simple privilège prime tous les créanciers chirographaires. Les Romains étaient arrivés à les créer en combinant les deux idées de privilège et d'hypothèque.

Faut-il ranger le prêteur à la grosse parmi les créanciers ayant hypothèque privilégiée ?

On l'a soutenu en se fondant sur la loi 1, D., 20, 2. « Senatusconsulto quod sub Marco imperatore factum est, pignus insulæ creditori datum, qui pecuniam ob restitutionem, ædificii exstruendi mutuam dedit, ad eum quoque pertinebit, qui redemptori, domino mandante, nummos ministravit. » D'où l'on a conclu que celui qui avait prêté pour construire ou armer un vaisseau devait être aussi bien traité que celui qui avait prêté pour réparer une maison.

Plusieurs raisons nous font repousser cette doctrine.

D'abord, il faudrait prouver que « pignus » signifie hypothèque privilégiée et non simple privilège. Ensuite, pour que l'assimilation fût exacte, on ne devrait l'appliquer qu'à celui qui a prêté des deniers pour *réparer* le navire.

Enfin, Donneau fait remarquer que les lois romaines ont toujours été particulièrement favorables à la construction et à la conservation des édifices, et que rien ne nous autorise à penser que la réparation ou la construction d'un navire fût l'objet d'une faveur si grande.

On a également tiré argument des derniers mots de la loi 34, D., 42, 5 : « habet privilegium post fiscum. » Le fisc, a-t-on dit, avait une hypothèque privilégiée, donc le privilège du préteur qui vient ensuite doit être une hypothèque privilégiée.

Ce raisonnement doit être rejeté, car, s'il est vrai que le fisc a une hypothèque privilégiée, en tant qu'elle garantit le paiement de l'impôt foncier, deux textes nous prouvent qu'en dehors de ce cas, et en principe, l'hypothèque du fisc n'est pas privilégiée. L. 8, D., 20, 4, et l. 2. C., 7, 73. Il est vrai qu'en sens contraire on allègue un autre texte, la loi 26, D., 49, 14, qui statue sur le cas d'une hypothèque générale se rencontrant avec celle du fisc. Tout ce que le jurisconsulte décide, c'est que le fisc sera préféré « in re postea acquisita, » c'est-à-dire sur une chose qui n'est entrée au patrimoine du débiteur qu'après la naissance des deux hypothèques. Mais il ne dit nullement que sur les choses déjà atteintes par l'hypothèque d'un tiers l'hypothèque du fisc soit préférable, quoique postérieure.

Le préteur sur marchandises, et même le préteur sur navire, pouvaient se faire donner par l'emprunteur des sûretés accessoires, en se faisant engager ou hypothéquer soit le navire lui-même, soit des marchandises. Le débiteur pouvait même, ainsi que cela se pratiquait en Grèce, affecter à la garantie du prêt toute sa fortune de terre et de mer.

Ces sûretés accessoires garantissaient le paiement du principal et de l'intérêt maritime. En effet, l'obligation pour le principal et les intérêts naissant d'une même cause et d'un même contrat, les mêmes sûretés garantissaient le tout.

Bien que les marchandises du preneur fussent grevées d'une hypothèque, il ne pouvait pas moins les vendre au port de destination. C'était alors sur les marchandises qu'il achetait et chargeait en retour que pesait l'hypothèque du prêteur.

La loi 6, D., *De n. f.*, nous donne un exemple de ces sûretés données au creditor, et nous montre bien que ce ne sont que des garanties du paiement, pour le cas où il serait dû par l'événement du contrat, et non point l'aliment du risque.

Nous empruntons à Pothier l'explication de ce texte : « Un prêteur, en avançant de l'argent au taux de l'intérêt maritime, avait reçu en gage des marchandises qui étaient dans son vaisseau : et en cas qu'elles fussent insuffisantes pour le remplir de sa créance, il s'était fait pareillement donner en gage d'autres marchandises embarquées sur d'autres vaisseaux, lesquelles étaient déjà engagées à d'autres personnes. On a demandé si, son propre vaisseau, dont la cargaison aurait suffi pour le remplir de sa créance, ayant péri, il devait supporter cette perte, ou avoir son recours sur les autres vaisseaux. J'ai répondu que la perte de ces gages était ordinairement à la charge du débiteur et non du créancier ; mais que l'argent donné à la grosse aventure ne pouvant être répété par le créancier qu'autant que le vaisseau est arrivé à sa destination dans le temps donné, l'obligation du débiteur à défaut de l'accomplissement de la condition était éteinte ; que par conséquent l'action sur les gages était périmée, même par rapport à ceux qui n'avaient pas péri, si le vaisseau perdu avait sombré avant le temps donné. Qu'ainsi donc il n'y avait point de poursuites contre les gages déposés dans les autres vaisseaux. A quelle époque le créancier sera-t-il donc admis à poursuivre ses gages supplémentaires ? Il le sera, soit par l'accomplissement de l'obligation, soit par la destruction du premier gage, soit par la vente qui en sera faite à bas prix, ou enfin par la perte du vaisseau survenue après le temps donné pour qu'il arrivât au port. »

Entre plusieurs créanciers hypothécaires, la règle était que la préférence se déterminait d'après la date de l'hypothèque, en commençant par la plus ancienne : « prior tempore, potior jure. »

Cette règle subit des exceptions en notre matière, et un créancier hypothécaire peut primer des créanciers antérieurs, lorsque son argent a conservé le gage commun qui aurait péri sans le prêt.

Kuricke *(Question 25)* s'élève contre ce sentiment, et soutient que tous les donneurs doivent venir en concours, parce que, par le moyen de leur argent, ils ont concouru à la même navigation. Mais le contraire était formellement dit par les lois 5 et 6, D., *Qui potior.*, 22, 4. Le second créancier devait être préféré au premier, lorsque son argent avait servi à armer ou à radouber un navire déjà hypothéqué. Son argent a, en effet, conservé le gage commun. Il en était de même lorsque l'emprunt avait été fait pour fournir des vivres aux matelots, sans lesquels le navire ne pouvait arriver à bon port.

Lorsqu'il s'agissait de marchandises déjà hypothéquées, on préférait, bien qu'il fût créancier postérieur, celui qui fournissait de l'argent pour en réparer les avaries ou pour en payer le nolis. Il fallait en dire autant de ceux qui avaient fait les frais de voiturage et de magasinage des objets hypothéqués.

« Interdum posterior potior est priori : utputa, si in rem istam conservandam impensum est, quod sequens credidit : veluti si navis fuit obligata, et ad armandam eam rem, vel reficiendam ego credidero. » L. 5, D., 20, 4.

« Hujus enim pecunia salvam fecit totius pignoris causam : quod poterit quis admittere, et si in cibaria nautarum fuerit creditum, sine quibus navis salva pervenire non poterat. — 1. Item si quis in merces sibi obligatas crediderit, vel ut salvæ fiant, vel ut naulum exsolvatur, potentior erit, licet posterior sit : nam et ipsum naulum potentius est. — 2. Tantumdem dicetur et si merces horreorum, vel areæ, vel vecturæ jumentorum debetur ; nam et hic potentior erit. » L. 6, D., *eod. tit.*

Dès que les risques cessaient de courir pour le prêteur, à l'arrivée du terme, quand le prêt avait été fait pour un temps déterminé, ou à l'entrée dans le port convenu, lorsqu'il avait été fait pour un voyage, le capital prêté et le profit maritime étaient dus par l'emprunteur. Mais, le plus souvent, on lui accordait un délai pour se libérer ; nous avons vu dans la Novelle 109 qu'il était ordinairement de 30 jours.

Ce délai avait pour but de mettre le preneur à même de remplir son obligation, en vendant des marchandises ou en exigeant ses nolis. Émérigon pensait que même lorsque le paiement devait être fait à l'arrivée du navire, le juge pouvait accorder au débiteur un délai de grâce raisonnable pour qu'il puisse se procurer les fonds nécessaires. Il se fondait sur la loi 186, D., *De reg. juris :* « Nihil peti potest antè id tempus quo per rerum naturam persolvi possit » et la loi 105, D., *De solut. et lib. :* « Quod dicimus debere statim solvere, cum aliquo scilicet temperamento temporis intelligendum est : nec enim cum sacco adire debet. »

Lorsque le prêteur se trouvait présent au lieu où finissaient les risques, c'était entre ses mains que devait se faire le paiement. Mais, lorsqu'il ne devait pas s'y trouver, on faisait monter sur le vaisseau un esclave qui était chargé de recevoir le paiement du capital et de l'intérêt lors de la cessation des risques.

Il nous est parlé de cet esclave dans la loi 122, 1, *De verb. oblig.*, et dans la loi 4, D., *De n. f.* La présence de l'esclave sur le navire avait encore pour but d'empêcher qu'on ne fît un chargement insuffisant, et qu'on ne simulât des pertes ou des naufrages, fraudes qui, paraît-il, se pratiquaient très fréquemment.

Cet usage d'embarquer un esclave avec le débiteur existait déjà en Grèce, et Cujas nous apprend qu'on l'appelait κερμακόλουδος. « Interdum creditor nauticæ pecuniæ servum mittit, aut libertum navigaturum cum debitore, quem Græci vocant κερμακόλουδον, quod usurarum sua die exigendarum causa mittitur. »

En outre, il était dans l'usage de stipuler une « *pœna,* » pour le cas où le débiteur se trouvait en demeure de remettre le montant du prêt à l'esclave. « Si trajectitiæ pecuniæ pœna, uti solet, promissa est. » L. 9, D., *De n. f.*

Cette clause pénale n'avait rien de commun avec la convention principale, et n'était pas soumise aux mêmes règles. Il fallait, pour la former, une stipulation et non un simple pacte, bien qu'on pût être tenté d'étendre l'exception du nauticum fœnus aux intérêts moratoires, en se disant qu'ils ne sont qu'une suite, un accessoire du contrat principal. La seule lecture des textes nous démontre le contraire, car ils se servent toujours du mot stipulation.

La pœna avait pour objet d'indemniser le prêteur du dommage qu'il éprouvait à être privé de l'usage de son argent et des services de son esclave. Mais comme, les risques étant finis, il n'y avait plus de place pour des intérêts excessifs, la pœna ne pouvait dépasser l'intérêt légal.

Il en était ainsi même lorsqu'on faisait deux stipulations séparées, l'une pour la privation de l'argent, l'autre pour la privation des services de l'esclave. « In stipulatione fœnoris post diem periculi separatim interposita, quod in ea legitimæ usuræ deerit, per alteram stipulationem operarum supplebitur. » L. 4, 1, *in fine*, D., *De n. f.* Pothier paraphrasait ainsi ce texte : « Si j'ai stipulé des intérêts depuis l'arrivée du vaisseau jusqu'à la remise de mon argent, et que j'aie d'ailleurs stipulé une certaine peine pour chaque jour que tarderait l'esclave envoyé pour recevoir mon argent; dans ce cas, si j'ai, par une de ces stipulations, fixé les intérêts à moins de 12 p. 100, je pourrai m'en dédommager par l'autre; mais je ne pourrai pas obtenir par l'une et l'autre plus de 12 p. 100. »

Aucun texte ne nous indique si la pœna devait être calculée seulement sur le capital prêté, ou sur le capital augmenté de l'intérêt maritime.

Pothier était d'avis qu'on ne devait le calculer que sur le capital. « Le profit maritime, disait-il, étant un accessoire et une espèce d'intérêt de la somme prêtée « nautica usura, nauticum fœnus, » on ne peut en demander d'intérêt; ce serait un intérêt d'intérêt, ce serait un anatocisme que les lois défendent « accessio accessionis non est. »

Cette opinion a été repoussée, et on a soutenu que la pœna devait se calculer sur le capital et le profit, en se fondant sur le caractère de ce profit, qui est le prix des risques. Lorsqu'il est acquis, ce n'est pas un intérêt, c'est un accroissement du capital, « augmentum sortis, » parfaitement susceptible de produire des intérêts.

Il n'était pas besoin d'interpeller le débiteur pour que la pœna fût encourue. Dès que l'obligation principale n'a pas été exécutée au jour convenu, le créancier peut réclamer la pœna. Il en serait ainsi quand bien même, le débiteur étant mort, son hérédité serait encore jacente au jour du terme. L. 9, D. *De n. f.*

Le débiteur ne serait pas tenu de la pœna, s'il était prouvé qu'au moment du terme il avait offert ou fait offrir à son créancier de le payer, ou si le retard dans le paiement provenait de la faute du créancier. L. 8, D. *De nautico fœnore.*

CHAPITRE IV

DES ACTIONS QUI APPARTIENNENT AUX PRÊTEURS

Nous devons maintenant, pour terminer nos études sur le nauticum fœnus, étudier les actions qui naissent de ce contrat au profit du prêteur.

Les textes ne nous disent rien à ce sujet, mais la solution en découle pour nous de la nature que nous avons reconnue au nauticum fœnus. Nous le considérons comme un mutuum d'une espèce particulière; nous donnerons donc au prêteur à la grosse une action analogue à celle du prêteur dans le mutuum, une « condictio. »

Ce qui nous démontre bien que le prêteur à la grosse exerçait une action de droit strict, c'est que les textes nous apprennent qu'il avait quelquefois à intenter l'action « de eo quod certo loco, » qui avait justement pour but de soustraire le demandeur à la « plus petitio loco, » qui le menaçait dans les actions de droit strict.

Voici, d'après M. Demangeat, quels étaient l'utilité et le mécanisme de cette action : « Lorsqu'une dette doit être payée dans un endroit .déterminé, à Éphèse, par exemple, si le créancier est dans le cas d'exercer des poursuites, c'est dans le lieu fixé pour le paiement qu'il doit les exercer. La règle dont il s'agit se rattache à cet autre principe qu'une condamnation est exécutoire là où elle a été prononcée. Mais le débiteur, par hasard ou de propos délibéré, peut ne pas se rencontrer dans le lieu du paiement : le créancier sera-t-il alors dans l'impossibilité de le poursuivre ? Non : il pourra porter son action soit devant le Magistrat du domicile du débiteur, soit devant le Magistrat de Rome ; et même elle se trouvera régulièrement portée devant tout autre Magistrat, si le débiteur renonce à opposer l'incompétence. Mais il faut bien remarquer que le créancier agissant ainsi dans un lieu autre que le lieu fixé pour le paiement, a une précaution à prendre pour n'être pas considéré comme commettant une plus-pétition : « ideo plus petere intelligitur quia utilitatem quam habuit promissor si Ephesi solveret, adimit ei pura intentione. » Pour échapper à ce danger de plus-pétition, on modifie la formule de manière à permettre au Juge de tenir compte de l'intérêt qu'il peut y avoir pour le débiteur de payer à Ephèse plutôt que dans le lieu où il est poursuivi. La modification a pour objet de rendre « incerta » l'intentio de la formule, et de rendre l'action arbitraire.

« Quelle est donc la satisfaction qui, fournie par le défendeur sur l'invitation du Juge, amènera son absolution ? C'est la garantie donnée au demandeur que le paiement sera fait au lieu convenu : « Interdum, dit Ulpien, judex qui ex hâc actione cognoscit, cum sit arbitraria, absolvere reum debet, cautione ab eo exactâ de pecuniâ ibi solvendâ ubi promissa est. » Quand le Juge est dans le cas de condamner, un pouvoir d'appréciation très étendu lui est laissé en ce qui concerne le chiffre de la condamnation. »

C'est un texte d'Ulpien, la loi 2, 8, D., *De eo quod certo loco,* 13, 4, qui fait au nauticum fœnus l'application de l'action « De eo quod certo loco. » « Itaque utilitas quoque actoris veniet : quid enim si trajectitiam pecuniam dederit, Ephesi recepturus, ubi sub pœna debebat pecuniam, vel sub pignoribus : et distracta pignora sunt, vel pœna commissa mora tua, vel fisco aliquid debebatur, et res stipulatoris vilissimo distracta est ? In hanc arbitrariam, quod interfuit, veniet : et quidem ultra legitimum modum usurarum. »

M. de Savigny n'est pas d'avis d'accorder au prêteur à la grosse une action de droit strict. Le nauticum fœnus étant, selon lui, un contrat innommé, du genre « do ut des, » il donne au creditor une action « præscriptis verbis, » qui sanctionnait les contrats innommés. Cela est insoutenable en présence des textes qui donnent à l'action résultant du nauticum fœnus les caractères d'une action de droit strict; or, l'action « præscriptis verbis » est de bonne foi. Il nous suffira, pour le prouver, de citer la loi 17, 2, *in fine*, D., 19, 5. Si l'affaire est dans l'intérêt du débiteur seul ou dans l'intérêt des deux parties, le débiteur est tenu du dol et de la faute; si elle est seulement dans l'intérêt du créancier, le débiteur n'est tenu que du dol. Or cette théorie des fautes s'applique uniquement là où existe une action de bonne foi. « Secundum hæc, si cui inspiciendum dedi ipsius causa, sive utriusque, et dolum et culpam mihi præstandam esse dico propter utilitatem, periculum non. Si vero mei duntaxat causa datum est, dolum solum : quia prope depositum hoc accedit. » Et la loi 2, 2, D., 43,26 : « Cum quid precario rogatum est, non solum hoc interdicto uti possumus : sed etiam præscriptis verbis actione, quæ ex bona fide oritur. »

C'est également une « condictio » que devait intenter le prêteur pour se faire payer la pœna qu'il avait stipulée de son emprunteur.

Nous avons supposé jusqu'ici que le creditor avait traité avec le preneur lui-même. Il se peut qu'il ait traité avec le préposé des armateurs ou des chargeurs. Il aura en ce cas l'action *exercitoire*, qui se donne lorsqu'un armateur « exercitor » a mis quelqu'un à la tête de son navire. Cet agent s'appelle le

« magister navis ; » il ne doit pas être confondu avec le capitaine « nauta, » bien que les deux qualités soient souvent réunies dans la même personne. On voit que c'est le mandant qui donne son nom à l'action exercitoire.

Ulpien nous indique nettement l'utilité de cette action au commencement de la loi 1, D., *De exercit actione,* 14,1 : « Utilitatem hujus edicti patere, nemo est qui ignoret : nam cum interdum ignari, cujus sint conditionis vel quales, cum magistris propter navigandi necessitatem contrahámus, æquum fuit, eum, qui magistrum navi imposuit, teneri : ut tenetur, qui institorem tabernæ vel negotio præposuit; cum sit major necessitas contrahendi cum magistro, quam institore : quippe res patitur, ut de conditione quis institoris dispiciat, et sic contrahat; in navis magistro non ita : nam interdum locus, tempus non patitur plenius deliberandi consilium. »

L'action exercitoire était donnée, que le magister navis fût l'esclave de l'exercitor, l'esclave d'une autre personne ou même un homme libre. La même raison d'équité se présentait dans tous les cas.

L'exercitor répondait des actes faits par le maître, en cette qualité, pour des objets de navigation ou des points qui dépendaient de l'administration du navire. En dehors de ces actes, l'armateur n'était pas responsable des faits de son préposé. L. 1, 8, D., 14, 1.

L'infidélité du magister ne devait pas nuire aux tiers qui avaient contracté de bonne foi avec lui. Ils n'en avaient pas moins action contre l'exercitor, sans être tenus de surveiller et de prouver l'utile emploi de leurs deniers à des besoins du navire. Si l'on prêtait au maître plus qu'il ne lui était nécessaire, on n'avait, pour l'excédant, aucune action contre l'armateur. Mais cela n'avait lieu que dans les cas où le donneur savait que le maître n'avait pas besoin d'une aussi forte somme; car, s'il avait agi de bonne foi, l'action contre les propriétaires ne pouvait lui être déniée. L. 7 et L. 1, 10, *eod. tit.*

Les textes n'autorisent pas formellement le magister navis à emprunter à la grosse, mais ce droit ne saurait lui être contesté, et ce devait être justement un des actes qu'il était appelé le plus souvent à faire. Il faudra appliquer les règles posées dans notre titre *De exercit. act.*, l. 1, 8 et 1, relativement au mutuum contracté par le magister.

L'action exercitoire, qu'on désigne souvent sous le nom d'action « adjectītiæ qualitatis, » n'était autre que l'action même résultant du contrat intervenu entre le tiers et le préposé, sous une légère modification. Le créancier avait le choix d'agir contre l'exercitor ou contre le magister navis lui-même. « Est autem nobis electio, utrum exercitorem an magistrum convenire volumus. » L. 1, 17, *eod. tit.* Mais, dès qu'il avait agi contre l'un, il avait épuisé son droit et ne pouvait plus agir contre l'autre : « Hæc actio, dit la loi 1, 24, *eod. tit*, ex persona magistri in exercitorem dabitur; et ideo, si cum utro eorum actum est, cum altero agi non potest : sed si quid sit solutum, si quidem a magistro, ipso jure minuitur obligatio; sed et si ab exercitore, sive suo nomine, id est, propter honorariam obligationem, sive nomine magistri solverit, minuetur obligatio : quoniam et alius pro me solvendo me liberat. »

Lorsque l'exercitor était en puissance, pourvu que « voluntate patris vel domini navem exercuerit, » le tiers qui avait traité avec le magister navis pouvait intenter l'action exercitoire même contre le père ou contre le maître de cet exercitor. L. 1, 19 et 20, *eod. tit.*

DROIT FRANÇAIS

DROIT FRANÇAIS

DES CONTRATS A LA GROSSE

INTRODUCTION HISTORIQUE

Lorsque, après avoir forcé les lignes du Rhin et du Danube, les barbares se répandirent sur la Gaule et l'Italie ; que leur flot toujours montant envahit l'Espagne et jusqu'au nord de l'Afrique, l'essor du commerce maritime fut presque complétement paralysé. Les luttes et les désordres qui marquèrent les premiers temps de leur établissement, l'absence de sécurité sur les mers infestées par les pirates, étaient autant de circonstances qui arrêtaient l'ardeur des trafiquants, en les exposant à de continuels périls.

Cependant, si le mouvement commercial s'affaiblit, il ne cessa jamais tout-à-fait. Dès le ve siècle, nous voyons nos ports de la Méditerranée entretenir des relations avec l'Orient, pendant que, des ports de la Neustrie, de la Bretagne et de l'Aquitaine, sortaient des navires qui portaient dans les Iles Britanniques, et jusque dans les mers du Nord, les vins de France, pour les échanger contre les pelleteries et les métaux des Scandinaves.

Ce mouvement continua en dépit de l'affaiblissement de l'autorité royale sous les derniers Mérovingiens, et prit sous Charlemagne une activité nouvelle. Ce prince entretint avec les musulmans des relations qui ouvrirent à ses sujets les ports de la Syrie. L'islamisme avait eu, dès son origine, des flottes régulières et un commerce florissant. Les musulmans avaient interdit aux autres peuples et s'étaient réservé pour eux-mêmes le commerce du Levant, et Bassora, au fond du golfe Persique, devint l'entrepôt des marchandises de la Chine et des Indes, qui, de là, remontaient l'Euphrate ou le Tigre, et se dirigeaient par Alep ou Damas vers la Méditerranée, ou par Tauris et Tiflis vers la mer Noire.

A la fin du Xe siècle, les Fatimites, qui dominaient en Egypte, s'étant rendus indépendants des califes de Bagdad, voulurent que Bassora trouvât sur la Méditerranée une rivale, et ils ouvrirent aux Européens le port d'Alexandrie. Aussitôt, des relations commerciales très suivies s'établirent entre cette ville et Marseille, et les villes d'Italie Amalfi, Venise, Gênes et Pise.

Il est hors de doute qu'il existait déjà des usages que devaient observer les trafiquants, mais nous n'en possédons aucun recueil. Il nous faut arriver à l'époque des Croisades pour trouver les usages commerciaux réunis et rédigés. On sait combien ces expéditions eurent de féconds résultats pour le commerce maritime. Il s'établit avec l'Orient un mouvement de trafic direct et régulier; le commerce de ces régions passa presque tout entier aux mains des Européens, qui apprirent à se passer des intermédiaires, des comptoirs grecs d'Alexandrie et de Constantinople, qui absorbaient auparavant la plus grande partie des bénéfices.

En présence de ce développement des relations commerciales, on comprit la nécessité d'avoir des règles invariables, en rédigeant les usages généralement admis dans les mers, soit du Ponant, soit du Levant. C'est ainsi que prirent naissance ces recueils qui allèrent en se perfectionnant à mesure que le commerce maritime grandissait.

Nous allons passer rapidement en revue les principaux de ces anciens monuments du droit maritime, en indiquant les dispositions qu'ils contenaient relativement au prêt à la grosse. En divers pays d'Italie, ce contrat s'appelait *hypothèque*. En Normandie et dans les mers du Nord et Baltique, on le nommait *bomerie*, du mot flamand *bome*, qui signifie *quille de vaisseau*. On distinguait même parfois l'*argent trajectice* de la *bomerie*. On appelait trajectice l'argent donné sur les marchandises, et bomerie l'argent donné sur corps. Mais la nature du contrat était la même dans les deux cas.

De bonne heure, les villes commerçantes d'Italie, Gênes, Pise, Venise, Amalfi, etc., eurent des usages rédigés, des statuts locaux. Parmi les plus anciens, on peut citer la *loi de Trani*, ville voisine d'Amalfi, qui remonte à 1063.

Marseille eut aussi un statut, vers 1253. Cette date a été contestée, et on a prétendu qu'il n'avait été rédigé qu'en 1422, après le pillage de la ville par un roi d'Aragon. Cette opinion n'est pas soutenable en présence de manuscrits portant les dates de 1253 et 1255 et d'un passage de du Cange, qui dit en avoir possédé un exemplaire écrit par un notaire en 1277.

On trouve dans le chapitre v, livre 3, du statut Marseillais, une théorie parfaite du contrat à la grosse.

A côté de ces lois locales parut un recueil qui acquit une autorité considérable dans la Méditerranée, et devint comme le droit commun des mers du Levant. C'est le *Consulat de la Mer*, compilation des anciennes lois maritimes servant à régler la police de la navigation et tout ce qui appartenait au commerce de mer.

Dans quel pays cet ouvrage parut-il ? A quelle époque fut-il rédigé ? Ce sont là des questions vivement discutées, et dans le détail desquelles nous ne pouvons entrer. Bornons-nous à dire que nous croyons le Consulat originaire de Catalogne, bien que les jurisconsultes qui en ont le plus anciennement parlé l'aient cité en italien. Quoiqu'on se soit fondé là-dessus pour attribuer à l'Italie l'honneur d'avoir produit cet ouvrage, nous pensöns qu'on n'en doit rien conclure, sinon que le texte italien était le plus répandu. Toute incertitude nous semble, du reste, devoir céder devant ce fait que toutes les éditions italiennes sont postérieures à celle de 1494, qui n'est pas en italien. La première traduction italienne que signale Pardessus est celle de Venise, en 1549. Or, le Consulat existait bien auparavant en manuscrits et imprimés, dans un dialecte de roman, qui s'est conservé dans plusieurs pays méridionaux, mais surtout en Catalogne. Il fut très probablement composé à Barcelone, d'où sont les premières éditions connues. La plus ancienne imprimée est celle de 1494, qui se termine par ces mots : *Deo gratias. Fon acabada de stampar la present obra a XIV de juliol del any MCCCCLXXXXIIII, en Barcelona, per Pere Posa, prevere è stampador.* — Le présent ouvrage a été achevé d'imprimer le 14 juillet 1494, à Barcelone, par Pierre Posa, prêtre et imprimeur.

Il est dit, à la fin de cette édition, que les règles du Consulat furent adoptées à Rome en 1095 ; en l'an 1102, à Acre, dans les calendes de septembre, par le roi de France Louis et par le comte de Toulouse ; en l'an 1162, dans le mois d'août, à Marseille, dans la maison de l'Hôpital, en présence de Joffre Antar, podestat ; en l'an 1250, à Paris, par Jean de Beaumont, au nom du roi Louis IX, en présence des chevaliers Hospitaliers et Templiers et de l'amiral du Levant.

On ne trouve pas dans le Consulat de règles sur le prêt à la grosse, dont cependant plusieurs chapitres semblent indiquer et supposer l'usage.

Les Rooles ou Jugements d'Oléron eurent dans l'Océan une autorité aussi grande que le Consulat dans la Méditerranée. La
même obscurité règne sur leur date et leur origine. Selden, dans son
traité *Mare clausum, seu de dominio maris* (1), prétend que ces
lois furent d'abord recueillies et mises en ordre par l'aïeul
d'Édouard Ier, et qu'ensuite elles furent corrigées, augmentées
et publiées en l'île d'Oléron par Richard Ier, à son retour de
la Terre-Sainte.

C'est là une pure fable. « Anglais passionné pour la gloire de
son pays, nous dit Valin, Selden a cru devoir faire honneur de
cette compilation à ses ancêtres, après leur avoir ridiculement
décerné l'empire des mers. Il en est venu même jusqu'à se prévaloir de cette fausse anecdote, que la collection des Jugements
d'Oléron est due aux soins des rois d'Angleterre, pour soutenir
son orgueilleux système de leur domination sur mer. »

Cleirac attribue les Rooles d'Oléron à la reine Aliénor ou
Éléonore, au retour de son voyage en Terre-Sainte, vraisembla-
blement après que Louis VII l'eut répudiée, ce qui répond à
l'année 1152. Selon lui, elle les intitula Rooles d'Oléron du
nom de son *isle bien-aimée*. Il ajoute que Richard Ier son fils, sur-
nommé Cœur-de-Lion, y fit des augmentations sous le même
titre. Puis, repoussant l'opinion de Selden, Cleirac fait remarquer que ce code nautique est en langage français, accompagné
de termes gascons, sans aucun mélange de normand ou d'anglais.

C'est là une grave erreur. Le texte des Rooles donné par
Cleirac est emprunté au *Grand Routier de mer, de Garcie dit
Ferrande* (2), dont il a copié et rajeuni le texte. Mais ce n'est

(1) C'est à cet ouvrage de Selden et à ses insolentes prétentions que Grotius
répondit par son traité « Mare liberum, » soutenant la liberté des mers.

(2) Le titre complet de cet ouvrage est : Grant routier et pilotage et ensei-
gnement pour ancrer tant es portz, hâvres, que autres lieux de la mer, fait

pas là l'œuvre originale, et ce qui le prouve bien, c'est que, dans l'ouvrage de Garcie, imprimé en 1520, les Rooles d'Oléron sont portés à 46 ou 47 articles, tandis que des manuscrits d'Angleterre, infiniment plus anciens, ne leur en donnent que 25 ou 26. Ces manuscrits sont écrits en très-vieux français, sans aucun mélange d'expressions gasconnes ; le style aurait plutôt quelques rapports, par l'orthographe et la désinence de certains mots, avec l'idiôme normand.

Pardessus pense que les Rooles d'Oléron ne sont pas un acte émané de l'autorité souveraine. D'après lui, presque tous les manuscrits ajoutant au mot Rooles celui de Jugements, on en peut conclure que la compilation est une collection d'actes de notoriété attestant la jurisprudence sur les cas jugés, et sans doute les plus fréquents dans la navigation de cette époque. Quant au lieu véritable où la rédaction a été faite, excepté la phrase finale : *Témoin le scel de l'isle d'Oléron,* il n'y a pas dans les articles un seul mot qui désigne Oléron ; les ports de Bordeaux et de la Rochelle, les côtes de Bretagne et de Normandie y sont seuls cités. Il est donc probable que ces usages n'appartiennent point spécialement à Oléron. Ils contiennent, en effet, des règles essentielles à tout commerce maritime, quelque part qu'on le pratique. Tous les manuscrits et les imprimés portent le nom d'Oléron sans doute, mais peut-être est-ce seulement parce que la copie servant de type à celles qui nous sont parvenues avait été écrite ou certifiée par un greffier ou un notaire de cette île.

On trouve dans l'article 1er des Rooles d'Oléron une trace du prêt à la grosse : « Le patron d'un navire appartenant à plusieurs propriétaires, qui se rend de Bordeaux à la Rochelle ou

par Pierre Garcie, dit Ferrande, avec ung Kalendrier et compost très-nécessaire à tous compaignons, et les jugements d'Oleron touchant le faict des navires. (Rouen, Jean Bruges, 1520.)

en tout autre lieu, à l'effet de s'y fréter pour pays étranger, ne peut vendre ce navire sans ordre ou sans procuration des propriétaires ; mais s'il a besoin d'argent pour le service du navire, il peut, de l'avis de l'équipage, mettre des apparaux en gage. C'est le jugement en ce cas. »

Sur la mer du Nord et la Baltique, nous rencontrons *le droit maritime de Wisby* (1) et *les Recès de la Hanse Teutonique.*

Les écrivains du Nord font généralement remonter le droit de Wisby au temps de l'empereur Lothaire de Saxe, c'est-à-dire au XIIe siècle. L'inspection seule de cette compilation suffit pour faire rejeter cette opinion, et toute hypothèse qui aurait pour résultat de faire considérer ce recueil comme fait par l'autorité publique. En effet, on rencontre dans tous les manuscrits deux parties distinctes intitulées, l'une : *Ici commence le suprême droit maritime,* l'autre : *Voici les ordonnances que les navigateurs et patrons ont faites entre eux.* Il est évident que, dans une coutume rédigée sous les auspices de l'autorité publique, on n'aurait pas admis cette division en deux fragments, relatifs tous deux aux mêmes matières, qu'ils traitent même quelquefois en termes identiques.

Kuricke explique cette singularité en disant que la compilation a été faite à Wisby à différentes époques, au fur et à mesure des besoins.

Pardessus est d'un autre avis : « Wisby, dit-il, étant un port où affluaient les navigateurs de toutes les nations, on peut croire qu'ils ont rédigé un corps de droit commun, pour la rédaction duquel chacun a, en quelque sorte, fourni son contingent, savoir : les habitants des bords de la Baltique, les articles qu'on a reconnus conformes au droit de Lubeck, pratiqué par tous les

____

(1) Ville de l'île de Gothland, anciennement le marché le plus célèbre de l'Europe.

navigateurs de la ligne hanséatique dont Lubeck était le chef-lieu ; les Français, les Espagnols, les Anglais, les Flamands, les usages rédigés ou introduits chez eux sous les noms divers de Rooles d'Oléron, Jugements de Damme ou Lois de Westcapelle ; les Hollandais, leurs usages d'Amsterdam, Enchuysen ou Stavern ; que cet ensemble aura formé le code maritime des étrangers, et peut-être même aura fini par être suivi comme raison écrite et supplément à la loi locale par les magistrats de Wisby, lorsqu'ils jugeaient les procès nationaux. »

L'article 44 du Droit de Wisby est relatif au prêt à la grosse : « Un patron frète son navire et reste si longtemps dans le port qu'il vient à manquer d'argent : le patron pourra en envoyer chercher dans son pays, mais il ne doit manquer aucun bon vent. S'il le faisait, il serait tenu de réparer aux négociants le dommage qu'il leur causerait. Mais il lui est permis de prendre de l'argent sur les marchandises des négociants, jusqu'à concurrence de ses besoins. »

La Ligue Hanséatique (de *hansen*, association), naquit vers le milieu du xiiiᵉ siècle. Hambourg, Brême, Lubeck, Stettin, Dantzick, Thorn, Elbing, Riga, Revel et Narva furent les premières villes qui en firent partie. D'abord formée comme association de défense contre la piraterie, la ligue finit pas avoir des juridictions, des territoires et des villes, et par faire la guerre aux États sur lesquels portaient les vues de sa politique ambitieuse.

Tous les ans, les députés des villes hanséatiques se réunissaient à Lubeck pour arrêter les règlements de la Ligue, qu'on appelait *Recès* (du mot latin *recessus*), parce que c'était au moment de leur départ que les députés signaient ces règlements. Il est question du prêt à la grosse dans le recès de 1418, art. 4 ; dans celui de 1434, art. 4 ; dans celui de 1447, art. 14 et 19 ;

dans celui de 1591, art. 55, 56, 57 et 58; et dans celui de 1614, au titre VI, qui contient trois articles : le premier relatif à la défense faite aux patrons d'emprunter dans le lieu où se trouvent les armateurs; le second qui traite du prêt en cours de voyage; et le troisième, qui contient la sanction des règles édictées par les deux premiers articles.

Comme on le voit, le prêt à la grosse était connu et pratiqué depuis longtemps, lorsqu'une Décrétale du pape Grégoire IX, qui forme le chapitre 19, *De usuris*, sembla déclarer ce contrat usuraire. Il s'éleva entre les docteurs, sur cette Décrétale, les controverses les plus vives, dont Émérigon nous donne un intéressant résumé que nous rapportons tout entier.

« Il n'est pas douteux, dit-il, que ce contrat, sans lequel notre commerce maritime languirait extrêmement, ne soit licite. Le change que le preneur exige dans le cas d'heureuse arrivée est le prix du péril et n'a rien qui ressente l'usure.

» Cependant il semble que le ch. 19, *extra de usuris*, déclare ce contrat usuraire : *Naviganti vel eunti ad nundinas certam mutuans pecuniæ quantitatem, pro eo, quod suscipit in se periculum, recepturus aliquid ultrà sortem, usurarius est censendus.*

» D'après ce texte, certains auteurs réprouvent le contrat à la grosse et le considèrent comme usuraire. Straccha a fait une longue dissertation pour soutenir ce sentiment, qui est réprouvé par le commun des Docteurs. Mais ils ne s'accordent pas sur la manière d'interpréter le chapitre *Naviganti*.

» *Première interprétation.* — Les uns disent que ce chapitre doit être entendu du cas où l'argent a été donné à la grosse pour une navigation qui puisse se faire sans juste crainte de périr (1).

(1) Dumoulin soutient cette première interprétation : Quod ibi simultane dicitur de mutuante naviganti, intelligitur de navigante in flumine, vel ità tutò, ut cesset justus timor periculi. (Contr. usur., n° 95, tom. 2.)

Mais il n'est point de navigation qui n'ait ses dangers plus où moins grands.

» *Deuxième interprétation.* — Le donneur à la grosse n'est pas déclaré usurier ; il est seulement présumé tel : *usurarius est censendus.* Cette présomption légale est admise dans le for externe. Il n'en est pas de même du for intérieur. Si je stipule le change maritime en considération de l'argent que je prête, je me rends coupable d'usure ; mais si le change est stipulé en considération du péril auquel j'expose mon capital, je suis en sûreté de conscience. *(Fagnan, sur ce chap., n°s 21 et 24.)*

» *Troisième interprétation.* — Le contrat à la grosse est un composé de trois contrats différents : 1° du contrat de société, au sujet des profits résultant de la navigation ; 2° du contrat de vente de portion incertaine de ces mêmes profits, moyennant une portion déterminée ; 3° du contrat d'assurance, par lequel le donneur prend sur soi le risque, tant du capital, que de la portion fixe qui lui est indiquée sur les profits. Par ce détour multiplié, on vient à bout de légitimer le contrat à la grosse et d'éluder la décision pontificale. *(Sic : de Luca, Casaregis, Targa.)*

» *Quatrième interprétation.* — Quelques auteurs tranchent le nœud en ajoutant une négative au texte de la Décrétale. Ils prétendent qu'il faut lire : *Usurarius non est censendus.* Stypmannus dit : *Puto igitur negationem omissam esse inferendam.*

» Cette opinion est vivement combattue par le cardinal de Luca, qui la traite d'erreur et d'indocte témérité : *De errore et indoctâ temeritate.*

« Molina, après avoir réduit à trois principales conclusions les divers sentiments des auteurs sur la Décrétale *Naviganti*, finit par dire qu'on peut opter pour celle qu'on voudra : *Ex tribus expositionibus, elige quam malueris.*

» En usant d'une liberté entière, je crois qu'on doit mettre à l'écart le chapitre *Naviganti*, et toutes les interprétations qui l'accompagnent. Les Décrétales insérées dans le corps du droit canonique n'ayant point été publiées en France, ni acceptées par nos souverains, elles n'ont pas par elles-mêmes force de loi. On peut *les citer comme des décisions qui émanent d'une autorité infiniment respectable, mais elles ne peuvent prévaloir sur le droit civil. (Édit du mois de mars 1769, concernant l'administration de la justice dans l'État d'Avignon et le Comtat Venaissin, titre 3, art. 1.)* »

Nous devons examiner maintenant quelle fut la part du pouvoir législatif dans la règlementation du commerce maritime. Valin nous donne des indications sommaires sur les ordonnances qui furent rendues en cette matière.

Les rois de la première race n'ont publié aucune loi sur la marine. Dans les capitulaires, tant de Charlemagne que de Louis le Débonnaire et Charles le Chauve, sous la seconde race, tout se réduit à un seul chapitre intitulé : *De littorum custodiá*.

Les premiers rois de la troisième race n'ont pas montré plus d'ardeur, de sorte qu'avant l'ordonnance de Charles VI, en 1400 (1), nous n'avons point encore de lois maritimes.

Depuis cette époque jusqu'à François Ier, il n'y a que la petite ordonnance de 1480, rendue uniquement en faveur de l'amiral de Bourbon.

Nous en avons deux de François Ier, une de 1517, l'autre de 1543, toutes deux en faveur des amiraux de la Trémouille et d'Annebault, conformes pour le fond à celle de 1400, mais un peu plus étendues.

(1) Cette ordonnance ne traite que de l'Amirauté, de la piraterie et des prises.

Henri III en fit une aussi en 1584, à la réquisition de l'amiral de Joyeuse ; elle n'est guère qu'une copie de celle de 1543.

Au surplus, toutes ces ordonnances n'avaient à vrai dire d'autre objet que le règlement des droits et de la juridiction de l'amiral.

C'est là, comme on le voit, un mince bagage, et le peu de souci que la royauté semblait prendre des intérêts de la marine marchande peut expliquer, dans une certaine mesure, l'état d'infériorité dans lequel cette dernière était tombée. Richelieu, au vaste génie de qui rien n'était étranger, entreprit le relèvement de la puissance maritime de la France.

Sous le titre de grand-maître, chef et surintendant général de la marine et du commerce, il se fit le chef des marines marchande et militaire, qui furent divisées en *Marine de Lorient*, pour les ports de l'Océan, et *Marine du Levant*, pour les ports de la Méditerranée. Sous sa vigoureuse impulsion, des ports furent créés, des arsenaux et des chantiers construits, dans lesquels l'art des constructions navales fit de grands et rapides progrès. La partie législative de l'œuvre ne fut pas oubliée, et l'ordonnance de 1629 établit l'ordre dans la marine militaire et régla la police des navires de commerce.

Abandonnée par Mazarin, la pensée de Richelieu fut reprise par Colbert, qui fit de la France une puissance maritime de premier ordre. En même temps, frappé de l'insuffisance des conventions qui devaient présider au jugement des contestations, et qui consistaient uniquement en anciens usages et en statuts locaux, il eut l'idée de coordonner et de rajeunir tous ces matériaux, et d'en faire un code qui complétât les lois existantes et remplaçât la variété des anciens usages. C'est par ses soins que fut rédigée la fameuse ordonnance de 1681, si belle, si sage, si bien ordonnée dans toutes ses parties qu'elle mérita de devenir bientôt comme le droit commun des nations maritimes.

Cette ordonnance contient cinq livres. Le contrat à la grosse y est traité au titre cinquième du troisième livre.

Le préambule de l'ordonnance nous en indique l'objet : « Parce qu'il n'est pas moins nécessaire d'affermir le commerce par de bonnes lois que de le rendre libre et commode par la bonté des ports et par la force des armes, et que nos ordonnances, celles de nos prédécesseurs, ni le droit romain, ne contiennent que très peu de dispositions pour la décision des différends qui surgissent entre les négociants et les gens de mer, nous avons estimé que, pour ne rien laisser à désirer au bien de la navigation et du commerce, il était important de fixer la jurisprudence des contrats maritimes, jusqu'à présent incertaine, de régler la juridiction des officiers de l'amirauté, et les principaux devoirs des gens de mer, et d'établir une bonne police dans les ports, côtes et rades qui sont dans l'étendue de notre domination. »

Cette ordonnance ne fut pas envoyée au Parlement de Bretagne, comme à toutes les autres cours du royaume. La Bretagne avait conservé le privilège de ne pas dépendre de l'amiral de France pour la navigation, et de ne reconnaître que l'autorité de son gouverneur nommé par le roi. Par respect pour ces privilèges, on fit une nouvelle rédaction au mois de novembre 1684, sous le titre : *Ordonnance touchant la marine sur les côtes de Bretagne,* que le Parlement enregistra le 18 janvier 1685.

Les procès-verbaux de discussion et de rédaction de l'ordonnance de 1681 n'ayant pas été conservés, on ne sait pas au juste à quels auteurs elle doit être attribuée. Pardessus cite, comme rédacteurs, le marquis de Seignelay et le président de Harlay. D'après Valin : « Dans le recueil de pièces concernant la compétence de l'amirauté de France, imprimé à Paris, chez d'Houry, en 1759, on trouve au bas de la page 140 une note qui porte que c'est M. le Vayer de Boutigny, Maître des Requêtes, qui a été le rédacteur de l'ordonnance. Frappé de cette anecdote qui avait échappé à toutes mes recherches, j'ai voulu savoir sur quoi elle était appuyée, et la réponse que j'ai reçue ne m'a pas plus satisfait que je ne l'ai été d'une autre anecdote qui attribue ce bel ouvrage à un avocat, que l'on ne nomme point, mais dont on rapporte cette singularité; savoir, que Louis XIV, lui ayant donné pour récompense une charge de Maître des Requêtes, il avait été dans la suite obligé de s'en défaire, ses facultés ne lui permettant pas de soutenir un tel état. »

Valin cite également le nom de M. Henri Lambert, chevalier, seigneur d'Herbigny, marquis de Thibouville, commissaire chargé de visiter les ports et hâvres du royaume situés sur la mer du Ponant.

La même incertitude règne au sujet des matériaux qui servirent à la rédaction de notre ordonnance. C'est encore à Valin que nous empruntons le renseignement suivant : « S'il m'est permis de hasarder mes conjectures sur la rédaction de notre ordonnance, j'observerai que parmi les manuscrits de la bibliothèque de S. A. Mgr le duc de Penthièvre, manuscrits que S. A. S. a eu la bonté de me faire communiquer, il y a dans le registre numéroté 848 une savante, curieuse et vaste compilation des lois anciennes maritimes, c'est-à-dire des lois rhodiennes et romaines, du Consulat et des Us et Coutumes de la mer, des Ordonnances de Charles-Quint et de Philippe II, rois d'Espagne, des Jugements d'Oléron, des Ordonnances de Wisby, et de la Hanse Teutonique, des Assurances d'Anvers et d'Amsterdam, du Guidon de la mer, des projets d'édits et règlements dressés par ordre du cardinal de Richelieu, enfin de nos ordonnances jusqu'à 1660; le tout conféré ensemble, avec l'avis de plusieurs auteurs, et distribué en différents titres. Il me paraît assez vraisemblable que cette riche collection, faite par un très habile homme, a servi à former cette ordonnance : du moins est-il vrai qu'elle a été faite dans cette vue, puisqu'en quelques endroits on y rejette certaines observations en disant qu'elles ne sont pas de nature à entrer dans une ordonnance et à en faire le sujet. »

Quoi qu'il en soit de ses rédacteurs et de ses matériaux, l'ordonnance de 1681 était si parfaite que « les nations les plus jalouses de notre gloire, déposant leurs préjugés, leur haine même, l'adoptèrent à l'envi comme un monument éternel d'intelligence et de sagesse. » *(Valin.)* (1)

C'est à l'ordonnance de 1681 qu'eurent recours les commissaires (2) nommés par un arrêté du 13 germinal an XII (3 avril 1801), pour rédiger un projet de Code de commerce,

(1) L'ordonnance fut commentée par Valin (né en 1695, mort en 1765), qui fut avocat et procureur du roi, de l'Amirauté et de l'Hôtel-de-Ville à la Rochelle. Il avait été précédé dans son œuvre par un auteur dont on ignore le nom, et dont il cite souvent les doctrines en l'appelant le Commentateur anonyme.

Pothier s'est occupé spécialement de cette matière, et a écrit un *Traité du contrat à la grosse*, où se retrouvent la science profonde et l'esprit ingénieux dont il était coutumier.

Mais l'ouvrage le plus remarquable est celui d'Émérigon, avocat au Parlement d'Aix, puis conseiller à l'Amirauté de Marseille, où il mourut le 2 avril 1784. On lui doit le *Traité sur les assurances et les contrats à la grosse*, où se joignent à une profonde connaissance du droit, les ressources, si précieuses en pareille matière, d'une longue expérience et d'une pratique constante. Cet ouvrage justement estimé compte encore aujourd'hui parmi ce qu'on a écrit de plus judicieux et de plus complet sur le contrat à la grosse; aussi aurons-nous souvent occasion d'y recourir, et de citer le nom du savant jurisconsulte que Boulay-Paty appelait *la lumière du Midi*.

(2) Ces commissaires étaient les sieurs : Gorneau, juge au Tribunal d'appel de Paris; Boursier, ancien juge de commerce; Vignon, président du Tribunal de commerce; Legras, jurisconsulte; Vital-Roux, négociant; Coulomb, ancien magistrat, et Mourgues, administrateur des hospices.

et ils y firent entrer l'ordonnance presque tout entière. Ce projet, après avoir été communiqué aux tribunaux et aux conseils de commerce, à la Cour de cassation et aux Tribunaux d'appel, revint à la section intérieure du Conseil d'État, et fut enseveli dans les cartons. Il n'en sortit qu'à la suite des faillites scandaleuses qui marquèrent les premières années de l'Empire, et démontrèrent la nécessité d'une loi sévère sur les faillites. La discussion s'ouvrit au Conseil d'État le 4 novembre 1806, et une loi du 15-24 septembre 1807 déclara le Code du commerce exécutoire à partir du 1er janvier 1808.

Le contrat à la grosse fait l'objet du neuvième titre du deuxième livre de notre Code, art. 311 à 331.

La loi du 10 décembre 1874, sur l'hypothèque maritime, a introduit en notre matière des modifications que nous étudierons par la suite. Cette loi, disait M. Grivart, a réalisé une des améliorations les plus vivement demandées. Mais une amélioration n'est pas suffisante, et c'est une refonte complète des textes du droit maritime qui devient de plus en plus nécessaire. Aussi, il serait à souhaiter, à une époque où la situation de notre marine marchande préoccupe à si juste titre de nombreux esprits, que l'on entreprît une révision de la partie du Code consacrée au droit maritime, car il est beaucoup de dispositions, qui, très-sages peut-être à l'époque où elles ont été adoptées, ne répondent plus aux besoins et aux exigences de l'époque actuelle, et ne sont plus en harmonie avec les conditions nouvelles dans lesquelles se trouvent la navigation et le commerce de mer.

DES
CONTRATS A LA GROSSE

Code de Commerce, articles 311 à 331.

CHAPITRE IER

NATURE & CARACTÈRES DU CONTRAT A LA GROSSE

Pothier définit le contrat à la grosse aventure, ou, plus brièvement, contrat à la grosse : « Un contrat par lequel l'un des contractants, qui est le prêteur, prête à l'autre, qui est l'emprunteur, une certaine somme d'argent, à condition qu'en cas de perte des effets pour lesquels cette somme a été prêtée, arrivée par quelque fortune de mer, ou accident de force majeure, le prêteur n'en aura aucune répétition, si ce n'est jusqu'à concurrence de ce qui en restera ; et qu'au cas d'heureuse arrivée, et au cas qu'elle n'aurait été empêchée que par le vice de la chose, ou par la faute du maître et des mariniers, l'emprunteur sera tenu de rendre au prêteur la somme avec un certain profit convenu, pour le risque desdits effets. »

Émérigon, (chap. I. sect. 2) adopte cette définition, qui ne nous satisfait cependant pas complètement. Elle a le tort de ne pas indiquer que les objets sur lesquels a lieu le prêt sont affectés à la restitution du capital et au paiement du profit maritime.

6

Nous préférons cette autre définition donnée par Dalloz (*Répertoire, v° Droit maritime,* ch. 7): « Le contrat ou prêt à la grosse est une convention par laquelle l'une des parties fournit à l'autre une certaine somme pour être employée à une expédition maritime, avec affectation sur les objets auxquels elle doit être employée et sous la triple condition: 1° que si les objets affectés au contrat viennent à périr par fortune de mer, la somme prêtée ne pourra être répétée par l'emprunteur; 2° que si, au contraire, ces objets arrivent à bon port, le prêteur recevra, outre son capital, une somme convenue, appelée *profit maritime;* 3° et enfin, qu'en cas de perte partielle des objets dont il s'agit, le prêteur, ou, si l'acte de grosse a été négocié, le porteur, n'aura droit que sur ce qui en restera. »

On donne souvent au prêteur à la grosse le nom de *donneur,* et à l'emprunteur celui de *preneur.* Le contrat s'appelle aussi *prêt à retour de voyage,* parce que, le plus souvent, les risques courent jusqu'au retour du vaisseau, et c'est seulement à cette époque que seront dus le capital prêté et le profit maritime.

Ce contrat, qui, comme nous l'avons vu, était connu et pratiqué depuis la plus haute antiquité, répondait aux besoins les plus impérieux de la navigation. Il permettait aux armateurs sans capitaux disponibles, d'acheter et d'équiper des vaisseaux, de se procurer des cargaisons, leur assurait de l'argent pour acheter des marchandises de retour, et était surtout indispensable pour permettre de réparer les avaries et d'approvisionner le navire pendant le cours du voyage.

Le preneur ne courait pas de grands risques, puisqu'il n'avait rien à payer en cas de sinistre, et s'il devait en cas d'heureuse arrivée un intérêt généralement fort élevé, il en était dédommagé par les nombreuses opérations auxquelles l'argent prêté lui permettait de se livrer. Aussi Emérigon disait-il que sans ce contrat notre marine languirait extrêmement. (T. 2, p. 386.)

Il est vrai que le grand développement qu'ont pris les assurances, a porté un coup fatal au prêt à la grosse, et qu'il est beaucoup moins usité aujourd'hui ·qu'il ne l'était autrefois. Il n'est pas cependant sans avoir encore de l'utilité, en ce qui regarde les prêts en cours de voyage. En outre, il a toujours sur l'assurance cet avantage qu'il procure au preneur une valeur immédiate, de telle sorte que celui-ci, tout en accomplissant la spéculation projetée, peut, à l'aide de cet argent, en entreprendre de nouvelles, joindre les bénéfices de celles-ci à ceux de la première et multiplier les opérations de son commerce, ce qui allège d'autant le taux du profit maritime qu'il est obligé de payer.

En outre, l'étude de ce contrat est très intéressante en ce qu'elle soulève quelques-unes des questions les plus importantes du droit maritime, et qu'elle nous fait pénétrer souvent dans le domaine du Contrat d'Assurance avec lequel le prêt à la grosse présente de si nombreuses affinités qu'on les a appelés deux frères jumeaux.

CATACTÈRES DU CONTRAT A LA GROSSE

Le contrat à la grosse est essentiellement *aléatoire*, puisque l'acquisition du profit maritime ou la perte du capital prêté sont subordonnées à des événements futurs et incertains, que les parties ne peuvent prévoir en aucune manière.

Il est *consensuel*, puisque, dans notre droit, la convention de prêter est valable par elle-même et forme contrat; mais il est *réel* en ce sens que l'action du prêteur ne peut exister que s'il y a véritablement une chose affectée au prêt.

On dit aussi quelquefois qu'il est réel, parce que le prêt est fait plutôt à la chose qu'à la personne.

Pothier le regarde comme *unilatéral*, « car, dit-il, le prêteur ne contracte aucune obligation envers l'emprunteur par ce contrat: il n'y a que l'emprunteur qui contracte l'obligation de rendre la somme prêtée, avec le profit maritime, sous la condition qu'il n'arrive pas quelque accident de force majeure qui causât la perte des effets sur lesquels le prêt a été fait. »

M. Cresp dit dans le même sens : « Le prêteur, son argent fourni, ne s'oblige à rien. »

Notre contrat est de *droit des gens;* il peut se faire entre étrangers aussi bien qu'entre nationaux.

Il est *intéressé* de part et d'autre; ce que le prêteur se propose, ce n'est pas de rendre à l'emprunteur un service gratuit, mais c'est d'acquérir, au prix de certains risques, un intérêt maritime.

Il est à la fois *de droit strict et de bonne foi,* si contradictoires que paraissent ces deux idées. En effet, les clauses du contrat devront être interprétées strictement, et la bonne foi la plus absolue doit exister chez les deux parties.

Enfin, il est *commercial,* et, comme tel, assujetti aux règles du Code de commerce sur la capacité des parties, la compétence, etc.

ÉLÉMENTS ESSENTIELS DU CONTRAT

Maintenant que nous connaissons les caractères de notre contrat, nous devons en indiquer les éléments essentiels. Nous nous contenterons ici de quelques brèves indications, car nous retrouverons par la suite tous ces points que nous étudierons alors plus en détail.

Les éléments essentiels du prêt à la grosse sont, indépendamment du consentement des parties :

1° Un capital prêté ;

2° Une ou plusieurs choses sur lesquelles le prêt soit fait ;

3° Des risques maritimes auxquels ces choses soient exposées ;

4° Une somme, nommée intérêt ou profit maritime, que l'emprunteur devra payer au prêteur en cas d'heureuse arrivée.

Reprenons rapidement ces quatre points :

1° *Capital prêté.* — Le capital donné à la grosse pourra consister en somme d'argent, marchandises, ou en toute espèce de choses appréciables et susceptibles de se consommer. En quelque chose qu'il consiste, il ne sera pas restitué au prêteur au cas où les objets affectés au prêt viendraient à périr en totalité.

2° *Choses affectées.* — Ces choses, à l'occasion desquelles le prêt est fait, pourront être soit le navire, soit les agrès et apparaux, soit le chargement, etc., en totalité ou en partie. Elles sont affectées par privilège à la créance du prêteur, et répondent, en cas d'heureuse arrivée, de la restitution du capital prêté et du paiement du profit maritime. Si elles viennent à périr en partie seulement, les droits du prêteur seront restreints à ce qui en subsistera.

3° *Risques maritimes.* — L'existence de risques sérieux est la condition *sinè quâ non* du contrat à la grosse. S'il n'y en avait pas, il n'y aurait plus de place pour un prêt de ce genre. L'intérêt ordinaire seul serait dû, et la perte totale ne dispenserait pas le preneur de rendre la somme prêtée.

Il faut, en outre, que ces risques soient à la charge du donneur, et qu'ils soient maritimes. Les accidents qui peuvent survenir après le déchargement sont fortune de terre, et ne sont point à la charge du donneur.

C'est cette nécessité des risques qui a fait défendre chez nous le contrat à la grosse sous forme de *gageure*, qui existait en Italie, comme le rapporte Émérigon. « A Livourne, et en d'autres endroits de l'Italie, nous dit-il, il est permis de donner des deniers à la grosse par forme de gageure. Si le navire indiqué arrive heureusement, le capital et le change maritime sont dus au donneur; et si le navire périt, tout est perdu pour lui, quoique le preneur n'ait point employé l'argent aux besoins de la navigation, et qu'il n'ait rien mis en risque. Tout cela est prohibé chez nous. Il est de l'essence du contrat à la grosse que l'argent soit employé à un objet exposé aux risques de la mer. » (T. 2, p. 417.)

C'était, comme on le voit, une espèce de pari, dans lequel l'une des parties soutenait que le navire arriverait heureusement, et l'autre qu'il périrait en route. On en peut rapprocher un autre pacte, le pacte *voto per pieno*, également usité en Italie, par lequel on donnait des sommes à la grosse, en stipulant qu'on rendrait le capital augmenté d'un profit, même si l'argent n'avait pas été employé à des objets exposés aux risques de la mer.

4° *Profit maritime.* — Enfin, il faut une somme payable en cas d'heureuse arrivée, qu'on appelle *intérêt ou profit maritime*, et quelquefois *prime de grosse*, par analogie avec le contrat d'assurance.

Le taux de ce profit n'est pas limité. Il ne faut pas, en effet, le considérer comme l'intérêt du capital prêté, comme représentant la privation de jouissance du prêteur. Le profit maritime a un tout autre caractère : c'est le prix du risque couru par la chose, ce que les Romains nommaient le *periculi pretium*, et l'on conçoit sans peine qu'on ne pouvait raisonnablement le limiter, les risques auxquels s'expose le prêteur variant, pour ainsi dire, avec chaque voyage.

Ce contrat, bien que le contraire ait été soutenu, n'a rien d'usuraire. Il n'y a usure que lorsque, tout en étant sûr du remboursement du capital, on prête à des intérêts fort élevés. Or, rien de semblable ici. Le prêteur n'est pas certain de recouvrer son capital; le contrat est essentiellement aléatoire, et, comme nous venons de le dire, le profit ne représente pas l'intérêt de l'argent prêté, mais bien l'équivalent de l'*alea*.

Le prêt à la grosse, comme on peut le voir par ce rapide exposé, a des caractères essentiels qu'il est seul à présenter. Il est régi par des règles spéciales qui en font un pacte *sui generis*, et qui le différencient profondément de tous les autres contrats. Cependant, certains auteurs ont voulu n'y voir qu'une dérivation de contrats déjà connus et pratiqués, et ont essayé de le faire rentrer dans quelqu'un d'entre eux.

Cette idée nous semble insoutenable, car nous ne trouvons aucun type auquel le prêt à la grosse puisse être assimilé d'une manière complète. En passant rapidement en revue les différents contrats avec lesquels il peut présenter quelque analogie, nous reconnaîtrons qu'il se sépare de chacun d'eux par des différences profondes et caractéristiques.

Il diffère du prêt à intérêt en ce que les intérêts sont illimités et qu'ils représentent, non la privation de jouissance du capital, mais le prix des risques.

Il diffère du prêt de consommation, en ce que l'emprunteur n'est pas tenu de restituer le capital, lorsque les objets affectés à l'emprunt périssent par fortune de mer.

Ce n'est pas davantage une société. Le but de ce contrat est de mettre en commun certains biens pour faire une affaire, et partager les bénéfices, ou supporter en commun les pertes. Nous ne voyons rien de tout cela dans le prêt à la grosse. Les deux parties courent des chances tout à fait différentes, car les risques maritimes concernent le donneur seul, tandis que le gain de l'expédition est pour le preneur seul, sauf le profit maritime qu'il aura à payer.

Enfin, il ne faut pas le confondre avec les sociétés qui ont pour but l'armement d'un navire, la navigation à profit commun, la vente d'une pacotille, soit à profit commun, soit à tant pour cent, contrats qui sont régis par des lois toutes différentes.

Le contrat dont se rapproche le plus le prêt à la grosse est l'assurance; mais, s'ils présentent de nombreuses affinités, ils se différencient également par des différences notables.

L'un et l'autre ne peuvent être, pour l'assuré comme pour l'emprunteur, qu'un moyen de ne pas perdre; ils ne peuvent pas devenir un moyen de bénéficier. Ils ont tous deux pour base un risque réel à la charge du prêteur et de l'assureur. Le prix des risques dont ils se chargent est, pour l'un, le profit maritime; pour l'autre, la prime d'assurance, dont le taux est plus ou moins élevé suivant la durée et la nature des risques ou la convention. Enfin, dans l'un comme dans l'autre, c'est au demandeur à prouver que la condition a été remplie.

Mais ils diffèrent en ce que le prêteur fournit réellement une somme déterminée au moment du contrat, et, cela fait, il est libre de toute obligation envers l'emprunteur, tandis que l'assureur ne fournit immédiatement rien, et ne fait que s'obliger à indemniser l'assuré des pertes que celui-ci pourra éprouver par fortune de mer. L'assureur peut limiter les risques dont il entend se charger et n'en prendre que quelques-uns à sa charge;

une pareille convention ne serait pas permise au prêteur. La prime est payée d'avance, et constitue dans tous les cas une créance certaine et définitive pour l'assureur, le profit n'est acquis qu'après l'heureux accomplissement du voyage. Il suffit qu'il y ait possibilité de perte pour que le contrat d'assurance puisse se former, tandis que le prêt à la grosse ne peut affecter que des choses dont la valeur vénale puisse facilement se convertir en argent. En cas de sinistre, le donneur a privilège sur les objets sauvés, à l'exclusion du preneur, tandis que l'assuré vient en concours sur ces mêmes objets avec son propre assureur, pour son découvert. Enfin, le prêteur qui s'est dessaisi de ses fonds ne pouvant se les faire rembourser avec le profit maritime qu'en cas d'heureuse arrivée, est tenu de prouver cet événement ou toute autre cause légitime d'exigibilité. L'emprunteur n'ayant rien à demander n'est assujetti à aucune diligence pour faire connaître les sinistres ou autres accidents qui pourront lui servir d'exception, il suffit qu'il en justifie lorsqu'il est attaqué, et s'il est tenu de s'en procurer la preuve, c'est uniquement dans l'intérêt de ses exceptions. Le contraire se réalise précisément dans l'assurance. L'assureur ne s'est engagé qu'à indemniser l'assuré de ses pertes. Ce dernier est nécessairement demandeur; c'est donc à lui à intenter l'action et à le faire dans un délai déterminé. L'assureur n'a point à agir. Il attend, et il peut fonder ses exceptions tant sur l'insuffisance et l'irrégularité des preuves rapportées par l'assuré que sur leur tardiveté.

CHAPITRE II

DES FORMES DU CONTRAT A LA GROSSE

L'article 311 nous indique dans quelles formes le prêt à la grosse doit être contracté. Après avoir dit qu'il est fait devant notaire ou sous signature privée, il énumère les différentes mentions que l'acte doit contenir. L'article 312 ajoute une formalité, celle de l'enregistrement au greffe du tribunal de commerce, dans les dix jours de sa date, de tout contrat à la grosse fait en France, à peine de perte du privilège. Pour les prêts faits à l'étranger, l'article 312 renvoie à l'article 234, au titre : Du Capitaine.

Enfin, l'article 313 permet de rendre le billet de grosse négociable en le faisant à ordre, et la négociation de cet acte aura les mêmes effets et produira les mêmes actions en garantie que celle des autres effets de commerce.

De là ressort une division toute naturelle de notre chapitre en trois sections. Dans la première, nous étudierons les formes du contrat à la grosse ; dans la seconde, son enregistrement ; dans la troisième, sa négociabilité.

SECTION I

FORMES DU CONTRAT

L'article 311 est ainsi conçu : « Le contrat à la grosse est fait devant notaire ou sous signature privée.

Il énonce :

Le capital prêté et la somme convenue pour le profit maritime,

Les objets sur lesquels le prêt est affecté,

Les noms du navire et du capitaine,

Ceux du prêteur et de l'emprunteur,

Si le prêt a lieu pour un voyage,

Pour quel voyage et pour quel temps,

L'époque du remboursement.

Tout d'abord, le contrat à la grosse doit être fait devant
notaire ou sous signature privée. L'acte étant unilatéral, comme
nous l'avons dit plus haut, un seul original sera nécessaire.

Quel est le sens véritable de cette première disposition de
l'art. 311 ? Signifie-t-elle que l'écriture n'est exigée ici que pour
la preuve, ou, au contraire, qu'elle est essentielle pour l'existence même du contrat ?

La question était déjà discutée sous l'empire de l'Ordonnance
de 1681, dont l'art. 1 (liv. III, tit. V), était ainsi conçu : Les
contrats à grosse aventure, autrement dits contrats à la grosse
ou à retour de voyage, pourront être faits par devant notaires
ou sous signatures privées.

Pothier tenait pour la seconde ôpinion : « Faute d'un acte qui
ait été dressé du contrat à la grosse, disait-il, l'une des parties
ne peut en avoir la preuve, si l'autre partie en disconvient, la
preuve par témoins n'en étant pas reçue. » (Contrat à la grosse,
n° 27.)

Le commentateur anonyme de l'Ordonnance qui précéda
Valin était du même avis, et repoussait la preuve orale, même
au-dessous de 100 francs. Valin pensait, au contraire, que les

rédacteurs de l'Ordonnance dans l'art. 1, n'avaient eu pour but que de déroger à l'édit de 1657, qui exigeait que tous les contrats maritimes fussent faits en la forme authentique, en permettant de rédiger les contrats de grosse sous seing privé. Mais, pour la preuve, il voulait qu'on appliquât les règles du droit commun, c'est-à-dire l'ordonnance de Moulins, qui permettait la preuve par témoins des conventions n'excédant pas 100 francs. Décider autrement, disait-il, « ce serait ajouter au texte qui ne dit pas que ces sortes de prêts *ne* pourront être faits *que* par écrit. A la vérité, on ne voit point de prêts à la grosse de cette espèce pour une aussi modique somme ; mais enfin, cela peut arriver, surtout dans la navigation au cabotage. Le contrat sera donc aussi valable alors que s'il était fait par écrit. » (Valin, Commentaire de l'Ordonnance de 1681, sur l'art. 1, tit. du contrat à la grosse.)

Dageville, cité par Dalloz qui se rallie à son opinion, va encore plus loin, et pense que la preuve testimoniale peut être admise même au-dessus de 150 francs (chiffre qui, dans l'art. 1341, a remplacé le chiffre de 100 francs fixé par l'ordonnance de Moulins), malgré le défaut de commencement de preuve par écrit, attendu que la prohibition de cette preuve, dans le cas dont il s'agit, n'est prononcée par l'article 1341 qu'à l'égard des matières civiles, et ne s'étend pas aux engagements commerciaux.

Il nous semble que c'est aller trop loin, et qu'on doit, maintenant encore, se ranger à l'avis de Valin. L'art. 311 n'a pas pour but de prohiber la preuve testimoniale en notre matière, mais bien de la faire rentrer dans le droit commun ordinaire en matière de preuve ; or, ce droit commun, c'est l'art. 1341. Le prêt à la grosse, en l'absence d'un acte authentique ou sous seing privé, n'en sera pas moins valable, mais la preuve par témoins n'en sera admise que s'il s'agit d'une somme inférieure à 150 francs, ou s'il existe un commencement de preuve par écrit.

Un point certain et universellement admis, c'est que l'aveu des parties ou le refus fait par l'une d'elles de prêter le serment qui lui serait déféré par l'autre, suppléerait à l'absence d'une preuve écrite.

Tout ce que nous venons de dire sur la preuve par témoins, l'aveu et le serment n'intéresse que les parties dans leurs rapports entre elles. Vis-à-vis des tiers, rien ne peut suppléer au défaut de preuve écrite. En effet, pour que le privilège du prêteur à la grosse leur soit opposable, il faut, d'après l'art. 312, que l'acte de prêt soit enregistré dans les dix jours de sa date. Il est bien évident qu'en l'absence d'un écrit cette formalité ne pourra être remplie, et, dès lors, les tiers n'ont rien à craindre. Mais si le prêteur, après que l'existence du prêt aurait été constatée par l'aveu de la partie ou son refus de prêter le serment, faisait enregistrer une expédition du jugement au greffe du tribunal de commerce, le contrat serait alors opposable aux tiers qui, postérieurement au jugement, seraient devenus créanciers de l'emprunteur.

L'art. 311 indique ensuite les énonciations que doit contenir l'acte de grosse. Elles ne sont pas toutes d'égale importance ; il en est d'essentielles, sans lesquelles le prêt ne saurait exister ; d'autres, au contraire, sont moins nécessaires, et n'entraîneraient pas l'annulation du contrat. L'Ordonnance ne prescrivait aucune mention spéciale. Il était cependant admis que, faute d'indications convenables et suffisantes pour bien indiquer l'intention des parties, il y avait, non un prêt à la grosse, mais un prêt ordinaire.

Le contrat doit énoncer d'abord le capital prêté et la somme convenue pour le profit maritime. La somme prêtée est ce qui forme la matière du contrat ; son omission en entraînerait donc la nullité, au moins en ce qui concerne les tiers. Il n'en serait pas de même dans les rapports de prêteur à emprunteur ; entre eux, il n'y aurait nullité que si le prêteur se trouvait dans l'impossibilité de prouver qu'il a fait le versement du capital et quelle en était l'importance, preuve qu'il peut faire, selon nous, puisqu'il existe dans l'acte imparfait un commencement de preuve par écrit.

Le plus souvent, le capital prêté consistera en argent ; il se peut cependant que ce soient des marchandises, et, dans ce cas, le contrat devra en énoncer la valeur, parce que l'emprunteur se trouve constitué débiteur, non des marchandises, mais de leur estimation. On pourrait même stipuler que le prêt portera sur des objets qui resteront la propriété du prêteur ; tel serait le cas où un armateur louerait des canots, des meubles pour garnir les chambres des passagers, des ustensiles pour la cuisine du bord. En cas de perte par force majeure, ces objets ne seront pas restitués ; s'il y a heureuse arrivée, ils seront rendus en nature, soit après réparation, soit en payant la détérioration, suivant les accords convenus, et avec un profit maritime.

Pardessus, ne voyant dans ce contrat qu'un louage, le qualifie de louage à la grosse. « C'est là jouer sur les mots, dit M. Bédarride. La loi, en notre matière, ne reconnaît et n'admet que le prêt à la grosse ; et si, en doctrine et en jurisprudence, ce prêt peut avoir pour objet des choses autres qu'une somme d'argent ; si, en donnant ces choses, leur propriétaire assume le risque de la perte et stipule un profit maritime, ce contrat n'est et ne peut être qu'un contrat à la grosse. » (Bédarride, *Commerce maritime*, n° 840.)

Le profit maritime doit aussi être indiqué dans le contrat. Le plus fréquemment ce sera une somme d'argent, mais cela n'est pas indispensable, et le change peut consister en un bénéfice légitime quelconque.

Mais quel serait l'effet, sur le contrat, de l'omission de l'indication du change maritime ? Pothier voyait, en ce cas, dans l'acte, une donation : « Si quelqu'un, disait-il, prêtait une somme d'argent à un armateur pour un certain voyage, avec la clause que celui-ci ne serait pas tenu de la rendre en cas de perte ou de la prise de son vaisseau, par quelque accident de force majeure, sans exiger de lui un profit maritime, ce contrat ne serait pas un contrat de grosse aventure, ce serait un contrat de prêt mêlé de donation de la chose prêtée en cas de perte ou de prise du vaisseau, laquelle donation serait valable par la tradition qui lui a été faite des deniers, pourvu qu'elle fût faite à des personnes capables. » (n° 19.)

Cette idée de Pothier nous semble absolument inadmissible. Rien n'est plus opposé à l'idée d'une donation que l'acte commercial qui nous occupe, et l'on ne saurait en faire produire les effets si importants à un contrat qui n'a avec elle aucune affinité.

Nous repoussons tout aussi énergiquement l'opinion de certains auteurs qui pensent que, s'il était évident d'après l'ensemble des dispositions de l'acte que les parties ont bien réellement entendu faire un contrat à la grosse, les tribunaux pourraient suppléer au défaut d'indication du profit maritime, et le fixer d'après le cours de la place (Sic : Boulay-Paty, Pardessus, Dageville). A notre avis, cette indication est tout aussi essentielle pour la validité du contrat que celle du capital prêté. Les parties qui l'ont omise perdront chacune le bénéfice qu'elles auraient retiré du contrat, qui deviendra un prêt ordinaire : en cas de sinistre, le capital prêté sera remboursé ; en cas d'heureuse arrivée, le profit maritime ne sera pas dû, et les intérêts seront supportés par l'emprunteur conformément au droit commun.

Une indication aussi essentielle que celles que nous venons de voir est celle des objets affectés au prêt. Elle est surtout indispensable au point de vue des tiers, puisque le contrat confère au prêteur un privilège qui lui donne le droit d'être payé sur la valeur des objets affectés de préférence à tous autres créanciers.

Si le prêt a pour objet des marchandises, il faudra les désigner, autant qu'il se pourra, par leur nature, leur poids, leur mesure, leur espèce ; indiquer si elles sont sujettes à coulage ou à détérioration ; mettre, en un mot, le prêteur à même d'apprécier aussi exactement que possible les chances dont il se charge. Il se pourra, du reste, que ces énonciations soient impossibles, au cas, par exemple, où l'argent donné à la grosse est destiné à acheter des marchandises dans le cours du voyage.

La détermination de la valeur des effets affectés n'est pas indispensable. Ce n'est que plus tard, lorsqu'il y aura eu sinistre, que l'emprunteur sera tenu de prouver, comme l'exige 329, qu'il avait pour son compte des effets sur le bâtiment, jusqu'à concurrence de la somme empruntée. Si, cependant, l'évaluation avait été faite dans le contrat, elle devrait être réputée exacte, sauf le droit pour le prêteur de démontrer par la preuve contraire qu'il y avait exagération, frauduleuse ou non.

Ainsi donc, pas d'obligation de mentionner la quantité, qualité et valeur des objets affectés au prêt. Que si l'indication est faite en termes généraux, sur tel navire, par exemple, elle comprendra le bâtiment entier, coque, quille, agrès et apparaux ; ou sur facultés de tel navire, elle comprendra toutes les marchandises que l'emprunteur embarquera sur le navire désigné. C'est ce que jugeait le Parlement d'Aix, le 24 janvier 1748, et cette décision est encore unanimement admise par la doctrine moderne.

La désignation du nom du navire est nécessaire, aussi bien quand le prêt est fait sur le navire lui-même que quand il est fait sur les facultés. Au premier cas, il indique clairement quel est l'objet affecté au prêt ; dans le second, il sert à déterminer le lieu des risques. Nous verrons son utilité dans cette seconde hypothèse quand nous nous occuperons du transbordement sur un autre navire après le risque commencé. Il n'est pas nécessaire d'indiquer le tonnage du navire, ni son espèce, si c'est un brick, un sloop, une goëlette. Mais il faut admettre que le prêteur pourrait demander l'annulation du contrat, si on lui avait caché certaines circonstances propres à aggraver les risques ; si, par exemple, en temps de guerre, on ne lui avait pas dit que le vaisseau partait sans escorte, ou, avant l'abolition de la course, qu'il était armé en course (1).

L'inexactitude dans la désignation du nom du navire n'entraînerait pas la nullité de la convention, s'il était prouvé qu'il n'y a pas eu erreur de la part des parties sur l'identité du navire. Mais en serait-il de même au cas de défaut absolu d'indication ?

Boulay-Paty (T. 3. p. 51) résout la question par une distinction : « Si le nom est omis dans un contrat de prêt affectant un navire, le contrat est nul en tant que contrat de grosse. Par contre, s'il s'agit d'un prêt sur facultés, le prêteur qui n'a exigé le nom d'aucun navire est censé s'en être rapporté à la foi de l'emprunteur sur le choix de celui-ci, et l'avoir autorisé à charger ses marchandises sur tel ou tel navire, à sa volonté. C'est l'application d'une manière absolue au prêt à la grosse des règles de l'assurance *in quovis*, dont parle l'article 337, ainsi conçu : « Les chargements faits aux Échelles du Levant, aux

____

(1) La course a été abolie par un décret du 20 avril 1856.

7

côtes d'Afrique et autres parties du monde, pour l'Europe, peuvent être assurés, sur quelque navire qu'ils aient lieu, sans désignation du navire ni du capitaine. »

Cette distinction ne nous satisfait aucunement. Il existe, il est vrai, de nombreux points de ressemblance entre le contrat à la grosse et l'assurance, mais ces deux contrats n'en ont pas moins chacun une existence distincte et des règles propres, et il ne faut pas abuser de cette affinité pour combler toutes les lacunes qu'on croit trouver dans l'un avec des dispositions empruntées à l'autre. D'autant plus que, dans notre espèce, ce n'est pas appliquer purement et simplement l'art. 337 au prêt à la grosse, c'est en étendre encore la sphère d'application, puisque, d'après Boulay-Paty, l'emprunt à la grosse *in quovis* pourrait être contracté dans tous les pays. Nous pensons donc que, dans le cas d'un prêt sur facultés aussi bien que dans celui d'un prêt sur le navire lui-même, le défaut complet d'indication du nom du navire fait du contrat à la grosse qu'on voulait contracter un simple prêt ordinaire.

A côté du nom du navire nous trouvons le nom du capitaine. Cette indication n'est pas essentielle. Cependant, s'il était évident que la désignation du capitaine, en inspirant confiance au prêteur, l'a déterminé à contracter, l'armateur ne pourrait le changer sans nécessité.

On devrait conclure du défaut d'indication que le prêteur laisse à l'emprunteur liberté entière pour le choix du capitaine. Au reste, pour prévenir toute difficulté, il est d'usage d'ajouter au nom du capitaine les mots : *ou autre pour lui.*

L'art. 311 prescrit ensuite de mentionner les noms du prêteur et de l'emprunteur. Il est inutile d'insister sur l'utilité de cette mention qui s'explique d'elle-même; c'est elle, en quelque sorte, qui individualise le contrat, en faisant connaître les personnes entre lesquelles s'établissent des rapports de créancier et de débiteur. Ainsi donc, si les deux noms sont passés sous silence, il n'y a rien de fait; le prêt à la grosse n'est qu'un acte nul et sans valeur.

Mais *quid* d'une omission partielle? Si c'est le nom de l'emprunteur qui n'a pas été indiqué, l'acte sera radicalement nul. Nous devons ajouter, du reste, que ce cas sera fort rare, car ce nom, ne fût-il pas mentionné dans le corps de l'acte, serait néanmoins connu par la signature mise au bas du contrat.

Mais l'indication du nom du prêteur n'est pas aussi substantielle. En son absence, le porteur du titre pourrait être admis à prouver qu'il a réellement fait les fonds, et la preuve en résulterait de l'aveu de l'emprunteur ; ou bien l'acte irrégulier constituant un commencement de preuve par écrit, pourrait être complété par la preuve testimoniale.

Ces solutions, vraies pour les rapports des parties entre elles, le sont également vis-à-vis des tiers, à condition toutefois que la formalité de l'art. 312 ait été remplie, et que l'acte de prêt ait été enregistré. Pardessus tient cependant pour l'avis contraire, en se fondant sur ce que les formes légales manquent à l'acte. Cette idée ne nous satisfait pas, car les tiers nous semblent avoir intérêt à connaître, non le nom du prêteur, mais l'importance de la dette. Pour eux, il suffit qu'ils sachent que le navire ou le chargement sont grevés d'un privilège, et c'est ce que l'enregistrement leur apprendra. Leurs droits seront donc parfaitement sauvegardés, et le privilège leur sera opposable par le prêteur, quel qu'il soit.

L'acte de grosse doit énoncer si le prêt a lieu pour un voyage, pour quel voyage et pour quel temps. Plusieurs combinaisons sont possibles : on peut prêter pour l'aller et le retour, ou pour l'un ou l'autre seulement, ou jusqu'à telle hauteur en mer, ou pour un temps préfix, soit avec désignation de voyage, soit pour tous les voyages à entreprendre dans la période de temps fixée.

L'indication du port où doit se rendre le navire a une grande importance, puisque, comme nous le verrons, le capitaine ne peut changer la route sans rendre le prêt immédiatement exigible.

Cependant, on admet que la notoriété publique de l'affrètement d'un navire pour tel lieu peut suppléer au défaut d'indication du voyage. Si donc on prête à la grosse au Havre sur un navire annoncé en voyage pour San-Francisco, le prêt sera réputé fait pour ce voyage. On devra le présumer aussi fait pour l'aller et le retour, car l'usage à cet égard est tellement établi pour les contrats à la grosse, qu'on les appelle également contrats à retour de voyage.

Si, cependant, le prêteur soutenait qu'il n'a entendu assumer que les risques du voyage d'aller, le contrat devrait être interprété d'après l'usage commercial en vigueur au lieu où le contrat a été passé. C'est l'application à notre matière de la règle établie par l'art. 1159 C. civ. : « Ce qui est ambigu s'interprète par ce qui est d'usage dans le pays où le contrat est passé. » Pothier avait dit déjà :

« Si dans le lieu et au temps où le contrat a été passé, il s'est fait beaucoup d'autres contrats à la grosse pour le même voyage, lesquels portent que c'est pour l'aller et le retour, et que, dans le contrat par lequel on ne s'en est pas expliqué, la somme convenue pour le profit maritime soit à peu près semblable à celle convenue pour le profit maritime dans les autres contrats faits pour l'aller et le retour, la présomption est que ce contrat par lequel on ne s'est pas expliqué est aussi fait pour l'aller et le retour. Au contraire, si la somme convenue pour le profit maritime était de beaucoup inférieure à celle des autres contrats, la présomption serait que ce contrat n'a été fait que pour l'aller. » (N° 32.)

L'époque de l'exigibilité du prêt à la grosse doit également être mentionnée. Elle est déterminée par la cessation des risques, soit que le terme convenu soit arrivé, soit qu'il y ait eu heureuse arrivée ou déroutement volontaire. Mais les parties peuvent, par leurs conventions, renvoyer le remboursement à une époque postérieure à la fin des risques. Ce dont elles ne pourraient pas convenir, c'est que l'intérêt maritime continuât à courir une fois les risques terminés.

Le plus souvent, l'acte accorde au preneur un certain délai pour le remboursement, afin qu'il puisse se procurer de l'argent en exigeant le fret qui lui est dû, ou en vendant des marchandises. Au cas même où aucun délai n'aurait été stipulé pour le paiement, il était déjà admis autrefois que le juge pouvait, par équité et selon les circonstances, accorder un certain délai pour donner au débiteur les moyens de remplir sa promesse, et sauf le payement des intérêts de retard, mais au taux légal. (Émérigon, ch. 9, sect. 2, § 2.) Rien ne nous empêche d'admettre encore aujourd'hui la même doctrine, puisqu'aucun texte ne vient, comme dans l'art. 157 (1), empêcher le juge d'accorder un délai pour le paiement.

SECTION II

DE L'ENREGISTREMENT DU CONTRAT A LA GROSSE

« Tout prêteur à la grosse en France, dit l'art. 312, est tenu de faire enregistrer son contrat au greffe du tribunal de

(1) Art. 157 c. com.: Les juges ne peuvent accorder aucun délai pour le paiement d'une lettre de change.

commerce, dans les dix jours de sa date, à peine de perdre son privilège ; et si le contrat est fait à l'étranger, il est soumis aux formalités prescrites par l'art. 234. »

L'ordonnance de 1681 ne contenait aucune disposition à cet égard, laissant ainsi les tiers exposés à des dangers que Valin signalait déjà, en demandant que les contrats à la grosse sous signature privée fussent enregistrés au greffe de l'amirauté, aussitôt que les risques commenceraient de courir, faute de quoi ils ne pourraient nuire à des tierces personnes, ni pour l'exercice du privilège, ni pour le paiement du profit maritime ; le contrat demeurant alors réduit aux termes d'un billet de prêt pur et simple. (Sur l'art. 1, tit. du contrat à la grosse.)

Deux sortes de fraudes étaient, en effet, à redouter, lorsque l'acte de prêt était sous seing-privé. On pouvait, après coup, convertir un prêt ordinaire en prêt à la grosse, et créer ainsi à l'encontre des tiers un privilège qu'il leur était imposible de connaître. En sens inverse, en cas de sinistre, on pouvait, en faisant disparaître l'acte sous seing-privé, remplacer le contrat de grosse par un prêt ordinaire, et rendre ainsi opposables aux tiers des droits qui auraient dû être éteints. Ces considérations n'avaient cependant pas décidé les rédacteurs du projet de code, qui était muet sur la question d'enregistrement. Il ne fut admis que sur la réclamation du Tribunal de commerce de Bordeaux qui se fondait sur ce que « tout contrat qui peut être exécuté au préjudice d'un tiers, doit nécessairement avoir une date certaine et un caractère authentique. »

Mais la loi, en exigeant l'enregistrement, a commis une grave omission : elle n'a pas indiqué à quel greffe il devait être fait. Certains auteurs, Boulay-Paty entre autres (T. 3, p. 24), enseignent qu'on doit enregistrer au greffe du domicile de l'emprunteur, ou à celui du lieu où se trouve amarré le navire.

Autrement, les tiers qui voudraient savoir si un navire est affecté du privilège résultant d'un prêt à la grosse devraient fouiller tous les greffes de France. Le contraire a cependant été jugé par un arrêt de la Cour de Cassation du 20 février 1844, qui est inattaquable en droit, mais qui montre bien que la loi, en omettant d'indiquer le greffe où l'on doit enregistrer, a laissé les tiers sans défense contre les dangers dont elle voulait les affranchir, et n'a fait de l'enregistrement qu'une garantie souvent illusoire. « Attendu, dit l'arrêt précité, que l'art. 312 c. com., en imposant aux prêteurs à la grosse l'obligation de faire enregistrer leurs contrats au greffe du tribunal de commerce, n'exige pas que cet enregistrement ait lieu au greffe du tribunal dans l'arrondissement duquel l'emprunteur exerce son négoce, plutôt qu'au greffe du lieu de la confection du contrat, ou à celui du domicile du prêteur, et qu'on ne peut ajouter aux dispositions de la loi, surtout quand il s'agit d'établir des déchéances, etc. » (J. du P., 1844, 1,547.)

Les motifs qui ont fait exiger l'enregistrement nous conduisent à décider que celui qui n'a pas été fait dans les dix jours n'est cependant pas complètement nul. Le contrat sera sans effet vis-à-vis des créanciers antérieurs à l'enregistrement tardif, car on n'a pas pu créer après coup un privilège qui leur soit opposable, mais il conférera au prêteur un privilège opposable à tous ceux qui n'ont traité avec le débiteur qu'après l'enregistrement, car, pour eux, aucune fraude n'est à redouter, les formalités exigées par la loi pour assurer la publicité du contrat ayant été remplies.

Le défaut absolu d'enregistrement entraînerait la perte du privilège du prêteur, mais il ne ferait pas obstacle à ce que le contrat conservât sa force entre les parties. Dans leurs rapports entre elles, la formalité de l'art. 312 ne présente aucune utilité, et, à son défaut, il n'en existera pas moins un contrat de grosse valable, dans lequel le prêteur courra les risques de son capital et l'emprunteur devra, en cas d'heureuse arrivée, payer le profit maritime.

La déchéance qui frappe le porteur d'un acte de grosse non enregistré ne pourrait pas être éludée par un moyen détourné. Par exemple, le porteur de deux billets de grosse, dont l'un a été transcrit conformément à l'art. 312, et l'autre ne l'a pas été, ne devrait pas être admis à imputer sur ce second billet un paiement partiel qu'il aurait reçu ; l'imputation, au contraire, ne pourrait avoir lieu, à l'égard des tiers, que sur le billet enregistré, qui, seul, jouit du privilège. C'est ce qu'a jugé en ces termes le Tribunal de Marseille, le 4 juin 1838 : « Attendu, en droit, que c'est un principe consacré par l'art. 1256 c. civ., qu'en matière de paiement l'imputation doit se faire sur la dette que le débiteur avait le plus grand intérêt d'acquitter, et, entre dettes d'égale nature, sur la plus ancienne ; attendu, en fait, que les sieurs Barry et Dervieu sont porteurs de deux billets de grosse sur le sieur Gouiraud, propriétaire du navire *le Solide,* affecté au paiement de ces billets à la grosse ; attendu que de ces deux billets le premiers est transcrit, conformément aux dispositions de l'art. 312 c. com., et le second ne l'est pas ; attendu que, si le défaut d'accomplissement de cette formalité n'entraîne pas la nullité du contrat, elle le dépouille de son privilège ; attendu que, simple acte sous seing privé et enregistré, et sans date certaine, il ne peut, d'après l'art. 1328 c. civ., être opposé aux tiers, et n'est, à leur encontre, qu'un titre sans force, sans valeur, et même sans existence ;

« Attendu qu'il résulte de ces derniers principes, ainsi combinés et réunis, que le paiement prétendu fait à Alger à la maison Barry-Dervieu et Cie en une partie du fret du navire *le Solide,* pour le voyage de Marseille à Alger, n'a pu, au détriment des créanciers du sieur Gouiraud, porteurs de créances certaines, de billets authentiques réguliers, être imputé sur une créance douteuse reposant sur un titre sans privilège et sans authenticité, de préférence à une créance privilégiée provenant d'un contrat de grosse au profit de la même maison, et transcrit conformément à la loi..... » (D. P, 39. 2. 140.)

Le contrat à la grosse contracté à l'étranger n'a pas besoin d'être enregistré, mais il n'en est pas de même du contrat passé en France par des étrangers, même lorsque l'acte a été fait devant le consul du pays de l'emprunteur. Si l'accomplissement des formalités exigées par la loi du pays de l'emprunteur a suffi pour rendre le prêt valable à son égard, il n'en est pas de même vis-à-vis des tiers auxquels il voudrait, devant un tribunal français, opposer son privilège. Toutes les fois que la question sera agitée devant des juges français, il faudra que le prêteur justifie de l'enregistrement de son contrat pour que le contrat de grosse puisse produire son effet à l'égard des tiers, en vertu du principe qui veut que ce soit la loi du pays dans lequel le privilège est réclamé qui en règle le sort.

Le contraire avait cependant été jugé par le Tribunal de Marseille, le 30 avril 1858, dans l'espèce d'un prêt de 21,000 fr., contracté par le capitaine Juan, commandant la frégate espagnole *le Fernand-Cortez,* à Marseille, devant le consul d'Espagne, lequel prêt était stipulé payable à Marseille. Voici les raisons sur lesquelles s'appuyait le Tribunal : « Attendu que l'emprunt n'a pas été contracté sous l'empire de la loi française ; qu'il l'a été par un capitaine espagnol et conformément aux prescriptions de la loi espagnole, relativement aux navires d'Espagne qui se trouvent en pays étranger ; que, d'après les législations des peuples commerçants, un capitaine, hors de son pays, doit emprunter à la grosse dans les formes spéciales qui lui sont prescrites par la loi de sa nation; que le prêteur qui a acquis, par le prêt à la grosse, un droit plus réel que personnel, fait un acte régulier en contractant devant le magistrat et dans les formes qui doivent lui assurer le privilège qu'il a en vue d'exercer sur le navire qui devient son gage, et qui est censé devoir retourner dans les ports de la nation à laquelle il appartient; que le billet de grosse souscrit dans l'espèce l'ayant été dans les formes de la loi espagnole, il n'y a pas lieu de suivre ensuite les formes d'une législation différente, et de déposer par suite le titre au greffe du tribunal de commerce marseillais.... »

Ces idées ne furent pas adoptées par la Cour de Cassation, qui, le 26 mars 1860, cassait le jugement précité. L'arrêt, après avoir constaté que l'emprunt fait à Marseille et devant y être remboursé était régi par l'art. 312, premier paragraphe, ajoutait : « Attendu que la circonstance que l'acte a été passé devant le consul d'Espagne à Marseille, ne peut le faire considérer comme un contrat fait à l'étranger dans le sens de la seconde disposition de cet article; que si vis-à-vis de l'emprunteur, il a suffi de l'accomplissement des formalités exigées par la loi espagnole, les prêteurs à la grosse en France n'ont pu se dispenser, pour conserver leur privilège à l'égard des tiers, de remplir la formalité spéciale prescrite par la loi française..... » (J. du P, 1860, 743.)

Nous devons ajouter à nos explications sur l'art. 312 que la loi du 10 décembre 1874, sur l'hypothèque maritime, a enlevé à l'enregistrement du prêt à la grosse une grande partie de ses cas d'application. Nous aurons à nous occuper plus tard de cette loi. Bornons-nous à dire, pour le moment, qu'elle supprime le prêt à la grosse fait avant le départ du navire, et le remplace par le prêt hypothécaire. Il ne reste donc plus de soumis à la formalité de l'enregistrement que les contrats de grosse faits à la fois en France et en cours de voyage.

Dans sa deuxième disposition, l'art. 312 porte : « Si le contrat est fait à l'étranger, il est soumis aux formalités prescrites à l'article 234. » Nous étudierons ultérieurement cet art. 234 dans le chapitre consacré aux personnes qui peuvent emprunter à la grosse.

SECTION III

NÉGOCIABILITÉ DU BILLET DE GROSSE

Article 313 : « Tout acte de prêt à la grosse peut être négocié par la voie de l'endossement, s'il est à ordre.

En ce cas, la négociation de cet acte a les mêmes effets et produit les mêmes actions en garantie que celle des autres actes de commerce. »

Lorsqu'un acte de grosse est pur et simple, on ne peut le céder qu'en ayant recours aux formes ordinaires de la cession de créances, c'est-à-dire que le cessionnaire n'en sera saisi par rapport aux tiers que par la signification de la cession faite au débiteur cédé, ou par l'acceptation authentique faite par celui-ci.

Les lenteurs qu'exige l'accomplissement de cette formalité étant incompatibles avec les exigences du commerce, on assimilait déjà, sous l'ordonnance de 1681 qui était muette sur la question des contrats de grosse à ordre, les billets de cette espèce aux effets à ordre, et on admettait, comme pour les autres valeurs commerciales, la faculté d'en transférer la propriété par simple endossement. Au nom de cette pratique constante et de l'intérêt du commerce, la Cour de Rennes demanda que tout acte de prêt à la grosse fût négociable de plein droit, s'il n'y avait pas convention contraire.

On ne crut pas devoir aller jusque-là, mais on permit de rendre le billet de grosse négociable en le faisant à ordre.

Il ne faut pas croire que cette expression *à ordre* soit sacramentelle. Le billet sera négociable toutes les fois qu'il résultera clairement des termes dont se sont servies les parties qu'elles ont voulu en autoriser la négociation. On doit même admettre, bien que l'article. 313 ne parle que de la clause à ordre, que le billet peut être fait au porteur, car rien n'assure mieux que cette clause la facile et prompte circulation des effets commerciaux, puisqu'elle dispense de toute cession écrite, endossement ou autre, et permet de transférer la propriété par la seule tradition manuelle. C'est la solution qui a été donnée sur la question par un arrêt de Cassation du 27 février 1860, qui déclare négociable un contrat de grosse payable *au porteur légitime.*

L'art. 313 assimilant complètement la négociation d'un acte de grosse à celle d'une lettre de change, il en résulte que l'endossement devra être soumis aux mêmes règles et produira les mêmes effets.

L'endossement régulier, c'est-à-dire fait en suivant les règles de l'art. 137, c. com. (1), rend le cessionnaire véritable propriétaire, et le met à l'abri de toutes les exceptions personnelles au cédant.

Mais, en cas d'endossement irrégulier (2) ou en blanc (3), le porteur du billet n'est réputé qu'un simple mandataire du cédant; aussi n'acquiert-il pas la propriété du billet et est-il

____

(1) L'endossement est daté. Il exprime la valeur fournie. Il énonce le nom de celui à l'ordre de qui il est passé. C. com. 137.

(2) Si l'endossement n'est pas conforme aux dispositions de l'article précédent, il n'opère pas le transport il n'est qu'une procuration. C. com. 138.

(3) L'endossement en blanc est l'endossement qui ne renferme aucune des énonciations prescrites par l'art. 137, et porte seulement la signature de l'endosseur.

.passible de toutes les exceptions que le souscripteur peut opposer au cédant, son mandant.

Mais le cessionnaire, en vertu d'un endossement irrégulier ou
en blanc, peut demander à prouver qu'il a réellement fait les
fonds du billet et que, dès lors, il en est devenu propriétaire.
Cette prétention doit-elle être admise ? Elle doit l'être dans les
rapports entre le cessionnaire et le cédant, car la loi, en disant
que l'endossement régulier n'a que la valeur d'une procuration,
n'établit par là entre eux qu'une simple présomption susceptible
d'être détruite par la preuve contraire. Ainsi le cessionnaire
pourra faire valoir l'endossement irrégulier comme un véritable
transfert de propriété à l'égard de son cédant, s'il prouve qu'il
a réellement fourni la valeur, ce qu'il pourra faire par lettres,
bordereaux, livres de commerce, ou par témoins, même sans
commencement de preuve par écrit. (Cass. 17 décembre 1827.)

Mais, vis-à-vis des tiers, la preuve que les fonds du billet ont
été faits ne peut avoir pour effet de transformer l'endossement
irrégulier en un endossement opérant le transfert de propriété
dans le sens de l'art. 136, c'est-à-dire sans qu'il soit besoin de
signification au débiteur cédé, ni d'acceptation authentique. A
leur égard, il faut, non seulement que la valeur ait été fournie,
mais encore que le fait soit énoncé dans l'acte. Il y a donc là
une question d'irrégularité d'acte que ne couvre aucunement la
preuve que veut faire le porteur, et non pas une question de
fait, savoir : que les fonds ont été réellement faits.

La qualité de mandataire dont est investi le porteur en vertu
d'un endossement irrégulier comprenant le pouvoir de négocier,
celui-ci pourra en transférer la propriété par un endossement
régulier, même à l'égard de son cessionnaire, qui n'aura d'action que contre son mandataire. Si ce second endossement est
aussi irrégulier, il n'y aura qu'une substitution de mandat.

Cependant le deuxième cessionnaire devra être admis à prouver qu'il a fourni la valeur, et il pourra faire cette preuve, non seulement contre son propre endosseur, mais contre le premier cédant. Ce dernier, en effet, n'est pas un tiers, vis-à-vis du porteur ; il a été obligé par celui à qui il avait consenti le premier endossement irrégulier, qui était son mandataire, et se trouve être véritable cessionnaire, en vertu de la règle : *qui mandat ipse fecisse videtur.*

L'endossement du billet de grosse rend, nous l'avons dit, le cessionnaire véritable propriétaire. C'est pour lui, désormais, que vont courir les risques qui étaient auparavant à la charge du prêteur.

En cas de perte par fortune de mer des objets affectés, il n'aura rien à exiger ni de l'emprunteur, ni du cédant. Peu importe que le sinistre se produise après ou avant la négociation. L'antériorité du naufrage ne serait un cas de nullité de l'opération que s'il était prouvé que le cédant en avait déjà connaissance, et qu'il l'avait caché frauduleusement au cessionnaire.

En cas d'heureuse arrivée, le cessionnaire aura droit au capital prêté et au profit maritime, et il aura pour débiteur, outre l'emprunteur, l'endosseur qui est devenu garant solidaire. Si donc, à l'arrivée du navire, ou au terme fixé pour le paiement du contrat, celui auquel l'acte de prêt a été endossé ne peut se faire rembourser ni le capital ni le profit, il pourra recourir contre son endosseur. Mais quelle sera l'étendue de ce recours ? Comprendra-t-il seulement le remboursement du capital, ou devra-t-on l'étendre au profit maritime ?

D'après Casaregis, le porteur ne devait avoir action contre le cédant que dans la mesure de ce qu'il avait payé : *Giratarius cambii maritimi, habetur regressus contra girentem ut valutam per eum receptam restituat.* (Disc. 55, n° 2.) Emérigon disait dans le même sens : « Au retour de voyage, si le preneur est insol-vable, le porteur du billet aura action de garantie contre l'en-dosseur, à l'exemple de ce qui se pratique en matière de billets à ordre. Cette garantie n'aura lieu que pour le principal. Elle aura également lieu pour les frais du protêt, mais nullement pour le change maritime, car l'endossement n'est pas un cautionnement du contrat. » (Ch. 9, sect. 1, 2.)

La Cour de Rennes s'éleva contre cette idée : « Si l'endossement, disait-elle, n'est pas un cautionnement, il ne peut pas plus donner lieu à la garantie du principal qu'à celle du profit maritime, qui n'est que l'accessoire ; et si l'endosseur est garant du principal, pourquoi ne le serait-il pas de l'accessoire qui en suit toujours le sort ? » (Locré, p. 344.) Et la cour de Rennes demanda que le profit maritime, aussi bien que le capital, soit compris dans la garantie dérivant de l'endossement.

On n'admit pas en définitive cette manière de voir et on limita la garantie au capital. « La garantie de paiement ne s'étend pas au profit maritime, à moins que le contraire n'ait été expressément stipulé. » (C. com. 314.) L'idée qui fit admettre cette décision diffère de celles présentées par Émérigon et la cour de Rennes. Il a paru juste de limiter la garantie au capital, parce qu'en réalité l'endosseur n'a reçu que cette somme et rien au-delà. Pourquoi alors le rendre garant solidaire des intérêts élevés qui constituent le change maritime, alors qu'il ne les reçoit pas et qu'il n'en tire aucun profit ?

Comme le dit l'art. 314, on peut déroger par convention à la règle que la garantie ne s'étend qu'au capital, et l'étendre au profit maritime, mais il faut que cette dérogation exorbitante du droit commun soit formellement exprimée. Mais ce qu'on ne pourrait faire, c'est aggraver la garantie en ce sens que le cédant s'engagerait à rembourser le capital ou le change en cas de perte par fortune de mer. Ce serait là une opération usuraire que les tribunaux ne sauraient admettre ; le cessionnaire, en effet, devenant le véritable prêteur, doit courir les risques qui sont de l'essence du contrat de grosse, et qui passent à sa charge du jour où le billet lui est endossé.

L'acte de grosse à ordre étant soumis aux règles applicables aux autres effets de commerce, doit être protesté le lendemain de l'échéance, comme l'exige l'art. 162 c. com., à peine d'encourir la déchéance de l'art. 168. Rien ne sera plus facile que d'observer cette règle, lorsque le prêt aura été fait pour un temps préfix ; on protestera le lendemain de l'échéance. La difficulté deviendra plus grande quand le contrat aura été fait pour un voyage déterminé. Il faudra en ce cas que le porteur se fasse signaler immédiatement l'arrivée du navire au port, terme du voyage, pour pouvoir protester en temps utile, ce qui, dans bien des circonstances, pourra se faire difficilement. Mais il y aura impossibilité absolue lorsque le prêt sera fait jusqu'à telle hauteur en mer, ou que l'exigibilité proviendra du déroutement volontaire ou de la rupture de voyage. Comment le porteur pourra-t-il être instruit de suite de ces événements et protester le lendemain de l'échéance ? Il serait contraire à toute notion d'équité et de justice d'exiger dans ces hypothèses l'application de l'art. 162, et de frapper le porteur des déchéances encourues au cas où le protêt n'est pas fait le lendemain de l'échéance. Aussi doit-on laisser dans ces circonstances un large pouvoir d'appréciation aux tribunaux, qui jugeront d'après les circonstances de chaque affaire. Il est généralement admis en jurisprudence que le porteur est tenu, à peine de perdre son recours contre les endosseurs, de faire protester le lendemain du jour où il a connu l'événement qui a rendu exigible le paiement du contrat de grosse. C'est ce qui a été jugé, entre autres, le

19 avril 1820, par le Tribunal de commerce de Marseille, dans l'espèce suivante :

Le 30 mars 1819, Bonnet, propriétaire et commandant du brick *l'Émile*, souscrit à l'ordre de Dol un billet à la grosse. Le prêt était fait pour le voyage de Marseille à Saint-Thomas et retour, et remboursable dans la quinzaine après le retour. Le billet fut successivement endossé à plusieurs commerçants, et, en dernier lieu, à Jumelin. Arrivé à Saint-Thomas, le navire, au lieu de revenir à Marseille, fait voile pour Amsterdam. Instruit de cet événement qui rompait le voyage, Jumelin assigne en paiement le souscripteur et les endosseurs du billet, qui lui opposent qu'il est non recevable, attendu que sa demande n'a pas été précédée d'un protêt fait en temps utile.

Mais, répond-il, comment aurais-je pu protester dans les vingt-quatre heures de l'événement qui a anticipé l'échéance, puisque je n'ai pu connaître à temps cet événement ?

Soit, lui objecte-t-on, nous ne voulons pas l'impossible. Ce n'est pas le lendemain du jour de l'événement, mais bien le lendemain du jour où vous en avez eu connaissance, que vous deviez protester.

Et il fut ainsi jugé par le tribunal, en ces termes : « Considérant que le sieur Jumelin était obligé de faire protester le lendemain du jour où le déroutement lui a été connu et où il l'a notifié aux endosseurs, aux termes de l'art. 162 C. com. ; que la déchéance prononcée par l'art. 168 du même code est formelle ; que le sieur Jumelin n'excipe d'aucune force majeure qui l'ait empêché de protester..... » (Marseille, 19 avril 1820.)

CHAPITRE III

DES PERSONNES
QUI PEUVENT EMPRUNTER A LA GROSSE

SECTION I

DU PROPRIÉTAIRE

Le contrat de grosse emportant un privilège, et, par conséquent, une aliénation éventuelle des objets qui y sont affectés,
ne peut, en général, être souscrit que par le propriétaire de
ces objets. Celui, donc, qui prêterait à un non-propriétaire ou
à un mandataire non autorisé, n'acquerrait aucun droit sur les
objets que ceux-ci auraient affectés.

Toutefois, il faut distinguer à cet égard entre les marchandises
et le navire. S'il s'agit d'un prêt fait sur marchandises à une
personne qui n'en est que possesseur, le prêteur de bonne foi n'en
aura pas moins un privilège sur les effets affectés, au préjudice
du véritable propriétaire. La possession des meubles en faisant
présumer la propriété, le prêteur a dû croire qu'il traitait avec
le propriétaire réel.

Il en est autrement pour le navire. Le prêteur n'aura qu'à se
faire présenter l'acte d'acquisition du bâtiment, ou son acte de
francisation ; à leur défaut, il n'aura qu'à recourir, au port d'attache, aux registres de l'administration pour connaître le vrai
propriétaire. S'il traite sans prendre aucune de ces précautions,
il est juste qu'il porte la peine de son imprudence, et que l'acte
irrégulier qu'il a fait ne lui confère aucun droit sur le navire.

Si le navire appartient à plusieurs propriétaires ou quirataires (1), un prêt à la grosse pourra être contracté, si la majorité le permet ; cette majorité sera déterminée conformément à l'article 220 C. com.

Un prêt à la grosse fait au syndic d'une faillite sans autorisation du juge-commissaire n'entraînerait aucun droit contre la masse. Elle serait bien obligée de rembourser le capital, si elle en avait profité, mais elle ne serait nullement tenue au paiement du profit maritime. (Rouen, 12 juin 1821.)

Lorsqu'un prêt à la grosse est contracté par un associé d'une société, il faut distinguer s'il a ou non les pouvoirs de gérant. Dans le premier cas, l'associé gérant aura grevé du privilège tous les objets affectés, et le prêteur aura acquis le droit de se faire payer sur le fonds social, de préférence aux associés eux-mêmes. Dans le second cas, l'associé non gérant n'engagerait aucunement la société, et ne grèverait les effets sociaux de privilège que pour la part qu'il pourrait y avoir lui-même.

Dans l'hypothèse d'un emprunt fait par un associé en participation, la Cour d'Aix a jugé, le 14 juillet 1823, que les associés ont sur les objets un droit de copropriété préférable au privilège conféré par l'un deux en son nom personnel, et que le prêteur n'a de droits que, la liquidation faite, sur ce qui revient à l'emprunteur. Cet arrêt fut confirmé par la Cour de Cassation, le 19 juin 1826, qui ajouta que le prêteur pouvait facilement apprendre « que le navire était complètement chargé sous un nom qui n'était pas celui de son emprunteur, et que le connaissement du capitaine, en lui donnant cette connaissance, l'aurait

---

(1) On appelle *quirataires* les propriétaires de parts de navires. La part s'appelle *quirat* ou portion. Ces mots sont surtout usités dans le Midi, où la division se fait généralement par 24ᵉˢ. Cette division du navire est ancienne, puisque nous la trouvons déjà dans Émérigon.

préservé des dangers auxquels il a exposé les fonds par lui prêtés, et dont il ne peut dès lors imputer la perte, si elle a lieu, qu'à sa propre négligence. »

Bien entendu, un prêt à la grosse pourra être consenti par le fondé de pouvoirs qui représente le propriétaire. Ce fondé de pouvoirs pourrait être le consignataire ou le recommandataire (1) du navire lui-même, mais à la condition qu'il fût investi d'un mandat sinon tout-à-fait spécial, du moins assez général pour comprendre tous les actes d'administration du navire. En d'autres termes, la seule qualité de recommandataire ne suffirait pas, à notre avis, pour habiliter la personne à contracter à la grosse.

SECTION II

DU CAPITAINE. — 1° POUVOIRS DU CAPITAINE AU LIEU DE LA DEMEURE DES PROPRIÉTAIRES

Bien qu'en principe le propriétaire seul des objets ait le droit de les affecter à un emprunt à la grosse, il a fallu, pour le bien de la navigation, reconnaître, dans une certaine mesure, au capitaine le droit d'emprunter. Il se peut, en effet, qu'il ait un besoin pressant d'argent, soit pour la mise en état du navire au lieu de départ, soit pour faire face à des dépenses extraordinaires et imprévues, nécessitées par des événements de mer. Mais comme les obligations contractées par le capitaine réfléchissent contre le propriétaire, et que c'est lui qui supporte, en définitive, les conséquences des actes faits par son mandataire, il a

---

(1) Le consignataire ou recommandataire est un administrateur du navire ; il est d'usage que l'armateur désigne au capitaine des recommandataires ou consignataires dans tous les lieux d'échelle ou de décharge ; dans ce cas celui-ci est obligé de recourir à eux pour tout ce qui a trait aux besoins de son bâtiment.

paru prudent d'apporter quelques restrictions aux pouvoirs du capitaine, et d'entourer les emprunts qu'il peut faire en cours de voyage de formalités destinées à protéger l'armateur contre les dépenses excessives que le capitaine pourrait être porté à faire.

Lorsque le capitaine veut emprunter à la grosse dans le lieu de la demeure du propriétaire du navire, il doit avoir son autorisation ou le faire intervenir dans l'acte. Ainsi décide l'art. 321 : « Un emprunt à la grosse fait par le capitaine dans le lieu de la demeure des propriétaires du navire, sans leur autorisation authentique ou leur intervention dans l'acte, ne donne action et privilège que sur la portion que le capitaine peut avoir au navire ou au fret. »

Cette restriction apportée aux pouvoirs du capitaine s'explique d'elle-même. Il est tout naturel que le mandant se trouvant en présence de son mandataire dans le lieu où celui-ci se propose de contracter, le premier soit préféré au second, surtout pour un acte qui peut avoir des conséquences aussi onéreuses qu'un emprunt à la grosse.

Par la demeure du propriétaire, il ne faut pas entendre seulement son domicile proprement dit. Il suffit, pour que l'art. 321 soit applicable et que l'autorisation et l'intervention du propriétaire soient nécessaires, qu'il soit présent sur les lieux où l'emprunt doit être réalisé, et que sa présence soit connue du capitaine.

Si le propriétaire du navire était en faillite, le capitaine ne pourrait emprunter à la grosse qu'avec l'autorisation du syndic et du juge-commissaire.

L'art. 321 nous parle, pour habiliter le capitaine, d'une autorisation authentique du propriétaire ou de son intervention dans l'acte.

Delvincourt pense qu'on ne doit voir dans cette disposition que l'exigence d'une autorisation expresse et formelle, et, par conséquent, qu'un acte d'autorisation sous seing-privé serait suffisant. Nous croyons que cette idée doit être repoussée. Le texte de l'art. 321 est trop formel pour laisser place au moindre doute, et, en outre, l'acte authentique seul peut mettre les tiers à l'abri de toute fraude.

L'art. 321 est-il applicable au cas où il existe, au lieu où le capitaine contracte un emprunt à la grosse, un fondé de pouvoir du propriétaire ? Le doute vient de l'art. 232, qui est ainsi conçu :

« Le capitaine, dans le lieu de la demeure des propriétaires *ou de leurs fondés de pouvoir*, ne peut, sans leur autorisation spéciale, faire travailler au radoub du bâtiment, acheter des voiles, cordages et autres choses pour le bâtiment, prendre à cet effet de l'argent sur le corps du navire, ni fréter le navire. »

Quelques auteurs se sont fondés sur la présence des mots : *ou de leurs fondés de pouvoir*, dans l'art. 232, et sur leur absence dans l'art. 321, pour soutenir que, dans l'hypothèse de ce dernier article, l'existence d'un fondé de pourvoir était indifférente, qu'elle n'empêchait pas le capitaine d'emprunter à la grosse, et que c'est de la présence seule du propriétaire qu'on doit s'occuper.

Cette doctrine nous semble inadmissible, et Valin la repoussait déjà sous l'ordonnance. Il est manifeste qu'il existe la plus grande identité entre les dispositions des art. 232 et 321, et qu'on ne peut donner aucune bonne raison de la différence qu'on prétend établir entre eux au sujet des fondés de pouvoir. Il ne faut voir dans l'art. 321 qu'un simple oubli, et admettre que l'emprunt contracté par le capitaine au lieu de la demeure du fondé de pouvoir du propriétaire, sans l'autorisation de celui-ci ou son intervention dans l'acte, est de nul effet à l'égard du propriétaire. Mais il faudra, pour que ce résultat se réalise, que la présence sur les lieux du fondé de pouvoir soit connue du capitaine, et qu'il soit investi, non pas d'un mandat pour une affaire spéciale ou pour un genre d'affaires déterminé, mais d'un mandat général ou comprenant, tout au moins, le pouvoir d'emprunter à la grosse ou d'autoriser un emprunt de cette espèce.

Le prêt à la grosse contracté au mépris des. dispositions de l'art. 321 ne sera pas toujours de nul effet. S'il est prouvé que les fonds qui en sont provenus ont été employés à des dépenses nécessaires pour le navire, le propriétaire devra en tenir compte au capitaine, en vertu du principe que nul ne peut s'enrichir aux dépens d'autrui. Mais il n'aura à rembourser que le capital prêté, sans être tenu dans aucune mesure du paiement du profit maritime.

Bien plus, si le tiers qui a traité avec le capitaine ignorait la présence sur les lieux du propriétaire ou d'un fondé de pouvoir, le prêt à la grosse sera valable, sauf le recours du propriétaire contre son capitaine. Le tiers ignorant la présence du propriétaire a cru traiter avec un mandataire autorisé à emprunter à la grosse, et il serait injuste de lui faire supporter les conséquences d'une erreur qu'il ne pouvait éviter.

Enfin, lorsque l'armement se fait dans un lieu autre que la demeure du propriétaire et hors de sa présence, il faut décider, par *a contrario* des art. 232 et 321, que le capitaine peut emprunter à la grosse, sans autorisation du propriétaire ni de justice. Il est censé avoir reçu, avec l'ordre d'armer le navire, le pouvoir de faire tous les actes nécessaires à l'armement, et même d'emprunter à la grosse, si cela est utile.

Lorsque le navire appartient à plusieurs propriétaires ou quirataires, le capitaine n'aura pas besoin d'être autorisé par tous pour contracter un emprunt à la grosse. Il lui suffira de l'autorisation de la majorité. Si quelques-uns des propriétaires refusaient de contribuer aux frais de l'expédition, et ne fournissaient pas leur contingent pour mettre le navire en état, le capitaine pourra faire sur leurs parts et portions un emprunt pour radoub et victuailles. C'est la disposition de l'art. 322 : « Sont affectées aux sommes empruntées, même dans le lieu de la demeure des intéressés, pour radoub et victuailles, les parts et portions des propriétaires qui n'auraient pas fourni leur contingent pour mettre le bâtiment en état, dans les vingt-quatre heures de la sommation qui leur en sera faite. »

Ainsi, le capitaine ne peut de suite contracter l'emprunt sur la part du copropriétaire récalcitrant. Il doit d'abord lui faire sommation d'avoir à fournir son contingent, et ce n'est que sur son refus qu'il pourra, vingt-quatre heures après la sommation, emprunter dans les termes de l'art. 322. Mais cette sommation est-elle suffisante, et ne faut-il pas, en outre, comme l'exigeait l'ancien article 233, et comme le veut encore le nouveau, l'autorisation du juge ? « Si le bâtiment était frété du consentement des propriétaires, et que quelques-uns d'entre eux fissent refus de contribuer aux frais nécessaires pour l'expédier, le capitaine pourra, en ce cas, vingt-quatre heures après la sommation faite aux refusants de fournir leur contingent, emprunter à la grosse pour leur compte sur leur portion d'intérêt dans le navire, avec autorisation du juge. »

M. Bédarride, (n° 930), est d'avis que l'autorisation n'est pas nécessaire dans le cas de l'art. 322, et que cet article et l'art. 233 prévoient deux hypothèses très différentes.

« L'art. 233, dit-il, dispose pour le cas où la majorité ayant voté l'affrètement, a également versé entre les mains du capitaine le montant de sa contribution à la dépense de la mise en état. Dès lors, il n'y a plus à emprunter que pour le compte et sur l'intérêt de ceux qui refusent de contribuer pour leur part. En l'état de ce refus, il convenait d'exiger que l'emprunt spécial fût autorisé par le juge.

» L'hypothèse de l'art. 322 est toute différente. Ici la majorité a autorisé l'emprunt. La délibération liant la minorité, le capitaine n'a plus aucune formalité à remplir. Il pourrait donc régulièrement et valablement emprunter pour tous. Comprendrait-on que le juge fût appelé à annuler le vote de la majorité, et à le révoquer en ne délivrant pas l'autorisation demandée ?

» L'article 322 n'a pu se préoccuper d'une pareille éventualité. Ce qu'il a prévu, c'est que l'emprunt à la grosse pouvant devenir très onéreux pour le preneur, il était équitable de ne pas contraindre la minorité à le subir malgré elle, alors même qu'il était délibéré par la majorité. La minorité pourra donc s'y soustraire en payant la part à sa charge, et en le rendant ainsi inutile en ce qui la concerne.

» L'article 322 confère donc, non pas un droit, mais une faculté. Il laisse à la minorité l'option de laisser l'emprunt s'accomplir, ou de l'empêcher en fournissant son contingent. Pour que cette option fût utilement exercée, il fallait une demeure. C'est à ce titre que le capitaine est obligé de lui faire tenir une sommation d'avoir à se prononcer dans les vingt-quatre heures. « Si ce délai expire sans que le contingent soit versé, l'option est épuisée. La délibération de la majorité est présumée acquiescée, il n'y a plus qu'à l'exécuter. Le capitaine n'a pas d'autre autorisation à requérir que celle qui résulte de cette délibération elle-même. » (n° 930.)

Cette distinction est très ingénieuse, mais il ne nous semble pas qu'elle doive être admise. Elle ne nous paraît nullement résulter des textes de nos deux articles qui prévoient au contraire, à notre avis, des situations identiques. Des deux côtés il y a un navire en armement, des copropriétaires qui refusent leur part contributive, un emprunt fait sur leur part et portion. Pourquoi ne pas exiger, dans deux cas aussi analogues, les mêmes autorisations et formalités ? Quant à l'objection que le juge, en étant appelé à donner son autorisation, pourrait annuler le vote de la majorité, elle ne prévoit rien de particulier à l'art. 322, et, si elle était justifiée, elle serait aussi bien applicable à l'art. 233.

Pour nous donc, la sommation ne sera pas suffisante, et le capitaine qui voudra emprunter dans les termes de l'art. 322, devra se faire autoriser par le tribunal de commerce, ou, à défaut, par le juge de paix du lieu. Cette autorisation sera rendue sur requête, à laquelle sera jointe la sommation restée sans effet, sans qu'il soit nécessaire de faire citer les refusants, car cette procédure entraînerait trop de délais et il s'agit de subvenir à des besoins pressants.

La loi du 10 décembre 1874 sur l'hypothèque maritime a apporté en cette matière d'importantes modifications.

L'emprunt fait avant le départ du navire ne confère plus de privilège au prêteur : il est seulement susceptible d'hypothèque. Le prêt à la grosse avant le départ est supprimé et remplacé par le prêt hypothécaire. Le motif qui a déterminé les rédacteurs de la loi de 1874 est que les armateurs devront rencontrer des prêteurs sur hypothèque aussi facilement que des prêteurs à la grosse, et que, en somme, tout le monde, prêteurs et emprunteurs, trouvera son compte au nouvel état de choses : le prêteur, en étant assuré de ne pas perdre son capital, même au cas de sinistre ; l'emprunteur, en n'ayant à payer que l'intérêt ordinaire au lieu du profit maritime, quelquefois exorbitant. C'est par ces considérations que l'art. 28 de la loi de 1874 a ainsi modifié l'art. 233 : « Si le bâtiment est frété du consentement des propriétaires et que quelques-uns fassent refus de contribuer aux frais nécessaires pour l'expédition, le capitaine peut, en ce cas, vingt-quatre heures après sommation faite aux refusants de fournir leur contingent, *emprunter hypothécairement* sur leur part dans le navire, avec autorisation du juge. »

Notons toutefois que la nature du prêt seule a changé : de prêt à la grosse il est devenu prêt hypothécaire ; mais toutes les questions que nous avons vues s'élever à propos des art. 232, 233, 321 et 322, se posent encore à l'égard du prêt hypothécaire.

2° POUVOIRS DU CAPITAINE EN COURS DE VOYAGE

Toutes les restrictions imposées au pouvoir du capitaine au lieu de la demeure des propriétaires ou de leurs fondés de pouvoirs, doivent cesser du jour où le navire s'est mis en route. Dès ce moment, le capitaine, représentant légal du propriétaire pour administrer et conduire le navire, peut faire tous les actes qu'il juge nécessaires pour l'accomplissement du voyage projeté et la conservation du bâtiment qui lui est confié. Ce n'est pas seulement une faculté qui est laissée au capitaine, c'est un devoir qui lui est imposé. Aussi a-t-il été justement décidé qu'il engage sa responsabilité, lorsqu'au lieu de faire au navire la réparation devenue nécessaire en cours de voyage, il se borne à employer des moyens palliatifs insuffisants. (Marseille, 2 juin 1824.)

Cependant, bien que le capitaine puisse faire tous les actes nécessités par les besoins du navire, l'importance exceptionnelle du contrat de grosse exigeait qu'on ne s'en référât pas seulement à l'allégation du capitaine sur la nécessité de l'emprunt, et, pour prévenir des abus, la loi a entouré le prêt à la grosse en cours de voyage des formalités de l'article 234, protectrices des intérêts des armateurs : « Si, pendant le cours du voyage, il y a nécessité de radoub, ou d'achat de victuailles, le capitaine, après l'avoir constaté par un procès-verbal signé des principaux de l'équipage, pourra en se faisant autoriser en France par le tribunal de commerce, ou, à défaut, par le juge de paix ; chez l'étranger, par le consul français, ou, à défaut, par le magistrat des lieux, emprunter sur le corps et quille du vaisseau, mettre en gage ou vendre des marchandises jusqu'à concurrence de la somme que les besoins constatés exigent. »

Ce pouvoir d'emprunter en cours de voyage a été donné au capitaine parce que, en raison de l'éloignement, il ne peut consulter le propriétaire et obtenir son autorisation. Si donc celui-ci se trouvait présent au lieu où le capitaine relâche, l'article 232 deviendrait applicable, et le capitaine ne pourrait emprunter sans autorisation.

La loi ne semble permettre l'emprunt qu'au cas de nécessité de radoub ou d'achat de victuailles. Ces termes ne doivent cependant pas être considérés comme limitatifs, mais comme énonciatifs. Ainsi a jugé la cour de Rennes, le 4 janvier 1844 : « Attendu qu'on ne voit pas pourquoi le capitaine ne pourrait emprunter à la grosse pour empêcher la saisie du navire et l'interruption du voyage ; que, d'après l'article 238, il doit user de tous les moyens légaux pour achever ce voyage..... » Mais cette extension ne doit être admise qu'avec une extrême réserve, elle doit se restreindre aux besoins les plus impérieux de la navigation.

La nécessité de radoub ou d'achat de victuailles doit être constatée par un procès-verbal signé des principaux de l'équipage ; mais leur rôle se borne à cette constatation, et il n'est pas besoin que la nécessité de l'emprunt soit soumise à leur délibé-ration. Ce procès-verbal est exigé, et ne saurait être remplacé par le rapport de mer, qui ne présente pas la même garantie de contrôle immédiat. (Marseille, 7 mars 1865; J. M., 1865, 2, 38.)

C'était là, sous l'ordonnance de 1681, la seule formalité à remplir par le capitaine qui voulait emprunter à la grosse. L'article 19, liv. II, titre I, s'exprime ainsi : « Le maître pourra aussi, pendant le cours de son voyage, prendre deniers sur le corps et quille du vaisseau, pour radoub, victuailles et autres nécessités du bastiment ; mesme mettre des apparaux en gage ou vendre des marchandises de son chargement, à condition d'en payer le prix sur le pied que le reste sera vendu ; le tout par l'avis des contre-maître et pilote qui attesteront sur le journal la nécessité de l'emprunt et de la vente, et la qualité de l'emploi ; sans qu'en aucun cas il puisse vendre le vaisseau qu'en vertu de procuration spéciale des propriétaires. »

Ce contrôle de l'équipage n'a pas paru suffisant, et l'art. 234 y ajoute l'autorisation du juge. Le Tribunal de commerce de Caen l'avait réclamée en disant : « Il n'existe que trop de capitaines qui, sur le moindre prétexte, relâchent dans un port, y font de grandes dépenses qui sont ruineuses pour les armateurs; certainement les tribunaux de commerce n'autoriseront pas les dépenses qui ne leur paraîtraient pas urgentes et nécessaires pour la continuation du voyage. » Il résulte de ces considérations que le juge ne doit pas se borner à autoriser à emprunter un capitaine qui se présente devant lui avec le procès-verbal signé des principaux de l'équipage. Il a un pouvoir d'appréciation ; il doit voir s'il y a réellement nécessité urgente, et ne pas autoriser des prêts destinés à subvenir à des dépenses qui excéderaient ou égaleraient presque la valeur du bâtiment même réparé. Il a même été jugé que le capitaine qui empruntait dans de pareilles conditions était passible de dommages-intérêts envers l'armateur, et que, lorsqu'il résultait d'une première expertise que le montant des réparations serait considérable, eu égard à la valeur du navire, il devait provoquer une expertise nouvelle pour savoir si, d'après cela, il ne serait pas plus convenable de faire déclarer innavigable et de vendre le navire que de le réparer. (Marseille, 16 octobre 1829 et Aix, 27 avril 1830.)

En France, le capitaine devra se faire autoriser par le tribunal de commerce ou le tribunal ordinaire qui en tient lieu. S'il n'y en a pas dans le canton, le capitaine s'adressera au juge de paix. L'autorisation pourra être, en quelque sorte, tacite, et résulter, par exemple, de ce que les réparations ont été effectuées d'après l'avis d'experts nommés par le juge de paix. (D. P., 70. 1. 103.)

En pays étranger, le capitaine se fera autoriser par le consul français, ou, à défaut, par le magistrat du lieu. Il y a difficulté pour les vice-consuls, depuis l'ordonnance du 26 octobre 1833, qui dit dans son art. 2 qu'ils n'auront point de chancelier et n'exerceront aucune juridiction. De là, la cour de Rouen a jugé que l'autorisation d'un prêt à la grosse constituant un acte de juridiction, les vice-consuls n'ont plus qualité pour l'accorder, et qu'on invoquerait en vain, pour valider le contrat, l'erreur commune qui attribue à ces fonctionnaires le pouvoir d'autoriser de tels emprunts. (Rouen, 4 janvier 1844.)

La Cour de Cassation a repoussé, avec juste raison selon nous, ce système, par un arrêt du 24 août 1847 : « Attendu que régulièrement investi des fonctions de vice-consul au cap de Bonne-Espérance, et autorisé à suppléer les administrations de la marine, le sieur Delettre était le délégué du consul français à Londres, et le représentait, non seulement pour la police de la navigation, mais encore pour tous les cas où les marins français avaient besoin, à raison des événements [maritimes, d'assistance, de protection, de surveillance et d'autorisation ;

Attendu que l'autorisation de faire un contrat à la grosse énoncée dans l'article 234 du code de Commerce, auquel se réfère l'art. 312, même code, n'a pas le caractère d'un jugement et ne constitue pas un acte de juridiction ; que cette autorisation, en effet, n'est exigée que comme mesure de protection et de contrôle, dans l'intérêt des tiers absents ; que, lors même qu'elle est donnée en France par le tribunal de commerce ou un juge de paix, et à l'étranger par le juge des lieux, elle n'exclut pas l'examen et la discussion ultérieure devant l'autorité judiciaire, entre le capitaine et les propriétaires du navire, des causes et de la nécessité de l'emprunt ; qu'ainsi l'article 2 de l'ordonnance du 26 octobre 1833, qui déclare que les agents consulaires et les vice-consuls n'ont point de chancelier ni de juridiction, ne peut recevoir aucune application dans le simple cas d'autorisation spécifié par les articles du code de commerce..... » (D. P. 47, 1. 277.)

Du reste, cette controverse a été tranchée par un décret des 22 septembre-1er octobre 1854, qui charge les vice-consuls d'autoriser les prêts à la grosse.

Le capitaine qui a rempli les formalités prescrites par l'art. 234 peut emprunter à la grosse ; mais ce genre d'emprunt est-il obligatoire pour lui, ou peut-il, s'il trouve un prêteur, contracter un emprunt pur et simple ?

La question faisait déjà doute sous l'empire de l'ordonnance. Valin constatait que l'usage était d'autoriser l'emprunt pur et simple, parce qu' « il est rare, disait-il, que le capitaine qui est en voyage et qui a besoin d'argent emprunte à la grosse, soit que le profit maritime qu'on voudrait exiger lui paraisse trop considérable, soit que le prêteur ne veuille pas courir le risque de l'événement. » (Art. 19, tit. Du capitaine.) Émérigon, au contraire, n'autorise que l'emprunt à la grosse : « L'ordonnance, dit-il, a réduit le pouvoir du capitaine en cours de voyage, à prendre des deniers sur le corps, ou à mettre des apparaux en gage, ou à vendre des marchandises de son chargement pour les nécessités du navire. S'il tire des lettres de change sur ses armateurs, cet engagement, quoique conçu en nom qualifié, lui devient personnel, attendu qu'il a excédé son mandat légal. Il ne doit contracter aucune obligation qui ne soit inhérente au navire même et qui ne dépende du succès de l'expédition maritime : c'est à quoi se borne l'autorité que sa qualité de maître lui défère. » (Ch. 4, sect. 11, 5.)

Quelle que soit l'autorité qui s'attache au nom d'Émérigon, nous n'hésitons pas à repousser sa doctrine. Le tribunal de commerce de Nantes, lors de la rédaction du code, demanda que l'on s'expliquât formellement sur le point de savoir si le capitaine oblige son armateur en contractant par lettres de change. Cette réclamation resta sans effet, car on pensa que le texte et l'esprit de la loi ne laissaient aucun doute à cet égard. Et, en effet, le capitaine n'est-il pas chargé de faire tous les actes nécessaires pour la conservation du navire et l'accomplissement du voyage commencé ? Pourquoi donc restreindre ses pouvoirs à la faculté d'emprunter à la grosse, et l'empêcher de contracter un emprunt pur et simple, ou par lettre de change, qui sera moins onéreux pour l'armateur ? On n'en peut donner aucune bonne raison. On objecte, il est vrai, que le preneur à la grosse a l'espoir de sa libération éventuelle par le naufrage et la perte du navire ; mais le propriétaire ou armateur engagé par un emprunt pur et simple, ou par lettres de change, de son capitaine, peut, lorsque le bâtiment a péri depuis l'emprunt, se libérer en abandonnant au prêteur le navire et le fret, aux termes de l'article 216 (1), C. com.

Le capitaine qui, d'après l'art. 234, peut mettre en gage ou vendre les marchandises pour subvenir aux besoins du navire, a le pouvoir, à plus forte raison, de les affecter à un contrat à la grosse. L'intérêt de la navigation exige qu'on reconnaisse au capitaine cette faculté, qui ne nuira pas aux chargeurs. Si, en effet, le billet de grosse n'étant pas payé, leurs marchandises étaient saisies et vendues, l'armateur serait tenu de les indemniser, comme l'exige le deuxième paragraphe de l'art. 234, ainsi conçu : « Les propriétaires, ou le capitaine qui les représente, tiendront compte des marchandises vendues, d'après le cours des marchandises de même nature et qualité dans le lieu de la décharge du navire, à l'époque de son arrivée. »

C'est dans le sens que nous indiquons que la question a été résolue par un arrêt de Rouen, du 29 décembre 1831 : « En ce qui concerne l'emprunt à la grosse fait sur les marchandises du chargement : Attendu que l'armateur oppose que, d'après l'article 234, le capitaine peut bien emprunter sur les corps et quille du vaisseau, mettre en gage ou vendre des marchandises; mais que l'emprunt permis sur corps et quille du vaisseau n'est pas autorisé sur les marchandises; que ce n'est pas le cas d'appliquer la maxime : Qui peut le plus peut le moins, parce qu'un capitaine se décide plus difficilement à mettre en gage ou à vendre les marchandises de son chargement, qu'à emprunter sur partie de sa cargaison; — Attendu que cette objection n'est basée que sur les mots *mettre en gage*, et qu'elle disparaît à la

---

(1) Art. 216 : Tout propriétaire de navire est civilement responsable des faits du capitaine, et tenu des engagements contractés par ce dernier, pour ce qui est relatif au navire et à l'expédition. Il peut, dans tous les cas, s'affranchir des obligations ci-dessus par l'abandon du navire et du fret.

simple lecture : 1° de l'art. 315, d'après lequel « les emprunts à la grosse peuvent être affectés sur le chargement; » 2° de l'art. 320, portant : « Le chargement est également affecté au capital et intérêts de l'argent donné à la grosse sur le chargement; » 3° de l'art. 324, qui déclare que « le prêteur à la grosse sur marchandises chargées dans un navire désigné au contrat, ne supporte pas la perte des marchandises, même par fortune de mer, si elles ont été chargées sur un autre navire; » — Qu'il résulte donc de la combinaison de tous ces articles que le législateur a considéré comme synonymes ces mots : *mise en gage, affectation de marchandises, emprunt sur le chargement...*»

Tous les prêts contractés par le capitaine dans les termes de l'article 234 lient l'armateur sans le lier lui-même. Mais les formalités de cet article, ayant pour objet de mettre le capitaine à même de justifier de la nécessité de l'emprunt, et de le soustraire à tout recours de la part du propriétaire, ne concernent pas le prêteur qui a contracté de bonne foi avec le capitaine en cours de voyage. Le prêt à la grosse fait sans l'accomplissement des formalités prescrites ne lui donne pas moins action contre le propriétaire, quel que soit l'emploi que le capitaine ait fait des deniers prêtés. Le prêteur sera considéré comme étant de bonne foi, lorsqu'il aura agi avec prudence, et qu'un examen sérieux de l'état des choses l'aura autorisé à penser que la somme empruntée devait réellement être affectée aux besoins du navire. Mais là se borne son obligation, et dès qu'il a fourni des deniers pour les nécessités bien justifiées du navire, il n'est pas tenu d'en surveiller l'emploi, et il pourra agir contre le propriétaire et exercer son privilège, quand bien même le capitaine aurait détourné la somme prêtée de sa destination.

Le capitaine qui a obtenu l'autorisation d'emprunter, conformément aux règles de l'art. 234, n'en est pas moins obligé de justifier à l'armateur de l'emploi des sommes empruntées. L'obtention de cette autorisation ne couvrirait pas même le prêteur de mauvaise foi, qui, de connivence avec le capitaine, lui aurait donné de l'argent à la grosse, sachant qu'il devait faire un emploi abusif des sommes ainsi obtenues. Il y aurait une grave présomption contre le donneur, si la somme prêtée était notoirement excessive, par rapport aux besoins dûment constatés du navire. Ce sera, du reste, à l'armateur, à prouver la collusion entre le donneur et capitaine, preuve qu'il pourra faire par tous les moyens possibles.

CHAPITRE IV

DES CHOSES QUI PEUVENT FAIRE L'OBJET
D'UN CONTRAT A LA GROSSE

Nous avons à nous occuper, dans ce chapitre, de deux ordres de choses : 1° celles qui peuvent être prêtées à la grosse ; 2° celles qui peuvent être affectées à un emprunt à la grosse.

SECTION I

DES CHOSES QU'ON PEUT PRÊTER A LA GROSSE

Le plus généralement, le prêt à la grosse aura pour objet une somme d'argent, mais il a toujours été admis qu'on pouvait également prêter une chose quelconque, autre qu'une somme d'argent. Rien ne s'oppose donc à ce qu'on donne à la grosse des choses fongibles ou des marchandises, et, dans ce cas, le preneur deviendra débiteur de leur valeur. L'estimation des choses prêtées devient dès lors une des conditions essentielles du contrat, et son omission produirait le même effet que le défaut d'indication de la somme prêtée.

Mais les parties pourront convenir que ce sont les choses elles-mêmes qui devront être restituées, avec une somme convenue qui sera le profit maritime. Si les objets prêtés viennent à périr par fortune de mer, le preneur sera complètement libéré. En cas d'heureuse arrivée, les objets seront rendus tels qu'ils se trouveront ou après réparation, suivant ce qui aura été convenu entre les parties.

Pardessus enseigne que lorsque, au lieu de somme d'argent, on donne des choses à la grosse, il faut qu'elles soient de nature à se consommer, ou, si elles n'en sont pas susceptibles, que la convention donne à l'emprunteur le droit d'en disposer sans être tenu de les rendre en nature. Ce n'est pas, dit-il, qu'on ne doive accorder aucun effet à la convention par laquelle des objets seraient livrés à une personne pour n'en avoir que l'usage, les rendre s'ils ne périssaient pas par accidents maritimes, et payer, pour cet usage, un certain prix; mais ce serait plutôt un louage à la grosse qu'un prêt, puisque l'emprunteur ne deviendrait pas propriétaire de la chose prêtée. Nous avons déjà eu occasion de repousser cette manière de voir, et nous n'admettons qu'un seul et unique contrat à la grosse, qui est le prêt.

L'emprunteur pourrait changer l'emploi des sommes prêtées qui aurait été déterminé par le contrat, sans que le défaut d'utilité de l'emploi pût être invoqué contre le prêteur, qui n'est pas tenu de le surveiller. Il n'est même pas nécessaire que les choses qui font l'objet du prêt soient employées aux besoins du navire. Si l'article 234 ne fait allusion qu'à des nécessités de cette nature, c'est que ce seront, en somme, les cas les plus fréquents d'emprunt à la grosse, mais on ne peut pas en conclure que cette disposition est restrictive, et qu'il ne peut y avoir de prêt à la grosse en dehors de ses termes. Du reste, l'art. 311 est conçu dans les termes les plus généraux, et, quand il parle du capital prêté, il n'indique nullement qu'il doive recevoir une destination particulière. C'est ainsi qu'il a été jugé qu'on peut emprunter à la grosse des sommes destinées à subvenir au paiement des droits, devoirs et dus d'un ou de plusieurs bâtiments, sans que ce prêt puisse être attaqué sous le prétexte qu'en pareil cas les sommes empruntées ne sont pas destinées au service direct des bâtiments, mais bien au paiement des dettes du propriétaire armateur. (Cass., 20 février 1844.)

Dans le même sens, on peut citer un jugement du tribunal de commerce de Marseille du 30 août 1827. Il s'agissait dans l'espèce d'un billet de grosse motivé par l'achat d'une balle de soie. Les assureurs du billet fondaient la nullité de l'assurance sur ce que le billet était simulé et n'avait été créé que pour garantir le paiement de la marchandise vendue, et ils induisaient cette simulation de ce que la balle de soie n'avait pas été et ne pouvait être consacrée aux besoins du navire. Leur prétention fut repoussée par le jugement précité, qui considère qu'un billet de grosse est valable, même lorsqu'il n'a pas pour objet une somme d'argent, dès que, lors de la souscription du contrat, le prêteur a fourni à l'emprunteur une valeur réelle.

SECTION II

DES CHOSES QU'ON PEUT AFFECTER A UN EMPRUNT A LA GROSSE

Toutes les choses qui, étant dans le commerce, sont exposées à des risques maritimes, sont susceptibles d'être affectées à un contrat à la grosse.

D'après l'article 315 : « Les emprunts à la grosse peuvent être affectés,

Sur le corps et quille du navire,

Sur les agrès et apparaux,

Sur l'armement et les victuailles,

Sur le chargement,

Sur la totalité de ces objets conjointement, ou sur une partie déterminée de chacun d'eux. »

L'argent donné sur corps et quille du vaisseau s'entend du prêt d'une somme fournie pour être employée aux frais du radoub, ce qui comprend les bois, cuivre et autres fournitures, les journées de charpentiers, calfats et autres ouvriers.

Le prêt fait sur les agrès et apparaux s'applique aux vergues, voiles, cordages, poulies et autres ustensiles du navire.

Celui sur l'armement et les victuailles s'applique aux canons et autres armes, aux munitions de guerre et aux provisions de bouche.

On doit considérer comme pouvant être affectés à un contrat à la grosse des bâtiments même d'un faible tonnage, qui ont une destination particulière, et qui, sans entreprendre de voyages proprement dits, n'en sont pas moins exposés aux risques de mer.

C'est ce qui a été jugé par la Cour de Cassation, le 20 février 1844, pour les barques de pêche : « Attendu que des termes de l'art. 190 C. com. il résulte que la loi autorise le prêt à la grosse tout à la fois sur les navires proprement dits et sur les autres bâtiments de mer ; qu'il faut entendre par bâtiments de mer, quelles que soient leurs dimensions et leur dénomination, tous ceux qui, avec un armement et un équipage qui leur sont propres, remplissent un service spécial et suffisent à une industrie particulière ; que les sloops, barques ou bateaux de pêche forment à eux seuls le matériel d'entreprises commerciales dont l'importance se trouve démontrée par l'existence même qu'a eue la société du Tréport ; et que de telles entreprises ne peuvent être privées des avantages de tous les contrats maritimes qu'autant que la loi l'aurait formellement exprimé ; et, au surplus, que les barques de pêche sont exposées aussi à des risques de mer ; si elles ne sont pas employées à des voyages de long cours, elles le sont à des courses plus ou moins aventureuses réitérées dans toutes les saisons..... » (J. du P. 1. 1844. 547.)

Il ne nous semble pas que cette solution doive être étendue aux barques faisant le service des ports et des rades. Les dangers de chavirer ou d'être abordés qu'ils peuvent courir ne sont ni assez graves, ni assez fréquents, pour constituer des risques suffisants pour autoriser les propriétaires de ces barques à les affecter à un emprunt à la grosse. C'est, du reste, l'intérêt même de ces derniers qui dicte notre solution, car, le plus souvent, leurs barques sont leur seule ressource, et ils en seraient bien vite dépouillés par les emprunts à la grosse qui, dans de pareilles conditions, constitueraient de véritables contrats usuraires.

L'emprunt à la grosse peut être fait sur les objets désignés par l'art. 315 ensemble ou séparément. Il peut aussi être fait sur tout ou partie de ces objets.

Depuis longtemps il n'est plus d'usage de décomposer toutes ces choses, à moins que le contraire ne résulte clairement de la convention. Ainsi, un prêt sur corps et quille affecte les agrès, apparaux, armements et victuailles, qui n'en sont que les accessoires ; un prêt sur facultés porte sur l'intérêt entier qui appartient au prêteur, tant sur la cargaison que sur les pacotilles ; un prêt sur corps et facultés s'étend au navire et à l'intérêt qu'a le preneur dans le chargement, et donne au preneur un privilège solidaire sur l'un et l'autre. Émérigon en donnait ainsi la raison : « Le preneur, par une conjonction *re et verbis*, n'a établi qu'un seul capital de l'intérêt qu'il avait au navire et aux marchandises. Ce capital est affecté par privilège et sans division au donneur, qui peut se payer sur l'un et sur l'autre des deux objets, ou sur les deux pris ensemble. » (T. 2, p. 561.)

Lorsque l'emprunt est fait sur des marchandises désignées, il n'affectera pas les autres marchandises appartenant au même propriétaire. S'il est fait sur le chargement ou sur facultés, sans limitation, il affectera toutes les marchandises appartenant au preneur qui se trouvent sur le bâtiment. Si le prêt n'est fait que pour le voyage d'aller, il ne portera pas sur les marchandises achetées au port de destination, ou durant le voyage de retour. Il en serait autrement, et le prêt porterait sur toutes les marchandises chargées pour le compte du prêteur, à l'aller ou au retour, si le contrat contenait la clause de faire échelle, ou s'il était fait d'entrée et de sortie du port de destination.

Si le prêt était fait en ces termes : soit sur corps, soit sur facultés, le preneur ne pourrait pas rejeter le risque soit sur le corps, soit sur les facultés, à son choix, suivant l'événement ; la convention devrait s'exécuter sur la totalité de l'intérêt du preneur tant sur l'un que sur l'autre objet.

En général, l'emprunt fait sur tel navire doit s'appliquer au corps du navire. Il peut, néanmoins, suivant les circonstances de fait et l'intention présumée des parties, s'appliquer à l'intérêt que le preneur peut avoir dans le chargement. Cela serait admissible, par exemple, au cas où la somme empruntée serait relative à la valeur du chargement et à celle du navire réunies.

Le prêt fait sur tel navire peut même s'appliquer exclusivement aux facultés, lorsque l'emprunteur n'a d'intérêt que sur le chargement. C'était déjà l'avis de Valin, qui en donnait l'exemple suivant : « Lorsque le preneur à la grosse n'a aucun intérêt dans le corps du navire, il est évident que le prêt ne peut regarder que les effets du chargement, et cela suffit pour rendre le billet valable, le chargement étant prouvé. »

« Ainsi jugé par arrêt du parlement d'Aix, du 24 janvier 1748.

» Le sieur Ravel avait reçu de Ressay une somme de 400 livres, dont il lui avait fait son billet, dans lequel il s'était ainsi exprimé: qu'il me donne à retour du voyage que je vais faire en qualité de second, sur la pinque *le Saint-Joseph*, en caravane, au change de 2 1/2 par mois; à cet effet, ledit Ressay court le risque, péril et fortune desdites 400 livres.

» La pinque ayant été prise par les Anglais, Ressay demanda la somme de 400 livres, prétendant que le contrat à la grosse était nul, faute par Ravel d'avoir déclaré s'il empruntait sur le corps du navire ou sur les facultés.

» Ravel répondit que l'ordonnance n'exigeait point cette déclaration, et que l'application du prêt se fait naturellement à l'intérêt du preneur; d'ailleurs, tout était pris, navire et facultés. Par arrêt, Ressay fut débouté de sa demande avec dépens. » (Sur l'ord., liv. III, tit. v, art. 2.)

Il est essentiel dans le contrat à la grosse que le capital soit représenté par des objets qui soient affectés à sa restitution. Aussi comprend-on que les rédateurs du code aient, à l'exemple de l'ordonnance de 1681, prohibé tout emprunt à la grosse sur le fret à faire du navire et le profit espéré des marchandises. « Tous emprunts sur le fret à faire du navire et sur le profit espéré des marchandises sont prohibés. Le prêteur, dans ce cas, n'a droit qu'au remboursement du capital, sans aucun intérêt. » (C. com., 318.)

Le fret à faire et le profit espéré n'ont, au moment du contrat, aucune existence réelle; ils ne sont que des objets incertains, constituant une espérance plus ou moins fondée, sur lesquels ne peut porter un prêt à la grosse. Il faut remarquer aussi qu'un prêt de ce genre ne serait pas, comme il doit être, un moyen de ne pas perdre offert à l'emprunteur, mais qu'il lui permettrait de s'enrichir, en lui assurant, dans tous les cas, les avantages qui ne devaient être acquis que par l'heureuse arrivée du navire ou de la cargaison. Il y avait encore ce danger que l'emprunteur, désormais étranger au succès de l'expédition, n'y apportât pas toutes les précautions et tous les soins nécessaires. Ces considérations avaient déjà frappé Valin, qui donnait de la prohibition d'emprunter sur le fret à faire édictée par l'ordonnance les motifs suivants : « La raison pour laquelle il n'est pas permis de prendre à la grosse sur le fret à faire, ce qui doit s'entendre aussi bien du cas où il y a déjà un affrètement que de celui où il n'y en a pas encore, dès que le fret ne pourra être gagné qu'autant que les marchandises arriveront à bon port, c'est que le prêteur serait à la discrétion du preneur, qui s'embarrasserait peu d'un fret dont il ne devrait pas profiter.

» Et s'il est défendu tout de même de prendre deniers sur le profit espéré des marchandises, c'est qu'il n'y a là rien de réel, ce profit pouvant être imaginaire, manqué par le fait propre du débiteur propriétaire des marchandises. » (Valin, sur l'art. 4, liv. III, tit. V.)

Un prêt à la grosse fait en violation de la règle de l'article 318, serait nul et de nul effet. Il ne ferait même pas courir l'intérêt ordinaire au profit du donneur, qui est en faute, aussi bien que le preneur, de n'avoir pas observé la prohibition écrite dans la loi. En somme, le donneur seul sera puni, puisqu'il perdra l'intérêt d'une somme dont l'emprunteur aura joui un certain temps, mais on a admis ce résultat par cette idée que le plus sûr moyen de faire respecter en notre matière les prohibitions de la loi était de punir les prêteurs. On ne trouvera plus à emprunter, dès qu'il n'y aura qu'à perdre en prêtant.

Les deux parties étant en faute, chacune d'elles pourra invoquer la nullité du contrat. En cas de sinistre et de perte entière, le preneur devra rembourser le capital ; le prêteur, au cas d'heureuse arrivée n'aura droit qu'à ce capital, sans autres intérêts que ceux qui courront du jour de la demande.

Les considérations que nous venons d'indiquer, et qui motivent la défense d'emprunter sur le fret à faire du navire et sur le profit espéré des marchandises ne se rencontrent plus lorsqu'il s'agit du fret acquis et du bénéfice réalisé ; aussi se demande-t-on si on peut les affecter au paiement d'un contrat de grosse ? Pour le profit réalisé des marchandises, la question ne peut pas faire de doute. J'emprunte à la grosse 30,000 francs sur des marchandises pour un voyage d'aller et retour, du Havre à Rio-de-Janeiro. A l'arrivée à Rio, les marchandises sont vendues 50,000 francs.

Il est certain que je puis emprunter à la grosse sur les 20,000 francs d'excédant. Cette valeur qui, au départ du Havre, n'était qu'une espérance, est devenue maintenant une réalité, elle existe réellement à bord, et sera soumise aux risques maritimes du voyage de retour. Objets affectés, risques de mer, nous trouvons bien là les éléments essentiels du contrat à la grosse.

La question est plus délicate relativement au fret acquis. En effet, du moment où un navire est affrété, le capitaine a une créance ordinaire contre l'affréteur, créance dont le paiement n'est pas subordonné à l'heureuse arrivée, et sur laquelle la prise ou la perte du vaisseau ne peuvent exercer aucune influence. Le fret acquis ne court donc pas de risques ; dès lors, il ne peut servir d'aliment à un prêt à la grosse.

Sans doute le capitaine peut, avec l'argent du fret, acheter des marchandises qu'il chargera sur le navire, ou même l'embarquer en nature, et emprunter à la grosse sur ces objets. Mais il y aura là un prêt à la grosse ordinaire, sur des deniers ou des effets déterminés exposés à des risques de mer, et la circonstance que ces deniers ou ces effets proviennent du fret acquis du navire sera parfaitement indifférente, et ne pourra avoir aucune influence sur le sort du contrat.

Mais il y a des cas dans lesquels la question de validité du prêt sur le fret acquis pourra se présenter ; dans le suivant, par exemple : Un navire est frété, moyennant une somme déterminée, pour un certain voyage. Il est stipulé, en outre, que le capitaine pourra, moyennant une augmentation de fret, ne pas débarquer les marchandises au port désigné, et les transporter dans un autre port plus éloigné. Arrivé au premier port, le capitaine emprunte à la grosse sur le fret qu'il gagnerait s'il déchargeait dans ce port, puis continue sa route pour le second port. Un tel emprunt est-il valable ?

Non, répond-on dans un premier système. Il ne peut être question d'autoriser ici un emprunt sur fret acquis, parce que, en réalité, il n'y a pas de fret acquis. Du moment que le capitaine ne décharge pas au premier port et continue sa route, tout est remis en question. Aucune portion du fret ne lui est due, et tout dépend de l'événement ultérieur du voyage. Le fret qu'il aurait pu acquérir étant remis en risque devient par cela même un fret à faire, de telle sorte que, si le navire vient à périr pendant la continuation du voyage, le capitaine ne peut demander absolument aucun fret.

Il faut reconnaître que cette objection ne manque pas de gravité, mais elle ne nous détermine pas, cependant, à adopter ce système. Nous tenons, au contraire, pour la solution opposée, qui autorise, dans l'hypothèse précitée, le capitaine à contracter sur le fret acquis un emprunt à la grosse. Il ne nous semble pas exact de dire qu'il n'y a pas fret acquis à l'arrivée au premier port ; pour nous, le capitaine a, dès ce moment, un fret gagné, un droit certain. Sans doute, en continuant son voyage, il court la chance d'événements de mer qui peuvent lui enlever sa créance tout entière ; mais, en exposant son fret acquis à de nouveaux risques, il acquiert le droit de céder ces risques, et c'est justement ce qu'il fait en faisant de ce fret la matière d'un emprunt à la grosse. (Sic, Boulay-Paty, t. 3, p. 135, Bédarride, n° 894.)

On appelle quelquefois fret acquis le fret qui doit demeurer acquis au propriétaire à tout événement, c'est-à-dire aussi bien dans le cas de perte du navire et des marchandises que dans le cas d'heureuse arrivée, soit que ce fret soit payé d'avance, soit que le paiement en soit renvoyé à une époque ultérieure par la convention intervenue entre le propriétaire et les chargeurs. Il est évident qu'on ne pourrait prêter à la grosse sur ce fret qui, déjà touché par le prêteur ou constituant pour lui une créance certaine, est à l'abri de tout risque, et manque ainsi d'une des conditions essentielles pour l'existence d'un pareil contrat.

Sur cette matière, Émérigon pose la question suivante : « Mon vaisseau prêt à mettre à la voile pour les Indes Orientales vaut 50,000 livres. Je vous le frète moyennant le nolis de 50,000 livres, qui me sera acquis à tout événement. Je prends d'une autre personne 50,000 livres à la grosse sur le corps. Le navire périt sans avoir fait aucune dépense intermédiaire. Puis-je profiter des 50,000 livres de fret acquis, et garder la somme prise à la grosse ? Le bénéfice de 50,000 livres que je fais dans cette opération est-il légitime ? Je soutiens que non, et que, malgré le naufrage, la somme prise à la grosse doit être restituée avec les intérêts de terre. » (Contrat à la grosse, ch. 5, sect. 2.)

Cette opinion d'Émérigon est adoptée par Boulay-Paty. D'après cet auteur, le prêt doit être considéré, dans l'espèce, comme ayant été fait sur une chose qui n'était point en risque, puisque, au moyen du fret payé d'avance, ou du moins stipulé acquis à tout événement, l'emprunteur avait reçu ou devait recevoir la valeur de son navire. Il importerait peu que le navire se perdît ou ne se perdît pas ; le preneur aurait toujours les 50,000 francs du fret qui lui est acquis à tout événement, qui, par conséquent, n'a jamais été en risque, et n'a pas dû, dès lors, devenir l'objet d'un emprunt à la grosse. (T. 3, p. 137.)

Nous ne saurions admettre cette manière de voir, qui repose sur une confusion étrange sur ce qui a fait l'objet du contrat. L'emprunt, dans l'hypothèse qui nous occupe, n'a pas été fait sur le fret acquis, mais sur le corps du navire. Si donc le navire vient à périr, l'emprunteur gagne bien les 50,000 livres de fret, mais il n'en a pas moins perdu son navire. il a donc couru un risque, et cela suffit pour que le prêt à la grosse soit valable. (Sic, Delvincourt, t. 2, p. 313.) S'il résulte pour lui un avantage exceptionnel du contrat qu'il a passé avec l'affréteur, le bénéfice de cette convention ne pourrait être acquis au prêteur, auquel le contrat d'affrétement a toujours été étranger.

Une autre objection a été faite à la doctrine que nous admettons. Il ne faut pas, a-t-on dit, que le prêt à la grosse soit pour le preneur un moyen de réaliser un bénéfice, mais seulement un moyen d'éviter une perte. Qu'est-ce à dire, sinon qu'il doit se trouver, après le sinistre, dans une position identique à celle que lui ferait l'heureuse arrivée?

Or, c'est justement à cette solution qu'on arrive avec la doctrine que nous admettons. Si le voyage s'était accompli heureusement, le preneur aurait eu 50,000 livres de fret et son navire valant 50,000 livres ; il y a sinistre, et il recueille 50,000 francs de fret acquis et 50,000 livres empruntées, représentant la valeur du navire. Il doit à sa convention avec l'affréteur de ne pas éprouver de perte, mais il ne réalise en somme aucun bénéfice au moyen de son emprunt à la grosse.

Ces idées sont bien simples, et on peut se demander comment elles ont pu échapper à un esprit tel qu'Émérigon. M. Bédarride en donne les raisons suivantes : « On ne peut l'expliquer, dit-il, que par une préoccupation pour les principes de l'assurance, qu'il vient de traiter avec tant d'éclat.

« Il est certain que si, au lieu d'emprunter sur le corps de son navire, l'armateur l'avait fait assurer, il ne pourrait, en cas de sinistre, cumuler le bénéfice de l'assurance et le produit du fret. C'est la conséquence forcée du délaissement qu'il serait obligé de faire à ses assureurs.

« Ce délaissement ne comprend pas seulement le navire tel qu'il se trouve après le sinistre, il s'étend naturellement à tous ses accessoires, et notamment au fret qu'il a produit. Ce fret n'est que le produit civil du navire, il ne peut donc profiter qu'au propriétaire de ce navire, qui n'est, qui n'a jamais été que l'assureur lui-même.

» En effet, le délaissement remonte de plein droit au moment où le risque a commencé. Il met, quant au voyage entier, l'assureur au lieu et place de l'assuré, comme si assuré ne fût, c'est-à-dire que l'entreprise nautique est considérée comme étrangère à ce dernier, et exclusivement entreprise pour le compte de l'assureur.

» Donc, propriétaire du navire *ab initio,* celui-ci doit s'appliquer tout ce que le navire a produit. Il en perçoit le fret non *jure pignoris,* mais *jure domini.*

» Il importe dès lors fort peu que le fret ait été déclaré acquis à tout événement. Cette clause ne peut profiter qu'au propriétaire du navire, et ce propriétaire, après le délaissement, est, nous venons de le dire, l'assureur exclusivement.

» Ces considérations, développées avec la haute raison qui le caractérise, amènent Émérigon à conclure que non seulement l'armateur ne peut retirer le fret des marchandises existant à bord au moment du sinistre, mais encore qu'il est tenu de restituer celui qu'il a perçu pour les effets mis à terre pendant la durée du voyage.

» Le délaissement n'est pas nécessaire dans le prêt à la grosse. L'abandon suffit. Ce qui résulte de celui-ci est bien plutôt un droit de gage qu'un droit de propriété. Dès lors il n'existe et ne peut exister que sur les débris du navire ou sur les marchandises échappées au naufrage.

» Le sauvetage des marchandises donne à l'armateur le droit de percevoir un fret, et ce fret est lui-même affecté au prêteur sur corps. Dès lors nous arrivons à résoudre notre hypothèse de la manière suivante.

» Si le navire et la cargaison ont totalement péri, le fret acquis à tout événement est légalement perçu par l'armateur, qui n'a aucun compte à rendre au prêteur, les droits de celui-ci étant radicalement éteints.

» Si des marchandises ont été sauvées, le fret jusqu'à concurrence est affecté au prêteur. Il peut donc, dans toutes les hypothèses, contraindre l'armateur à le lui restituer. La convention intervenue entre ce dernier et l'affréteur, ne pouvant profiter au prêteur, ne saurait jamais lui nuire. » (N° 898.)

Les mêmes motifs qui ont fait prohiber l'emprunt à la grosse sur le fret à faire et le profit espéré s'opposaient, lorsque la course était permise, à ce qu'on affectât à un prêt de ce genre les prises qu'on avait l'espoir de faire. Mais rien ne s'opposait à ce qu'on empruntât sur des prises déjà faites, même lorsqu'elles n'étaient pas arrivées à leur lieu de destination, et que, dans le trajet à faire pour les y amener, elles couraient le risque d'être reprises.

Parmi les choses qui ne peuvent pas faire l'objet d'un contrat à la grosse, il faut citer encore les loyers des matelots. « Nul prêt à la grosse ne peut être fait aux matelots ou gens de mer sur leurs loyers ou voyages. » (C. com., 319.) L'ordonnance de 1681 n'était pas aussi absolue, et l'article 4, liv. III, t. v, permettait aux matelots d'emprunter sur leurs loyers, en présence et du consentement du maître, et au-dessous de la moitié du loyer.

Le motif de la prohibition de l'art. 319 est facile à comprendre. Il importe d'intéresser dans une certaine mesure les matelots à l'heureuse issue de l'expédition, pour obtenir d'eux la discipline et la vigilance nécessaires à bord d'un navire. On les retient par l'espérance de toucher leurs salaires, une fois le voyage fini, et ce résultat aurait été manqué, s'il leur avait été permis d'escompter d'avance leurs loyers et de se les assurer en tous les cas, qu'il y ait sinistre ou heureuse arrivée. De plus, en droit, ces loyers ne pouvaient, pas plus que le fret à faire, être affectés à un contrat de grosse, car ils ne constituent pas plus que lui un droit certain, et ne seront qu'espérés tant que le voyage ne sera pas terminé. On conçoit, disait Valin, de quelle dangereuse influence il serait de permettre aux matelots d'emprunter sur leurs loyers, puisque le gain de ces loyers les attache, autant que la crainte de la mort, à la conservation du navire.

Les sommes gagnées par les matelots ont une destination spéciale, qui peut aussi motiver la défense de les affecter à un emprunt à la grosse. Elles sont destinées à subvenir aux besoins des femmes et des enfants des matelots, et à payer les dépenses qu'ils ont pu faire pendant que ces derniers étaient embarqués. Il fallait donc, dit M. Bédarride, protéger les loyers contre les matelots eux-mêmes, et surtout contre ceux qui, pour s'enrichir de leurs dépouilles, iraient jusqu'à provoquer, à encourager, à favoriser leurs débauches.

C'est de ces idées que s'inspirèrent les rédacteurs d'un édit de novembre 1745, qui déclara les salaires des matelots insaisissables, et refusa toute action aux créanciers, dont il annula les titres. En limitant les objets pour lesquels les matelots pourraient valablement emprunter, en exigeant, dans tous les cas, le concours du commissaire de marine ou de l'officier des classes, cet édit avait, par cela même, abrogé la disposition de l'ordonnance de 1681.

La prohibition de l'art. 319 est absolue, et s'applique, quel que soit l'emploi que le matelot ait compté faire des deniers pris à la grosse, lors même qu'il voudrait les consacrer à l'achat d'une pacotille.

Lors de la rédaction du Code de commerce, il avait été proposé au Conseil d'Etat d'autoriser, dans ce cas, les gens de mer à emprunter sur leurs loyers, mais ce système ne fut pas admis. Il est bien entendu, toutefois, que si les matelots avaient des pacotilles embarquées sur le bâtiment, ils pourraient valablement emprunter à la grosse sur les marchandises qui les composent. Il en serait de même s'ils avaient un intérêt dans le navire ou le chargement, car il n'y a aucun motif pour les soumettre, par rapport aux objets qui leur appartiennent, à d'autres règles que les autres chargeurs.

Quelle serait la conséquence d'un prêt à la grosse fait à un matelot sur son salaire? L'article 319 ne répond pas à cette question, mais il faut décider sans hésiter que le prêteur n'aurait aucune action sur les loyers du matelot; c'est la conséquence de la nullité du prêt. Il ne pourrait les saisir même pour le remboursement du capital prêté, et il n'aurait, à raison de ce paiement, que le droit d'agir sur les autres biens de l'emprunteur.

La prohibition de l'art. 319 s'applique également au capitaine, par rapport à ses salaires. S'il les affectait à un contrat à la grosse, il ferait un acte nul, mais pas dans le sens que nous venons d'indiquer au paragraphe précédent. Le voyage accompli, ses salaires ne répondraient pas du paiement du profit maritime, mais ils seraient affectés au remboursement du capital prêté, car ils ne sont pas insaisissables comme ceux des matelots.

Il en serait de même après heureuse arrivée, dans le cas où le capitaine se serait directement et personnellement engagé en souscrivant, en cours de voyage, des billets de grosse pour les besoins du navire qu'il commandait. Il répondrait du paiement des billets sur ses salaires acquis, comme sur tous ses autres biens.

Ces principes ont été nettement posés par un jugement du Tribunal de Marseille, du 1er août 1833, confirmé par un arrêt de la Cour d'Aix, du 24 janvier 1834, dans l'espèce suivante : Le brick *Le Cheval marin*, capitaine Barbarowich, venant d'Odessa, est contraint de relâcher en Sardaigne par suite d'avaries qui ont forcé de jeter une partie de la cargaison à la mer. Le capitaine, pour faire radouber le navire, emprunte à la grosse d'un sieur Rossi, qui, outre l'affectation du navire et du chargement, exige l'engagement personnel du capitaine. A l'arrivée du bâtiment à Marseille, les consignataires de la cargaison refusent de la recevoir. Le navire et le chargement ayant été vendus, le capitaine se fait colloquer sur le prix pour ses salaires et son droit de conduite. Mais un sous-ordre fut provoqué sur lui par les sieurs Hesse et Cie, qui étaient porteurs du billet à la grosse souscrit par le capitaine, et qui avaient obtenu un jugement contre lui. Le capitaine prétendit que les engagements personnels qu'il avait contractés ne pouvaient être exécutés sur ses salaires et son droit de conduite.

Le 1er août 1833, jugement du Tribunal de Marseille qui rejette ses prétentions par les motifs suivants : « Attendu que pour affranchir ses salaires et son droit de conduite du sous-ordre alloué au sieur Hesse, il faudrait pouvoir admettre que les salaires et le droit de conduite d'un capitaine, placés l'un et l'autre dans la même catégorie, sont insaisissables, ce que Barbarowich n'a pas osé soutenir, et ce qui est formellement décidé dans le système contraire par la jurisprudence ;.....

« Qu'on ne doit pas confondre deux hypothèses parfaitement distinctes, savoir : l'emprunt fait par le capitaine spécialement sur ses salaires et son droit de conduite pendant que le navire est en cours de voyage, et l'exécution portée sur ces mêmes salaires et droit de conduite, après que les salaires sont gagnés et réalisés par une heureuse arrivée, en vertu d'un jugement de condamnation pur et simple, bien que ce jugement ait pour cause première un billet de grosse, à la sûreté duquel le patri-moine du capitaine, et par conséquent les salaires auxquels il avait droit de prétendre, le navire heureusement arrivé, seraient accessoirement affectés : que confondre les deux hypothèses est soutenir par un moyen détourné que les salaires du capitaine sont insaisissables..... »

Les objets qu'on affecte au prêt à la grosse devant avoir une valeur vénale, être appréciables en argent, la vie et la liberté des personnes, quoique pouvant être l'objet d'une assurance, ne peuvent être affectées à un contrat de grosse.

____

CHAPITRE V

DES RISQUES

Les objets affectés à un prêt à la grosse doivent être soumis à des risques maritimes. Nous l'avons déjà dit plusieurs fois, mais on ne saurait trop insister sur cette idée, qui est l'élément essentiel et le trait caractéristique de notre contrat.

Leur détermination a, du reste, une grande influence au point de vue du résultat définitif du contrat, puisque, lorsqu'ils se réalisent et que les effets affectés viennent à périr par cas fortuit dans le lieu et le temps des risques, la somme prêtée ne peut être réclamée.

Mais tous les événements qui peuvent atteindre le navire et la cargaison ne sont pas des risques dans le sens qu'on attache à ce mot en notre matière. On ne considère ainsi que les cas fortuits qui causent la perte des effets affectés au prêt, dans un temps et dans des lieux déterminés, qu'on appelle temps et lieux des risques.

Nous diviserons nos études sur cette matière en trois sections. Dans la première, nous étudierons la nature des risques qui sont à la charge du prêteur; dans la seconde, le temps, et, dans la troisième, le lieu des risques.

SECTION I

NATURE DES RISQUES

Les risques dont le prêteur court les chances, moyennant la stipulation du profit maritime, sont tous les cas fortuits, tous les événements de force majeure compris sous la dénomination générale de fortunes de mer (1). *Creditor subit periculum navigationis, in casibus fortuitis tantum.* (Roccus, De navib., note 51.)

Pothier les définissait ainsi : « Le terme de cas fortuits s'entend de la force majeure : vis divina, quæ præcaveri et cui resisti non potest; il comprend tous les accidents de force majeure dont sont chargés les assureurs par le contrat d'assurance, et qui sont détaillés par l'article 26 du Titre des Assurances. Tout ce que nous avons dit par rapport aux assureurs dans notre traité du contrat d'assurance, ch. 11, art. 2, § 2, reçoit application aux prêteurs à la grosse. » (Contrat à la grosse, n° 16.)

Et Valin : « Le cas fortuit comprend toutes les pertes et dommages qui arrivent par tempête, naufrage, échouement, prise, pillage, etc., suivant l'énumération qui en est faite dans l'art. 26, titre des assurances, dont l'application est naturelle à celui-ci; car le contrat à la grosse et la police d'assurance, comme dépendant des mêmes principes, sont sujets aux mêmes risques, et c'est pour cela que le prêteur est fondé à stipuler un fort profit maritime pour le cas où le navire arriverait à bon port, et

(1) Nihil tam capax fortuitorum quam mare. (Tacite, *Ann.* l. 4, n° 3.)

l'assureur une prime proportionnée aux risques qu'il court. » (Sur l'art. 11, l. III, t. V.)

Ces idées sont encore vraies aujourd'hui, et c'est au titre des Assurances, article 350, qu'il faut se référer pour savoir ce qu'il faut considérer comme cas constitutifs de force majeure. Il ne peut y avoir aucun doute à cet égard, et s'il y en avait, il serait levé par la disposition de l'article 326, qui, reproduisant l'art. 352, montre bien l'étroite analogie qui existe entre les deux contrats, et autorise à appliquer à l'un les règles édictées pour l'autre.

L'article 350 est ainsi conçu : « Sont aux risques des assureurs toutes pertes et dommages qui arrivent aux effets assurés, par tempête, naufrage, échouement, abordage fortuit, changements forcés de route, de voyage ou de vaisseau, par jet, feu, prise, pillage, arrêt par ordre de puissance, déclaration de guerre, représailles, et généralement par toutes les autres fortunes de mer. »

Les fortunes de mer sont appelées sinistres *majeurs* ou sinistres *mineurs*, selon qu'elles occasionnent la perte totale ou presque totale des objets exposés aux risques, ou qu'elles ne font que diminuer leur valeur. Cela dit, nous allons parcourir rapidement les différents cas énumérés par l'art. 350.

Par tempête, on entend l'agitation violente des vents et par suite des eaux de la mer. Le naufrage (*navis fractura*) est l'événement par lequel un navire est submergé par l'effet de l'agitation des eaux et de l'effort des vents, de manière qu'il s'abîme entièrement dans la mer, ou que de simples débris surnagent. (Déclarat. du 15 juin 1735.)

Il y a échouement quand le navire passe ou donne sur un bas-fond ou banc de sable, sur lequel il reste engravé, parce qu'il n'y a pas assez d'eau pour le soutenir à flot. On distingue deux sortes d'échouement : 1° l'échouement avec bris partiel ou absolu ; partiel quand le navire reçoit seulement une voie d'eau par le heurt d'un corps étranger ; absolu, lorsque le navire, en donnant sur un écueil, se brise entièrement : 2° l'échouement simple ou sans bris.

On appelle abordage le choc d'un vaisseau contre un autre.

On considère comme changement forcé de route ou de voyage, celui qui est causé par la juste crainte d'un naufrage, de l'ennemi, par la nécessité où l'on se trouve, par suite de coups de mer, de faire radouber le navire, etc.

Il y a jet, lorsque le capitaine, par tempête ou par la chasse de l'ennemi, est obligé, pour le salut du navire, de jeter à la mer une partie de son chargement, de couper ses mâts ou d'abandonner ses ancres.

Les pertes occasionnées par le feu sont cas de force majeure, quand le sinistre est arrivé par le feu du ciel ou des ennemis, ou par la faute d'un passager. Il en est de même quand l'incendie est opéré par ordre supérieur, en cas de peste (1), par exemple, ou quand il a été volontairement mis par le capitaine, qui n'a pas d'autre moyen d'éviter la prise (2). En ce cas on présume toujours, jusqu'à preuve contraire, que l'incendie était l'unique moyen de soustraire le navire à l'ennemi.

L'incendie dont la cause est ignorée est-il à la charge du prêteur ? Émérigon et, après lui, Dageville admettent l'affirmative, quand toutes les personnes qui se trouvaient sur le navire ont péri dans le sinistre. « Si, dit Emérigon, les gens ou partie des gens du navire brûlé se sauvent, ils doivent faire leur déclaration au consulat et exposer la cause de l'incendie ; mais si personne ne

(1) Arrêt du Parlement de Provence, du 23 février 1725.

(2) Arrêts des Parlements de Bordeaux et d'Aix, des 7 septembre 1747 et 30 mars 1748, rapportés par Émérigon, ch. 12, sect. 17.

survit, l'accident est présumé ou fatal, ou du moins n'être pas arrivé par la faute du maître ou des mariniers. » Mais à défaut de preuve de la cause du sinistre, doit-on aussi s'arrêter à la présomption de force majeure, lorsque quelques-unes des personnes qui montaient le navire ont réussi à se sauver ? Non, dit la jurisprudence. En ce cas, l'incendie dont le capitaine ne fait pas connaître la cause, est réputé résulter de sa faute, et ne peut être considéré comme une fortune de mer. Cette décision a été vivement contestée, avec juste raison, selon nous. En général, l'assuré, et, par la même raison l'emprunteur, ne sont tenus que de prouver le sinistre et non la cause du sinistre. L'article 383 ne soumet l'assuré qu'à la signification des actes justificatifs de la perte. Les événements de la navigation sont, de droit, réputés fatals, et, jusqu'à preuve contraire, on doit présumer la vigilance et la bonne foi du capitaine et de l'équipage.

La prise est à la charge du prêteur, sans qu'il y ait lieu de distinguer si elle est juste ou injuste, c'est-à-dire soit qu'elle ait été faite par des ennemis et conformément aux droits de la guerre, soit qu'elle l'ait été, au contraire, par des neutres ou même par des alliés. Dans tous ces divers cas, elle constitue une fortune de mer. Toutefois, la prise peut être réputée non avenue et laisser subsister les engagements de l'emprunteur, lorsqu'elle a été purement momentanée, et que l'emprunteur a manifesté par des actes postérieurs à la restitution des objets capturés, qu'il n'a nullement considéré comme éteinte son obligation primitive dont il veut ensuite se décharger tardivement. (Cass., 29 juillet 1819.)

Les pertes et dommages arrivés par pillage sont des accidents fatals à la charge des prêteurs. Le mot pillage comprend toutes les déprédations commises sur mer, soit par des pirates, soit par des voleurs d'une autre espèce.

Il ne faut pas confondre l'arrêt par ordre de puissance avec la prise. L'intention de celui qui fait la prise est de s'approprier l'objet dont il s'empare, tandis que l'arrêt du prince est fait avec le dessein de rendre libre plus tard la chose arrêtée ou d'en payer la valeur. On distingue trois sortes d'arrêts du prince : 1° l'*Arrêt du prince* proprement dit : c'est l'acte par lequel un souverain fait arrêter, pour cause de nécessité publique et hors la circonstance de guerre, un ou plusieurs vaisseaux qui se trouvent dans un port de sa domination ; 2° l'*Angarie* : c'est l'obligation imposée par un gouvernement aux bâtiments arrêtés dans ses ports, de transporter pour lui, dans le temps de quelque expédition, des soldats ou des munitions de guerre ; 3° l'*Embargo* : c'est la défense de laisser sortir d'un port les navires, soit nationaux, soit étrangers, qui s'y trouvent.

Les risques provenant d'une déclaration de guerre sont à la charge des prêteurs, quoique le contrat ait été passé à une époque où l'on ne prévoyait point la guerre. Il en est de même des pertes et dommages arrivés sur mer par représailles justes ou injustes, de la part de quelque nation que ce soit, pourvu que l'emprunteur n'y ait donné lieu ni par lui-même, ni par ses représentants.

Les pertes résultant de l'état de guerre sont supportées par le prêteur, bien qu'elles n'aient pas été précédées d'une déclaration de guerre préalable ; car les actes d'hostilité constituent l'état de guerre, quoiqu'ils aient eu lieu avant toute déclaration, tout aussi bien que la déclaration elle-même. L'état de guerre serait réputé avoir commencé avant toute déclaration, et dans toutes les mers, dès la première capture d'un bâtiment français par une puissance étrangère.

Les risques qui sont à la charge du prêteur devant résulter de cas fortuits ou de force majeure, il fallait en exclure tous les événements qui arrivent par le vice propre de la chose ou le fait de l'emprunteur. C'est l'objet de l'art. 326, qui dispose ainsi : « Les déchets, diminutions et pertes qui arrivent par le vice propre de la chose, et les dommages causés par le fait de l'emprunteur, ne sont point à la charge du prêteur. »

Les mots : *vice propre de la chose*, ne signifient pas, comme le fait très justement remarquer Pardessus, une composition ou une conformation vicieuse, par l'effet de laquelle une chose porte en elle-même le germe d'une destruction qui ne fût pas arrivée, si cette composition eût été meilleure ; c'est ce qu'on nommerait *défectuosité*. Par *vice propre*, on entend plus particulièrement les détériorations ou pertes qui arrivent par un accident auquel cette chose, même en la supposant de la meilleure qualité dans son genre, est sujette par sa nature. Ainsi, la perte du navire occasionnée par son mauvais état naturel, par sa vétusté, n'est pas à la charge du prêteur. « Si le navire, dit Valin, a péri par caducité, parce que ses principaux membres étaient viciés et hors de service, le prêteur ne répond pas de cette perte, et cela quoique le navire ait essuyé des coups de vent ou de mer capables d'incommoder un meilleur navire. Le vice propre de la marchandise, ajoute-t-il, procède, ou de sa mauvaise qualité, ou des déchets auxquels elle est naturellement sujette, comme des soieries qui se piquent, du vin qui s'aigrit, des barriques d'eau-de-vie ou d'huile qui coulent. Tout cela arrivant sans tempête ou autre fortune de mer, est pour le compte du propriëtaire, et non du prêteur à la grosse et de l'assureur. » (Sur l'art. 12.)

Il en serait de même de la perte d'une ancre, de la rupture de cordages, de la détérioration de voiles résultant d'un long usage. Mais, comme l'observe Pardessus, si la violence des coups de vent ou de mer ayant obligé de filer un câble, en causait la rupture, emportait une voile, une vergue, et que le tout fût constaté par un procès-verbal dûment affirmé, ce serait un accident de force majeure, une fortune de mer, dont répondrait le prêteur.

La mort naturelle des animaux est pour le compte du propriétaire, car c'est un vice propre à leur nature. Il fallait en dire autant de la mort des nègres embarqués à bord d'un négrier, lorsque la traite était permise.

Lorsqu'une marchandise est atteinte d'un vice propre, il importe peu que la température du pays dans lequel se trouve le navire, ou la longue durée de la navigation, aient encore développé les effets de ce vice. C'est ce qu'a décidé la Cour de Bordeaux, le 10 janvier 1842, en jugeant que lorsque la nature d'une marchandise, des fruits dans l'espèce, la rendait susceptible de se détériorer d'elle-même et par le seul effet de la prolongation du voyage, le dommage qu'elle a éprouvé par suite d'un retard occasionné par un accident de mer, doit être imputé, non à une fortune de mer, mais au vice propre de la marchandise.

Lorsque des marchandises sont naturellement sujettes à coulage, le prêteur n'est pas tenu du coulage ordinaire qui est un vice propre de la chose. Mais il serait tenu de tout ce qui dépasserait ce coulage ordinaire, si par tempête, échouement, fortune de mer en un mot, un coulage extraordinaire venait à se produire.

En général, c'est au prêteur qui allègue que le dommage est provenu du vice propre de la chose, à prouver ce fait. Si cependant il s'agissait de marchandises d'une conservation difficile, de nature à se corrompre ou à se détériorer, la présomption serait, alors même que le navire aurait éprouvé des fortunes de mer, qu'elles ont péri par leur vice propre, tant qu'il ne serait pas prouvé d'une manière évidente par l'emprunteur que la perte provient d'accidents maritimes. Cette doctrine a été consacrée par un arrêt de la cour de Rouen, du 9 février 1847. (D. 48. 2. 151.)

Le prêteur ne répond pas des dommages causés par le fait de l'emprunteur. On ne peut considérer comme fortune de mer les événements qui ont pour principe la fraude, la négligence ou la contravention aux lois de la part de l'emprunteur. On doit ranger dans cette catégorie d'actes les faits du capitaine et des gens de l'équipage.

Il y a fraude lorsque l'emprunteur, connaissant les vices de la chose qu'il affecte à l'emprunt, les a dissimulés, en présentant la chose comme exempte de défauts. Ainsi, celui qui emprunterait sur un navire hors d'état de naviguer, ou sur des marchandises avariées ou détériorées, ne pourrait être libéré par la perte des objets affectés.

Il y a négligence lorsque l'emprunteur n'a pas pris les précautions nécessaires pour assurer la conservation du gage pendant le voyage; quand, par exemple, il n'a pas pris les précautions prescrites par les règlements pour éviter les incendies; quand il s'est exposé imprudemment à l'ennemi; quand il n'a pas pris de pilote dans des parages dangereux, etc.

Il y a contravention à la loi, toutes les fois que l'emprunteur a enfreint les règles prohibitives sur l'importation ou l'exportation. Lorsque le navire est chargé de marchandises de contrebande, et que le prêteur n'en a point été instruit dès le principe, la confiscation qui peut être faite ne retombe pas sur le prêteur, car ce n'est pas là une fortune de mer. Il en serait autrement s'il avait prêté, sachant que le navire doit faire la contrebande; en ce cas, la confiscation prononcée serait à sa charge. On doit admettre ces solutions lorsqu'il s'agit de confiscation prononcée, pour cause de contrebande, par les lois d'un pays étranger. Mais la clause qui ferait supporter au prêteur la confiscation ordonnée par les lois françaises serait nulle, sans difficulté.

Le prêteur n'est pas tenu des prévarications et fautes du capitaine et de l'équipage, comprises sous le nom de *baraterie de patron*. Avant 1681, on n'entendait par là que le crime, le délit et la prévarication; l'art. 28, tit. des assurances, de l'Ordonnance, étendit cette responsabilité à la faute. Le projet de Code ne parlait que de la prévarication, mais sur les observations de la Cour de Rennes, qui fit observer que l'usage avait de beaucoup étendu la signification du mot baraterie, on y comprit les fautes du capitaine, comme le dit l'art. 353 C. com. : « L'assureur n'est point tenu des prévarications et fautes du capitaine et de l'équipage, connues sous le nom de baraterie de patron, à moins qu'il n'y ait convention contraire. »

Les faits du capitaine constituent la baraterie de patron, qu'ils proviennent de son impéritie ou de sa négligence. Ainsi, on ne mettrait pas à la charge du prêteur le préjudice résultant de ce que le capitaine dont le navire s'est échoué pendant le voyage, au lieu de se borner à le relever et à faire l'abandon au prêteur à la grosse, auquel il est affecté, y a fait faire mal à propos des réparations, au moyen de nouveaux emprunts à la grosse, qui ont plus qu'absorbé la valeur du navire.

La saisie ou l'arrêt du navire, soit parce que le capitaine n'a pas d'expéditions régulières, soit parce qu'il n'a pas payé des droits de douane; l'incendie du navire par ordre supérieur, lorsque le capitaine a embarqué des marchandises ou des passagers atteints de la peste; les dommages soufferts par les marchandises ou le bâtiment par suite d'un mauvais arrimage, sont baraterie de patron.

Il en est de même, d'après un arrêt de la Cour de Paris du 8 avril 1839, lorsque le capitaine a fait délaissement des marchandises composant son chargement, sans observer les formalités prescrites par la loi.

La baraterie comprend toutes les fautes que le capitaine peut commettre, mais dans l'ordre seulement de ses fonctions. S'il était, en outre, subrécargue de la cargaison, les prévarications qu'il commettrait dans sa gestion ne seraient pas baraterie de patron. Émérigon posait déjà cette règle, et en faisait l'application au cas où le capitaine, parvenu au lieu de sa destination, dissipe la pacotille chargée à sa consignation (chap. 12, sect. 3.)

Doit-on considérer les ravages commis par les rats, comme une baraterie de patron ? Un arrêt de la Cour de Paris du 21 décembre 1844 (J. D. P. 1, 1844, 82), a jugé l'affirmative en mettant à la charge d'un assureur sur facultés, qui avait garanti la baraterie de patron, l'avarie résultant de ravages faits par les rats. Cette manière de voir n'est admissible qu'au cas où le capitaine est en faute, en n'ayant pas embarqué un nombre de chats suffisant. Le Consulat de la mer le voulait ainsi. Le chapitre 65 disposait : Si la marchandise chargée sur le navire se trouve rongée par les rats, et qu'on n'ait pas eu la précaution de mettre des chats à bord, le patron est tenu de ce dommage. Et le chapitre 66 : Le patron ne répond point du dommage causé par les rats, si les chats qui étaient à bord sont morts pendant le voyage, pourvu qu'au premier endroit où il a touché il n'ait rien négligé pour s'en procurer d'autres.

Rien de plus juste ni de plus équitable que ces dispositions, qui doivent encore être admises aujourd'hui.

Les mots baraterie de patron comprennent les faits de l'équipage, aussi bien que ceux du capitaine. Patron, dit Émérigon (ch. 12, sect. 5), désigne ici tous ceux qui sont aux gages du navire.

Les dommages résultant du défaut de surveillance de la part d'un matelot, d'un incendie dû à la malveillance ou à l'imprudence d'un homme de l'équipage, etc., ne sont certainement pas à la charge du prêteur, et constituent bien la baraterie de patron. Mais en serait-il de même des dommages et pertes provenant de la désertion ou de la révolte de l'équipage ? Il nous semble que oui. Le capitaine devait choisir ses hommes et former son équipage, de façon à ce que le salut du navire ou le succès de l'expédition ne fussent pas à la merci de matelots pusillanimes ou insubordonnés.

Boulay-Paty (t. 4, p. 68) n'est pas complètement de cet avis, car il admet le contraire quand la désertion ne se produit ou que la révolte n'éclate que devant la crainte de faire naufrage ou d'être pris par l'ennemi. La juste crainte du péril, dit-il, est un cas fortuit, une espèce de violence et de fortune de mer.

Le prêteur à la grosse devra subir les conséquences des faits et fautes des passagers ou gens de guerre embarqués sur le navire, quand le capitaine, n'ayant sur eux aucune autorité hiérarchique, n'aura pas eu le pouvoir de les empêcher. Le préjudice qu'ils auront causé sera cas fortuit. Il en sera de même du dommage causé par le pilote, qu'on ne peut imputer au capitaine qui ne le choisit pas, mais prend celui que l'ordre du service du pilotage appelle à son bord.

Le prêteur ne peut pas, par la convention, prendre à sa charge les pertes résultant du fait personnel de l'emprunteur. C'est l'application des règles de la loi sur la condition, qui ne veulent pas que de la volonté seule de l'une des parties dépende l'événement du contrat. Mais la convention pourra porter sur les faits de l'équipage et du capitaine, et le prêteur pourra se charger de la baraterie de patron. L'article 353 nous le dit *in fine*.

Cette disposition fut critiquée, et on en demanda la suppression au Conseil d'État, sous prétexte que les prêteurs ou assureurs deviendraient souvent victimes de l'insouciance ou de la malhonnêteté du capitaine ou des matelots. Le petit nombre de réclamations élevées à ce sujet fit qu'on passa outre. On peut, du reste, considérer comme risque maritime la baraterie de patron: « Il est vrai, disait à ce sujet Émérigon, que ce n'est pas ici un dommage qui procède *ex marinæ tempestatis discrimine;* mais la baraterie n'en est pas moins un risque et un très grand risque maritime, puisqu'on est obligé de confier son bien aux gens de mer, qui peuvent oublier quelquefois les devoirs de leur état, ou qui, par imprudence, occasionnent des pertes. »

La garantie de la baraterie ne se présume pas. Elle doit être stipulée, ou, tout au moins, résulter clairement de l'ensemble des conditions du contrat.

Si le navire est commandé par l'emprunteur lui-même, il est évident que le prêteur, nonobstant la clause qui met la baraterie à sa charge, ne serait pas responsable à son égard de ses propres fautes.

Mais la clause serait valable à l'égard de la baraterie procédant des gens de l'équipage, pourvu que le capitaine n'en fût pas complice.

L'effet de la garantie de la baraterie ne pourrait dispenser l'emprunteur de justifier de la perte, et l'on ne saurait considérer comme baraterie la négligence que le patron aurait mise dans la constatation régulière des causes du sinistre, car cette faute est étrangère à la conduite du navire.

L'article 326, qui pose la règle relative aux pertes qui arrivent par le vice propre de la chose, n'ajoute pas qu'on peut y déroger conventionnellement. L'art. 12 (livre III, titre V), de l'Ordonnance, l'admettait formellement en ces termes: Ne sera réputé cas fortuit tout ce qui arrive par le vice propre de la chose..., s'il n'est autrement porté par la convention. »

Est-ce à dire qu'il faut conclure du silence gardé par les rédacteurs du Code, que le prêteur ne peut prendre à sa charge les pertes résultant du vice propre ? Le contraire résulte clairement d'un passage de Locré, qui fait observer que la conséquence de la suppression des mots : *s'il n'y a convention contraire*, n'est point que la loi a voulu interdire toute dérogation, mais bien qu'elle a entendu renvoyer les parties au droit commun, lequel les autorise à étendre ou à restreindre leurs risques respectifs, pourvu que ce dérangement ne soit contraire ni à la bonne foi, ni à l'essence du contrat.

Certains auteurs appuyant leur opinion de l'autorité d'Émérigon pensent que le prêteur ne pourrait s'engager à répondre des pertes provenant du vice propre de la chose, qu'autant que cette responsabilité ne s'appliquerait qu'aux pertes résultant de vices survenus après le départ; mais que la convention serait nulle si elle étendait la responsabilité à des vices existant avant le commencement des risques.

M. Bédarride (n° 956) repousse cette distinction, avec raison selon nous. Pour lui, le prêteur ne répond pas des pertes occasionnées par le vice propre de la chose, lorsque l'existence de ce vice lui a été dissimulée. Mais, ajoute-t-il, « si le vice a été indiqué, s'il a fait la matière d'une clause spéciale du contrat, en vertu de quel principe relèverait-on le prêteur de son engagement ? L'intérêt public, les bonnes mœurs n'ont rien à démêler avec cet engagement. Le prêteur pouvait le refuser; s'il l'accepte, c'est qu'il a cru pouvoir en tirer un profit quelconque, il n'y a vu qu'une spéculation plus ou moins chanceuse, dont il aura soin de se faire escompter les dangers.

« Il est évident, en effet, que s'il s'agit d'un vice tel que le voyage doive amener fatalement, inévitablement, la perte des objets qui en sont atteints, le prêteur se gardera bien d'en assurer les risques : il n'acceptera donc cette responsabilité que lorsque le vice existant en principe permettra de croire et d'espérer qu'un prompt et heureux voyage, que des soins spéciaux pourront en atténuer les effets, en prévenir les développements.

» C'est là, il faut en convenir, une chance essentiellement propre à devenir la matière d'un contrat de grosse. Sans doute, elle offre un danger de plus, mais cette éventualité pèsera d'un grand poids dans la détermination du taux du profit maritime. »

SECTION II

TEMPS DES RISQUES

Le contrat de grosse exprimera le plus souvent la durée des risques, l'époque où ils commenceront à courir et celle où ils prendront fin.

La plus entière liberté est laissée aux parties à ce point de vue. Mais, dans le cas où rien n'aurait été stipulé sur ce point, la loi a voulu suppléer au silence des parties dans l'art. 328, qui exprime le droit commun : « Si le temps des risques n'est point déterminé par le contrat, il court, à l'égard du navire, des agrès, apparaux, armements et victuailles, du jour où le navire a fait voile, jusqu'au jour où il est ancré ou amarré au port ou lieu de sa destination.

« A l'égard des marchandises, le temps des risques court du jour qu'elles ont été chargées dans le navire, ou dans les gabares pour les y porter, jusqu'au jour où elles sont délivrées à terre. »

La durée des risques varie suivant les conditions de temps auxquelles a été assujetti le contrat de grosse.

Le contrat peut être fait de façon que les risques finissent sans que le voyage soit terminé. Ainsi, un navire part de Dunkerque pour Marseille. On peut emprunter depuis Dunkerque jusqu'à Cadix. On pourrait aussi convenir que les risques cesseront lorsque le navire aura atteint telle hauteur en mer.

On peut emprunter à la grosse pour un temps limité, pour six mois, par exemple. Au bout de ces six mois, le change maritime sera acquis. Mais si, pendant le temps désigné, le navire était forcé de faire relâche dans un port, les jours de relâche devraient-ils être comptés dans le temps limité, ou devraient-ils être pris en dehors? Il faut répondre avec Émérigon (t. 2, p. 517) que le cours du temps limité n'est pas interrompu par la starie dans un port de la route, parce que pendant ce séjour forcé ou volontaire, il est possible que le navire périsse par fortune de mer. Ainsi, les jours perdus dans la relâche ne pourraient être ajoutés à ceux déterminés par le contrat. Autrefois, lorsqu'il s'agissait d'armements en course, on dérogeait souvent à cette règle par une convention spéciale, qui ne considérait le risque que pendant le temps des croisières.

Le prêt peut être fait pour un temps limité avec désignation de voyage. Par exemple, j'emprunte pour trois mois, pour un voyage à San-Francisco. En ce cas, les risques ne courent que pendant le temps limité de trois mois; ce délai expiré, le capital est exigible et le profit acquis, et cela quand bien même le navire ne serait pas arrivé à destination, et quand il viendrait à périr avant d'y arriver. Cela tient à ce que l'indication du voyage n'a d'autre but que de fixer la route que le navire doit suivre, mais qu'elle est étrangère au temps des risques.

Targa (ch. 33, note 13) pensait au contraire que, dans l'espèce, le voyage désigné forme l'objet principal du contrat à la grosse, et que le temps limité est un simple accessoire, qui a été ajouté non pour déterminer le risque avant que le voyage soit fini, mais pour grossir le change, à proportion de la plus longue durée du voyage; qu'ainsi il est juste que l'emprunteur parvienne au lieu de sa destination, pour qu'il se mette à même de payer le capital prêté et le profit maritime. A cela Émérigon répondait: « Le texte de la loi 6, D, *de nautico fœnore*, décide que le donneur ne répond de la perte que dans le cas où le navire périt dans les limites du temps convenu : *Si navis intrà præstitutos dies periisset.* L'ordonnance ne déroge point à cette règle générale, il faut donc s'y tenir. Les présomptions légales sont de droit étroit. L'Ordonnance a décidé que si le voyage était désigné par la police, l'assureur serait présumé avoir voulu courir les risques du voyage entier, moyennant une augmentation de prime; mais l'Ordonnance n'a pas établi une égale présomption à l'égard du donneur : il n'est donc pas permis de la suppléer; il faut que le contrat renferme à ce sujet un pacte spécial, ou quelque chose qui indique que le donneur s'est soumis aux risques de l'entier voyage (t. 2, p. 518).

Il n'est pas douteux qu'on puisse déroger à la règle que nous avons posée plus haut par une convention du genre de celles dont parle Émérigon. L'intention de faire supporter au prêteur les risques du voyage entier résulterait, par exemple, de la clause suivante : le prêt est fait à tant pour cent pour l'espace de six mois, à partir du 1er mai 1880 ; et à demi pour cent par mois, tant sur le capital que sur le change maritime, du temps qui excédera les dits six mois.

Le contrat peut être fait pour un voyage entier, et, dans ce cas, le prêteur sera libéré, et le capital et le profit maritime seront exigibles dès que le navire sera arrivé au port de destination. Si le navire était arrêté avant d'entrer dans le port pour des visites de santé, ou mis en quarantaine, les risques seraient toujours à la charge du prêteur jusqu'à l'entrée dans le port.

On peut prêter encore pour un voyage d'aller et retour, auquel cas les risques courent jusqu'au jour de la rentrée du navire au lieu d'où le départ s'est effectué. Lorsque le prêt est fait en termes généraux pour un voyage, on le présume fait pour l'aller et retour. En pratique, en effet, c'est ce contrat qui est de beaucoup le plus fréquent, et cette présomption qu'il est fait pour l'aller et retour, dit Émérigon, « est analogue à la nature du contrat à retour de voyage et à la pratique journalière. » Mais cette présomption n'exclut pas la preuve contraire, qui résultera principalement de la détermination du taux du profit. On distingue, en effet, sur les places, le taux du profit de sortie de celui, plus élevé, qui comprend la sortie et l'entrée. Si donc le prêteur a stipulé le premier, on ne peut pas le considérer comme ayant voulu assumer les risques d'aller et retour.

Lorsque le prêt est fait pour l'aller et retour, et que le navire ne revient pas au lieu de l'armement, soit par la rupture ou la substitution de voyage, soit pour le défaut de chargement, le profit maritime qui a été stipulé est dû en entier. Le défaut de retour constitue la rupture volontaire après le risque commencé, qui n'a d'autre effet que de rendre immédiatement exigibles le capital prêté et le change maritime.

Lorsque l'armateur a emprunté à la grosse sur son navire par contrats séparés, pour l'entrée et la sortie, on considère alors l'entrée et la sortie comme formant deux voyages distincts, et en conséquence le navire demeure aux risques de l'armateur, pour le temps intermédiaire depuis l'arrivée au port de la destination, jusqu'au départ pour le retour, sauf convention contraire.

Quelle que soit la nature du prêt, qu'il soit fait pour un temps limité, ou pour un voyage de sortie et d'entrée, ou d'entrée seulement, le profit peut être stipulé à tant par mois. Mais que devrait-on décider dans la question suivante posée par Émérigon : Je donne une somme pour l'entier voyage. Je stipule 12 % pour les premiers six mois, et j'ajoute que les premiers six mois de change me seront acquis malgré la perte du navire. Le navire périt après cette époque. Suis-je fondé à demander les premiers six mois ?

Oui, dit-il, dans certains cas. Si, dans les six mois, le preneur a pu aborder, vendre des marchandises et réaliser des profits qui lui permettent de payer les six premiers mois de change, il doit effectuer le paiement. Mais si la perte arrive, après les premiers six mois, mais avant d'avoir touché en un lieu où l'on ait pu faire des opérations de commerce, l'emprunteur est délié de toute obligation, de même que le fermier est déchargé de payer le prix du bail quand la grêle a totalement détruit la récolte. (Émérigon, T. 2, p. 518.)

Boulay-Paty (t. 3, p. 203) repousse toute distinction, et considère une stipulation de ce genre comme contraire à la nature du prêt à la grosse. Pour lui, le change maritime étant un accessoire du capital, la perte du tout doit concerner le prêteur.

Cette doctrine ne nous paraît pas devoir être admise, et nous adoptons de préférence celle qu'enseignait Émérigon. On peut, en effet, distinguer dans la question qui nous occupe deux voyages séparés : l'un, du point de départ jusqu'au lieu où l'emprunteur a pu vendre une partie de ses marchandises et réaliser des fonds suffisants pour payer le change des premiers mois;

l'autre, depuis la sortie de cet endroit jusqu'au véritable terme du voyage. Nul doute que cette convention ne serait admissible si elle était faite en termes formels : nous nous bornons à la faire résulter implicitement du pacte que nous examinons.

L'article 328 nous indique le point de départ des risques pour le navire et le chargement. S'il n'y a convention contraire, les risques courent, à l'égard du navire, des agrès, apparaux, armement et victuailles, du jour où le navire a fait voile. On pourrait convenir, lorsqu'il y a une rivière à descendre avant de prendre charge, de fixer le point de départ des risques au jour où le chargement aura commencé.

Pour les marchandises, les risques doivent commencer, à moins de stipulation contraire, au moment où elles sont exposées à la mer, lors même qu'elles ne sont pas encore à bord du navire. Aussi l'article 328 fait-il courir les risques du moment où elles ont été chargées dans le navire, ou dans les gabares pour les y porter. Il faut comprendre sous le nom de gabares les chaloupes, bateaux, et tous petits bâtiments de mer employés pour transporter du quai ou de la rade les marchandises, jusqu'au navire sur lequel elles doivent être embarquées. Mais s'il fallait remonter ou descendre une rivière sur gabares pour parvenir au lieu où se trouve le navire, les risques de ce trajet ne seraient pas à la charge du prêteur, à moins qu'il ne soit stipulé qu'il courra tous les risques de mer depuis l'embarquement, y compris les risques en gabares et autres allèges, pour aller de terre à bord.

Lorsque le prêt est fait pour un temps limité ou jusqu'à telle hauteur en mer, les risques cessent de courir à l'expiration du délai ou à l'arrivée à la hauteur convenue. S'il est fait pour un voyage, ils cessent du jour où le navire est ancré et amarré au lieu de sa destination.

Relativement aux marchandises, les risques prennent fin dès qu'elles sont déposées à terre, encore bien qu'elles ne soient pas parvenues dans les magasins du destinataire. Si, une fois débarquées sur le quai, elles viennent à subir un sinistre, si elles sont pillées ou brûlées, ces événements sont étrangers au donneur, qui ne répond pas des fortunes de terre. Mais il serait responsable des accidents survenus pendant le déchargement, ou sur des gabares employées pour transporter les marchandises du navire au lieu de débarquement, à moins toutefois que, au lieu d'être simplement transportées du navire au quai du port de la destination du bâtiment, elles n'aient été conduites à un lieu plus éloigné.

Le navire dont on n'aurait plus de nouvelles serait présumé avoir péri dans le temps des risques; mais le prêteur pourrait faire la preuve contraire.

Ce sera à lui à prouver que la perte n'est arrivée qu'après l'expiration du temps porté par l'acte de grosse. C'est ce que dit Pothier, (n° 124) : « C'est aux assureurs, et nous répétons par parité de raison, c'est aux prêteurs à justifier en quel temps le navire a péri, suivant la maxime : *Incumbit onus probandi ei qui dicit.* »

SECTION III

LIEUX DES RISQUES

Il ne suffit pas, pour que les pertes subies par le navire ou le chargement soient à la charge du prêteur, qu'elles soient arrivées pendant le temps des risques, il faut encore qu'elles le soient dans les lieux fixés par le contrat. Lorsque le prêt est consenti pour un voyage, le prêteur n'a entendu se charger que des risques qui peuvent survenir sur la route désignée, et il est déchargé de toute responsabilité, si le capitaine change le but du voyage ou modifie la route qui doit être suivie. Il y a déroutement lorsque le navire ne suit pas la route usitée pour le voyage désigné, et s'en écarte sans nécessité, quand bien même il ne perdrait pas de vue l'endroit de sa destination.

Dès qu'il y a changement de route ou de voyage, le prêteur est déchargé de tout risque ultérieur, et le capital prêté ainsi que le change maritime deviennent dès lors exigibles. Le voyage est rompu, et non pas seulement suspendu, par le déroutement volontaire, et le donneur est désormais étranger à tout événement qui pourrait arriver au navire, même quand le sinistre ne se produirait qu'après que le navire serait rentré dans la route tracée par le contrat.

Le résultat que nous venons d'indiquer ne se produit que lorsque le changement de route est volontaire, que quand il arrive par ordre de l'emprunteur ou par le fait du capitaine, sans avoir été occasionné par fortune de mer. Ils ne peuvent pas, par leur seule volonté et sans l'aveu du prêteur, modifier les conditions du contrat. Mais il en serait autrement si le déroutement avait été motivé par une tempête, par la crainte de l'ennemi, en un mot, par un cas de force majeure ; alors, la responsabilité du donneur ne serait en rien altérée, et il aurait à sa charge tous les risques qui pourraient survenir dans ce nouveau voyage forcément entrepris (1).

Il y a déroutement lorsqu'un navire, sur lequel on a prêté pour un voyage dans une mer déterminée, a passé dans une

---

(1) Il faut appliquer au déradement ce que nous avons dit du changement forcé de route. Un navire dérade lorsque, étant au mouillage, ses ancres chassent ou ses câbles se cassent par la force du vent, et qu'il est obligé de prendre la mer. Les risques que court le navire pendant le trajet que le déradement l'oblige à faire sont à la charge du prêteur.

autre mer, quand bien même il rentrerait ensuite dans celle qui est désignée par le contrat. Ainsi, un navire sur lequel on aurait prêté pour un voyage dans la Méditerranée qui passerait dans l'Océan, abandonnerait le lieu des risques et romprait le voyage. Dès ce moment, le contrat cesserait de produire ses effets, et ne les reprendrait pas si le navire rentrait dans le lieu du risque. « Les lieux du risque une fois abandonnés par le déroutement, dit Émérigon, ne se retrouvent plus aux yeux de la loi. Le contrat une fois dissous ne peut se renouveler que par le consentement respectif des parties. » Dans notre espèce, la détermination de la mer où l'on doit naviguer fixe le lieu du risque ; car, chaque mer ayant ses hasards et ses dangers, restreindre le prêt à la navigation dans l'une, c'est virtuellement l'exclure pour toutes les autres.

La prohibition de dérouter comprend également celle de s'arrêter dans un port intermédiaire, à moins que la clause de *faire échelle* n'ait été stipulée. Cette clause, pas plus que celle de dérouter, ne confère la faculté de rétrograder, mais toutes ces facultés résulteraient de la stipulation consacrant la possibilité de toucher partout, avant, arrière, à gauche, à droite.

La clause de faire échelle est limitée, lorsqu'elle ne confère au capitaine que le droit de toucher à certains ports déterminés ; elle est absolue, quand il peut s'arrêter partout où il le jugera convenable. Même dans ces termes généraux, cette clause permet de toucher aux ports intermédiaires, mais dans l'ordre où ils se présentent, et sans qu'on puisse rétrograder pour revenir à un port qu'on aurait dépassé. Le contraire peut cependant résulter de la convention ou de l'intention évidente des parties. Par un arrêt du 11 avril 1837, la Cour de Bordeaux a décidé (en matière d'assurance, mais nous pouvons appliquer la solution à notre contrat), qu'un navire assuré pour aller dans divers ports d'un pays, sans indication de l'ordre dans lequel ils devaient être visités, peut aller au port le plus éloigné et revenir ensuite au port le plus rapproché du point de départ, sans être tenu de les parcourir successivement, et sans que le voyage puisse être réputé avoir été terminé au moment où il a touché au port le plus éloigné.

D'après Émérigon, les clauses de faire échelle ou de dérouter se restreignent aux circonstances de la navigation maritime. Si donc le capitaine était obligé de remonter une rivière pour faire échelle, le prêteur ne serait pas tenu du sinistre arrivé pendant cette opération. Il n'a jamais appartenu au capitaine, à moins d'une convention contraire, d'ajouter aux périls de la mer ceux que peut offrir la navigation fluviale, et de multiplier les risques à la charge des assureurs. (Émérigon, ch. 13, sect. 6.)

L'entrée dans un port d'escale, quand elle a été autorisée par le contrat, pourrait, à raison des circonstances, constituer une rupture de voyage. Cela résulterait d'un séjour trop prolongé dans le port, ou de l'annonce faite dans les feuilles publiques que le navire est en charge pour une destination différente de celle indiquée dans le contrat à la grosse, quand même le capitaine, n'ayant pas trouvé à charger pour le nouveau voyage, se serait décidé à reprendre le premier pendant la continuation duquel le navire aurait péri.

Nous trouvons un remarquable exemple d'application de cette règle dans un arrêt de la Cour d'Aix, du 19 novembre 1830, rendu dans des circonstances particulièrement intéressantes que nous allons rapporter.

En 1828, Cannac, capitaine, armateur et propriétaire du navire *les Trois-Frères*, souscrit un billet de grosse de 1,000 francs sur son navire, à l'ordre de Gaudemar, pour un voyage de Marseille à Cayenne, et pour toute autre destination qui pourrait être à sa convenance, jusqu'au retour du navire à Marseille, au change maritime de 2 1/2 pour 100 par mois. Trois autres billets de grosse montant à 2,600 fr. et payables au Havre, avaient été souscrits dans le même temps par le capitaine au profit d'autres prêteurs. Le navire part de Marseille et se rend d'abord à Cayenne. De là, il revient au Havre après une traversée orageuse; il y reçoit des réparations qui s'élèvent à 1,078 fr. Pendant son séjour dans ce port, le capitaine rembourse le montant des trois billets de grosse.

Depuis, le capitaine annonce dans les feuilles publiques le navire *les Trois-Frères* en charge pour un second voyage à Cayenne. Il ne trouve pas à charger. Ensuite le navire est annoncé pour Marseille; aucun affréteur ne se présente. A ce moment, le capitaine écrit à Chausse, de Marseille, l'un des intéressés au chargement, de demander à Gaudemar comment il veut faire pour son argent. Plus tard, le 5 novembre, il prie Chausse de dire à Gaudemar que, comme il retourne à Marseille, il garde son argent.

Enfin, le 22 novembre 1828, le navire remet à la voile du Havre pour Marseille, sur son lest. Le 2 décembre, le mauvais temps le force d'entrer dans le port de la Hougue, où il est obligé de rester jusqu'au 10 janvier; le navire est recalfaté. Le 11, il sort du port, mais il y rentre fort endommagé, le 12, après délibération de l'équipage prise pour le salut commun. Le 13, rapport du capitaine au juge de paix. Nomination d'experts: leur rapport porte que les réparations nécessaires pour remettre le navire en état de naviguer coûteraient 7,902 fr.; qu'en l'état où il se trouve, il vaut 8,000 fr., et qu'il y a plus d'avantage à le vendre. Le juge de paix, sur requête, autorise la vente. La vente a lieu: son produit s'élève à 3,150 fr. Le capitaine revient à Marseille. Il est assigné par Bonnet, porteur du billet souscrit à Gaudemar, en paiement de 1,285 fr., tant pour le principal que pour le change maritime.

Le capitaine Cannac soutient qu'il est libéré par suite de la vente du navire, pour cause d'innavigabilité par fortune de mer, sauf reddition de compte des recettes et dépenses du navire pendant les voyages pour lesquels l'emprunt à la grosse a été fait. Or, comme d'après le compte qu'il présente, les dépenses dépassent la recette, il conclut au rejet de la demande.

Appelé à se prononcer uniquement sur cette prétention, le Tribunal de Commerce de Marseille déclare que le débiteur a en mains un excédant de recettes plus que suffisant pour le paiement de la dette réclamée, et condamne le sieur Cannac à ce paiement.

Celui-ci émet appel, mais, devant la Cour, l'intimé soutient qu'il n'y a pas même lieu à examiner le compte; qu'en effet, en annonçant au Havre que son navire était sous charge pour Cayenne, le capitaine Cannac avait rompu le voyage pour lequel le prêt à la grosse avait été consenti; que dès lors ce prêt était devenu exigible et irrévocablement acquis tant pour le principal que pour le profit maritime.

Cette prétention fut consacrée par la Cour : « Considérant que le capitaine Cannac, après être arrivé de Cayenne au Havre, s'y est arrêté plus de deux mois et s'y est mis sous charge pour un nouveau voyage à Cayenne; que c'est parce qu'il n'a point trouvé de chargement pour cette nouvelle destination qu'il s'est décidé à revenir sur lest à Marseille; qu'il a ainsi rompu le premier voyage et terminé le billet de grosse dont il s'agit; que c'est ainsi qu'il l'a considéré lui-même, puisqu'il a payé intégralement les trois autres billets de grosse et fait dire par lettres à Gaudemar, premier porteur du quatrième billet, qu'il était disposé à le payer; que, dès lors, la perte du navire, postérieurement au départ du Havre, reste étrangère au billet de grosse ; qu'en effet, si le capitaine au lieu de se mettre sous charge pour un autre voyage étranger à ce billet, avait de suite continué sa route pour Marseille, il n'aurait point rencontré les mauvais temps qui, plus tard, ont fait périr son navire ; qu'il résulte de tout ce que dessus, que le capitaine Cannac est resté débiteur personnel du billet de grosse ; confirme. »

Le changement volontaire de navire a le même effet que le changement de route ou de voyage. Le prêteur, en désignant le navire sur lequel doivent être chargées les marchandises affectées, a déterminé ainsi le lieu des risques et précisé la responsabilité qu'il entendait courir.

L'Ordonnance de 1681 ne s'expliquait pas sur les conséquences du changement volontaire du navire, mais la pratique constante admettait qu'il mettait fin aux risques. Le projet de Code, disait la Cour de Rennes, est muet sur une question sur laquelle on s'était déjà plaint, assez souvent, du silence de l'Ordonnance. Dans les contrats à la grosse sur la cargaison, le prêteur est-il responsable lorsque cette cargaison a été reportée sur un autre navire ? Les auteurs distinguent le changement fait sans nécessité de celui opéré par force majeure ; dans le premier cas, le prêteur ne garantit pas l'événement ; le contrat doit avoir son exécution, comme si les marchandises avaient été sauvées ; dans le second, c'est une fortune de mer ; la perte est au compte du prêteur, et il serait utile de l'exprimer. Sur ces observations, le projet fut corrigé, et la disposition de l'article 314 fut ajoutée.

Il y a changement volontaire de navire lorsque les marchandises, d'abord chargées sur le navire désigné au contrat, ont été ensuite transportées sur un autre, sans que ce changement fût commandé par la nécessité constatée d'échapper à un péril. En ce cas, le contrat n'est pas annulé ; il devient immédiatement exigible. Dès ce moment, la responsabilité du prêteur cesse ; les risques que peut courir le nouveau navire ne sont plus à sa charge, et il peut exiger le capital et le profit maritime, que les marchandises viennent à périr ensuite, ou qu'elles arrivent à bon port.

Ce résultat se produirait alors même que le vaisseau substitué serait aussi bon et même meilleur que le premier, ou qu'il serait prouvé que la marchandise qui a péri sur le second vaisseau aurait également péri si elle fût restée sur le premier. On n'a pas à entrer dans toutes ces considérations : du moment qu'il y a eu substitution d'un navire à un autre sans nécessité, on s'est écarté du contrat, et les risques que le prêteur s'était engagé à garantir sont terminés.

Pour que l'article 324 soit applicable, il faut qu'il y ait transbordement d'un navire sur un autre. Mais si un emprunteur, après avoir emprunté à la grosse pour tel voyage, renonce à faire partir ses marchandises, ou les charge pour une autre destination, ou les place sur un navire autre que celui qui est désigné au contrat, il y aura en ces cas rupture volontaire du voyage, avant tout commencement d'exécution. Le prêteur recouvrera son capital ; mais n'ayant couru aucun risque, il n'aura pas droit au profit maritime.

Le changement de navire rendra le prêt exigible lorsqu'il proviendra d'un fait purement volontaire de la part de l'emprunteur ou du capitaine. Mais il n'en serait pas de même au cas où le changement aurait été rendu nécessaire par une fortune de mer ou un cas de force majeure ; par exemple, si le navire avait fait naufrage, ou avait été déclaré innavigable, ou si, ayant été pris pour le service de l'État, le débarquement de la cargaison avait été ordonné par l'autorité. Dans cette situation, le contrat à la grosse ne subit aucune atteinte, et le prêteur continue à courir les risques. Il serait même tenu du surcroît de fret, si l'on était obligé de payer au navire subrogé un fret plus considérable qu'au premier. C'est également à sa charge que serait la détérioration survenue à la marchandise par suite de l'événement de force majeure qui a nécessité le changement de vaisseau, détérioration telle que les objets affectés ne puissent plus produire de quoi payer la somme empruntée.

La preuve de la force majeure légitimant le changement de navire est à la charge de celui qui en excipe pour se libérer. A défaut de cette preuve, le changement de navire est réputé volontaire. On pourra invoquer, pour la faire, les rapports réguliers du capitaine constatant l'échouement ou le naufrage, des pièces établissant l'innavigabilité, ou des ordres constatant que le navire a été pris pour le service de l'État, et que le déchargement a été ordonné.

CHAPITRE VI

DU RISTOURNE

Il est de l'essence du prêt à la grosse que les objets qui y sont affectés soient exposés à des risques maritimes. Sans cela, il dégénère en prêt ordinaire. L'emprunteur pourra donc rompre le contrat, avant que le risque soit commencé, en ne faisant pas partir le navire désigné, ou en changeant sa destination, si le prêt est fait sur le navire, ou, s'il est fait sur les facultés, en ne chargeant pas les objets affectés, ou en les chargeant sur un autre navire que celui qui est indiqué au contrat, ou en leur donnant une autre destination.

Cette annulation du contrat par défaut de risques ou manque d'objets sur lesquels l'emprunt soit fait s'appelle *ristourne*, de l'italien *storno del rischio*, d'où le provençal a fait *stourny*.

Dès que le risque a commencé, le voyage ne peut plus être rompu volontairement, et le contrat doit avoir son plein effet. Ainsi le profit maritime serait acquis dans le cas même où le navire, à peine sorti du port, serait forcé d'y rentrer par un cas de force majeure, pour échapper à la poursuite de l'ennemi ou pour éviter une tempête, par exemple, et n'en pourrait plus sortir.

Quelques anciens auteurs proposaient de distinguer entre le preneur qui avait eu le pouvoir de charger et celui qui ne l'avait pas eu, et de n'admettre le ristourne, en cas de rupture de voyage, que lorsque cette rupture était le résultat de force majeure. Valin et Émérigon repoussaient cette doctrine. On ne doit, disait Valin, faire aucune différence entre le preneur à la grosse qui aura eu le pouvoir de charger et celui qui ne l'aura pas eu. Qu'on suppose le prêteur de bonne foi tant qu'on voudra, il faut toujours, pour la solution de la question, recourir au principe de la décision. Or, la nature du contrat de grosse est telle que le prêteur ne peut gagner le profit maritime qu'autant qu'il a couru les risques auxquels le contrat est sujet. Dans l'espèce, à défaut de chargement, il n'a couru aucun risque, le profit maritime ne peut donc lui être acquis, que l'emprunteur n'ait pu charger ou non, il n'importe. (Contrat à la grosse, sur l'art. 15.) Et Émérigon : sauf le cas de fraude, il est certain qu'à l'exemple de l'assuré, le preneur peut se dédire et se dégager de son obligation malgré le donneur; soit en rompant le voyage avant le départ du navire, soit en n'y chargeant rien. (Chap. 6, sect. 1.)

Les mêmes principes doivent être admis sous l'empire du Code, et le preneur est toujours libre de rompre le contrat en ne faisant pas commencer les risques pour le prêteur. En ce cas, celui-ci n'aura droit qu'au remboursement du capital, avec l'intérêt de terre. Mais à partir de quel moment ces intérêts seront-ils dus ? Suivant Pothier (n° 39), dont la doctrine est reproduite par Boulay-Paty (t. 3, p. 170), et Pardessus (n° 928), les intérêts sont dus à partir du jour où l'emprunteur a été mis en demeure de payer, quand le voyage a été rompu par force majeure ; mais si la rupture du voyage a eu lieu par le fait de l'emprunteur, ils sont dus de plein droit, du jour du prêt jusqu'au paiement, à titre d'indemnité de la non-exécution du contrat à la grosse. Cette distinction, qui est généralement repoussée, ne nous semble pas justifiée. Elle n'était déjà pas admise par Valin (sur l'art. 15), et Émérigon (ch. 6, sect. 1), et elle ne nous semble pas pouvoir tenir en présence du deuxième alinéa de l'art. 317. Pour nous, nous pensons que, dans l'un et l'autre cas, les intérêts sont dus *de plano* du jour du prêt.

Il n'y a pas ristourne au cas seulement de défaut absolu de chargement. Le chargement incomplet constitue une rupture partielle du voyage et peut entraîner l'annulation du contrat. L'article 15, l. III, t. V. de l'Ordonnance, disait : « Si toutefois celui qui a pris deniers à la grosse, justifie n'avoir pu charger des effets pour la valeur des sommes prises à la grosse, le contrat, en cas de perte, sera diminué à proportion de la valeur des effets chargés, et ne subsistera que pour le surplus, dont le preneur paiera le change, suivant le cours de la place où le contrat aura été passé, jusqu'à l'actuel paiement du principal : et si le navire arrive à bon port, ne sera aussi du que le change, et non le profit maritime de ce qui excédera la valeur des effets chargés. »

Malgré la restriction des termes de cet article, qui semble ne comprendre que les cas où le fait du chargement incomplet est forcé, on l'appliquait aux cas où ce fait est volontaire, et on l'interprétait comme s'il disait : si celui qui a pris à la grosse n'a pas chargé les effets, sans distinguer entre le preneur qui n'avait pu charger et celui qui n'avait pas voulu. Le Code n'a pas adopté cette idée, et les articles 316 et 317 distinguent suivant qu'il y a eu ou non fraude de la part de l'emprunteur.

D'après l'art. 316 : « Tout emprunt à la grosse, fait pour une somme excédant la valeur des objets sur lesquels il est affecté, peut être déclaré nul, à la demande du prêteur, s'il est prouvé qu'il y a fraude de la part de l'emprunteur. » Il est facile de comprendre la fraude qui était à redouter : le preneur pourrait, après avoir emprunté 100,000 fr., ne charger que pour 50,000, et faire périr ensuite le chargement, afin de gagner par là 50,000 fr.

Le contrat de grosse fait pour une somme supérieure à la valeur des effets affectés *peut* être annulé à la demande du prêteur. Il résulte de là que le prêteur a le droit, s'il le préfère, de ne pas demander la nullité et de laisser le contrat produire son effet, ce qu'il fera en cas d'heureuse arrivée pour être payé du profit maritime. Le prêteur a donc entre ses mains le sort du contrat, et reste maître de l'annuler ou de le maintenir, selon l'événement ou son intérêt. Le droit qui lui appartient de le maintenir en cas d'heureuse arrivée, et de se faire payer de son change maritime, bien qu'en réalité il n'ait couru aucun risque, est la juste punition de la fraude dont s'est rendu coupable l'emprunteur.

Le droit de demander la nullité est restreint au preneur. Le prêteur ne pourra jamais la demander, et exciper, en cas d'heureuse arrivée, de l'exagération donnée par lui à la valeur du chargement. On ne saurait l'admettre à se prévaloir de son dol et à se faire un titre de sa propre fraude.

Mais il faut reconnaître le droit de demander l'annulation au cessionnaire légitime du billet de grosse, bien que le contraire ait été soutenu.

On a prétendu que les expressions de l'art. 316 : *à la demande du prêteur,* étaient tellement limitatives qu'on devait refuser le droit d'agir en nullité à tout autre porteur du billet de grosse. Nous repoussons énergiquement cette manière de voir. Le cessionnaire étant substitué à tous les droits et à toutes les obligations du cédant, doit l'être aussi à toutes les actions dont le billet cédé peut devenir l'origine.

Dès que la fraude aura été constatée, la nullité devra être prononcée et l'acte résilié. Émérigon pensait, contrairement à l'opinion de Pothier, que la fraude se présumait, et qu'il n'était pas besoin d'en faire la preuve : « L'art. 15, dit-il, veut que celui qui a pris à la grosse justifie n'avoir pu charger des effets pour la valeur des sommes prises à la grosse, etc. Il faut donc que le preneur qui a emprunté des deniers au-delà de son intérêt, écarte la présomption de fraude qui s'élève contre lui, et qu'il prouve son innocence.

« M. Pothier, n° 12, dit que la fraude ne se présume pas ; qu'ainsi : « l'emprunteur doit être facilement écouté à justifier sa bonne intention ; et qu'on doit se contenter qu'il allègue, pour se justifier, quelque chose de plausible. » Il est vrai qu'en règle générale, la fraude ne se présume point ; mais en cette matière la présomption de fraude est établie par l'Ordonnance même, laquelle exige que le preneur se justifie. » (ch. 6, sect. 2.)

Il y aurait une grave présomption de fraude contre le preneur qui aurait emprunté sur des effets déjà assurés, ou qui aurait emprunté sciemment beaucoup plus que la chose ne vaut. Cette présomption était déjà admise dans l'ancien droit. « Le trop d'argent pris à profit, disait le Guidon de la Mer, fait une véhémente présomption contre le maître du navire, qu'il est consent ou participant de la perte où prise de son navire : car, comme en toute traite, soit maritime ou terrestre, le but et fin des trafiquements est de gagner et profiter, celui-ci ne peut avoir entrepris son voyage en intention de gagner, qui, auparavant que de commencer, est déjà au restor ; partant, il est à inférer de nécessité, qu'il se soit imaginé quelque malheureuse fin en sa navigation, pour, par sinistre moyen, s'acquitter de ses dettes, lesquelles loyalement il ne peut payer, sa navigation étant accomplie : car l'abus y étant tel, on considérera la ruine et la perte des navires, marchandises perdues, pillées ou prises, plus par la défaute susdite, que par l'impétuosité et tormente de la mer, dont cette prescription ou présomption, avec la moindre preuve que l'on pourra faire, les rendra coulpables de la mort. » (Ch. 19, art. 10.)

Et Casaregis disait dans le même sens : « *Cùm capitaneus ad cambium receperit longè majorem pecuniæ summam, quàm fuerit risicum super navi existens, præsumi debet sinistrum fuisse dolosum.* » (Disc. 62, n° 7.)

Lorsque le contrat a été annulé, l'effet du ristourne est de convertir le prêt à la grosse en un simple prêt ordinaire. A quelque moment que la nullité soit prononcée, fût-ce après la perte ou la prise, l'emprunteur est tenu de rembourser le capital entier, mais sans profit maritime, car le profit maritime est le prix du risque et le prêteur n'en a couru aucun. L'intérêt de terre sera dû par le preneur, du jour de la délivrance des fonds jusqu'au jour du remboursement. Cette solution a été contestée (Valin, Locré, Delvincourt), à tort, selon nous. Nous verrons, en effet, dans l'article 317, que cet intérêt est dû dans le cas où le contrat est simplement réduit pour cause d'erreur. Comment ne le serait-il pas dans le cas de nullité pour cause de fraude ?

Jusqu'ici nous ne nous sommes occupés que du chargement incomplet par fraude du preneur ; nous devons voir maintenant ce qui arrive lorsqu'il n'y a pas fraude mais simplement erreur.

L'article 317 dispose en ces termes : « S'il n'y a fraude, le contrat est valable jusqu'à la concurrence des objets affectés à l'emprunt, d'après l'estimation qui en est faite ou convenue.

« Le surplus de la somme empruntée est remboursé avec intérêt au cours de la place. »

Un emprunt est fait pour 10,000 francs, au change de 20 %. Le prêteur ne charge que pour 5,000 francs de marchandises : le contrat vaut pour 5,000 fr. et est annulé pour autant. En cas d'heureuse arrivée, le prêteur reçoit 5,000 fr. et le change de 20 °/₀ sur cette somme, plus les autres 5,000 fr., avec l'intérêt de terre.

Ainsi, l'absence de toute intention frauduleuse dans l'exagération de la valeur laisse subsister le contrat, qui n'est annulé que pour l'excédant, que le navire arrive à bon port ou non. L'intérêt de cet excédant courra du jour du prêt, et sera dû, quand même le navire viendrait à se perdre. Ce n'est pas, du reste, à titre de peine, que l'emprunteur est tenu de payer l'intérêt dont il s'agit; c'est seulement à titre d'indemnité pour le prêteur de la privation du capital qui produit cet intérêt.

A la différence du cas de fraude, où le prêteur seul peut demander la nullité, le ristourne partiel peut être demandé par l'une ou l'autre des parties, puisque toutes deux ont agi de bonne foi.

Il peut arriver que, sans qu'il y ait fraude de la part de l'emprunteur, on n'ait rien pu charger des marchandises affectées au contrat. En ce cas, le contrat se trouve entièrement résolu, et le prêteur aura droit à l'intérêt de terre.

Il faut nécessairement avoir recours à une estimation pour savoir si le chargement a été incomplet, si la valeur des objets affectés au prêt est inférieure au montant de celui-ci. Cette estimation sera faite à l'amiable, ou, si les parties ne s'entendent pas, confiée à des experts qui seront nommés par les parties ou par justice. De quelque façon qu'on procède, on devra prendre pour base d'appréciation de la valeur des marchandises, celle qu'elles avaient au temps du contrat et au commencement des risques, et non le prix que l'emprunteur les a payées. Ainsi, il se peut que des marchandises aient été achetées en temps de guerre, à une époque où elles subissaient un renchérissement considérable, et aient ensuite, la paix survenue, baissé de prix.

Le preneur ne pourra pas, en cas de ristourne, établir leur valeur d'après celle qu'elles avaient au moment de l'achat, mais seulement d'après celle qu'elles avaient à l'époque du prêt.

On se référera aux livres et factures de l'emprunteur pour fixer la valeur des effets, quand le prêteur en acceptera l'indication sans élever aucune difficulté.

Pardessus est même d'avis que ce n'est qu'à défaut de ces deux moyens qu'on peut avoir recours à une estimation.

Nous pensons, avec Valin, Boulay-Paty et M. Bédarride (nº 890), que. le donneur est libre de repousser comme d'admettre la preuve résultant des livres et factures du preneur, et peut établir la valeur des marchandises conformément au cours réel du contrat par des mercuriales, par des certificats de courtiers, ou par une estimation d'experts.

A la valeur vénale des marchandises, il faudra ajouter les frais de conduite à bord, de charriage, d'emballage, les droits des douanes et de commission des expéditeurs.

S'il s'agit d'un navire, dont les parties n'aient pas fixé amiablement la valeur dans le contrat, ou devra tenir compte de toutes les dépenses d'armement, avictuaillement et mise hors dont le preneur justifiera. Tous ces divers frais devront être ajoutés à la valeur réelle des effets pour déterminer le véritable prix de revient.

L'annulation ou la réduction du contrat de grosse avant le risque commencé constituent la rupture totale ou partielle du voyage. En pareil cas, en matière d'assurance, l'assureur reçoit, à titre d'indemnité, demi pour cent de la somme assurée. (C. com. 349.) Doit-on appliquer cet article 349 en notre matière, et reconnaître au prêteur le droit d'exiger de l'emprunteur, outre les intérêts, demi pour cent de la somme en ristourne ?

Émérigon (ch. 6, sect. 1), l'admettait au cas où le défaut du chargement ne provenait pas de force majeure. Pardessus (t. 3, p. 511), était plus absolu et accordait le demi pour cent dans tous les cas de ristourne et sans distinction, comme une indemnité des peines et démarches que la convention a pu occasionner au prêteur. Delvincourt, aussi absolu dans le sens contraire, décide que l'intérêt de terre accordé par la loi est la seule indemnité que le prêteur puisse réclamer dans aucun cas.

Cette opinion nous semble devoir être suivie.

L'intérêt de terre est pour le prêteur ce que le demi pour cent est pour l'assureur, l'indemnité due à raison de la privation de son capital. Lui accorder l'un et l'autre, ce serait lui donner une double indemnité à laquelle on ne peut pas admettre qu'il ait droit. Nous pensons cependant qu'il faut ajouter à la doctrine de Delvincourt un tempérament, que nous trouvons indiqué par M. Bédarride : « Il est une seule hypothèse dans laquelle nous admettrions le paiement simultané de l'intérêt et de l'indemnité du demi pour cent, à savoir, si le prêteur, ayant fait assurer la somme prêtée, était obligé d'indemniser ses assureurs, le paiement qu'il en ferait constituerait pour lui un véritable préjudice que lui imposerait le fait volontaire et exclusif de l'emprunteur, il serait donc juste que l'auteur du préjudice fût tenu de le réparer. » (n° 891.) Cette restriction nous paraît très équitable, et nous l'admettons pleinement pour notre part.

Un navire ou des marchandises affectés à un contrat à la grosse pour leur valeur intégrale, ne peuvent pas faire ensuite l'objet d'un contrat d'assurances.

Réciproquement, le navire ou le chargement assurés pour toute leur valeur ne peuvent être affectés à un emprunt à la grosse, puisque, au moyen de l'assurance, il n'y a plus de risque à courir. Le contrat à la grosse doit être pour le prêteur un moyen de ne pas perdre, mais non de réaliser un bénéfice ; or, ce second résultat serait atteint en cas de sinistre, si l'on admettait le cumul du prêt et de l'assurance, puisque le preneur toucherait une indemnité de l'assureur et ne serait pas tenu de rembourser au prêteur son capital.

Mais, si le navire ou le chargement n'étaient affectés au prêt que pour une partie de leur valeur, rien n'empêcherait le preneur de les faire assurer ensuite pour le surplus. Ainsi, en supposant qu'un chargement vaille 30,000 francs, le propriétaire qui emprunte dessus 10,000 francs peut encore le faire assurer pour 20,000.

Le contrat à la grosse étant essentiellement aléatoire, le profit maritime n'est pas dû quand le prêteur s'est mis à l'abri de tout risque, en faisant souscrire à l'emprunteur, en même temps que le billet de grosse, une lettre de change, au moyen de laquelle, en cas de perte du navire, il devrait recouvrer le montant du prêt. En pareil cas, l'emprunteur poursuivi en paiement du billet de grosse, se libérerait en payant la lettre de change par lui souscrite. Un arrêt de la Cour de Bordeaux, du 5 février 1839, a décidé en ce sens dans l'hypothèse suivante : Postel, capitaine du navire *la Dryas,* souscrit au profit de Leusinger et Cⁱᵉ, ses consignataires, une lettre de change de 12,765 fr. 95 c., pour solde de son compte courant avec eux ; et, pour donner à ses créanciers un privilège sur le navire, il leur consent en même temps un contrat à la grosse pour la même somme de 12,765 fr. 95 c., avec stipulation d'un profit maritime de 60 p. 100. Le 24 mars 1836, la traite est protestée faute d'acceptation. Postel arrive à Bordeaux avec son navire. La veuve Delbos, porteur du contrat à la grosse, en vertu d'un endossement en blanc, en demande le paiement. Postel offre de payer le montant de la lettre de change, avec les intérêts à

6 p. 100 et les frais, mais il refuse de payer le profit maritime. Il soutient que le prêteur n'ayant eu aucun risque maritime à courir, il ne lui était dû aucun profit; que le contrat d'assurance n'ayant été transmis à la veuve Delbos que par un endossement en blanc, elle était mandataire de Leusinger, et, dès lors, passible des exceptions qui pouvaient être opposées à ses mandants.

Le 27 novembre 1837, jugement du tribunal de Bordeaux conforme aux conclusions de Postel, et, sur appel, arrêt de la Cour de Bordeaux jugeant dans le même sens, par les motifs suivants : « ..... Attendu que le contrat à la grosse est essentiellement aléatoire, et que le risque couru par le donneur peut seul l'autoriser à recevoir légitimement le profit stipulé.

« Attendu que la lettre de change dont il s'agit au procès, soit qu'on la considère comme inhérente au contrat, soit comme postérieure d'un jour à cet acte, a eu pour effet de faire cesser ce qu'il y avait d'aléatoire dans le contrat, et d'autoriser le prêteur à se faire payer de la somme prêtée, alors même que le navire aurait péri; que, dans cette situation, le contrat à la grosse ne peut pas avoir d'effet, et que le capitaine Postel est valablement libéré en payant le montant de la traite..... »

CHAPITRE VII

DES EFFETS DU CONTRAT A LA GROSSE
VIS-A-VIS DE L'EMPRUNTEUR

Les effets du contrat à la grosse varient, nous le savons, suivant qu'il y a heureuse arrivée, ou que, au contraire, les objets affectés périssent par fortune de mer. Dans le premier cas, le prêteur doit recevoir le remboursement du capital prêté et l'intérêt maritime convenu de ce capital; dans le second, la perte des objets affectés au prêt libère le preneur, non seulement du paiement du profit, mais même du remboursement du capital, à condition toutefois, comme l'exige l'article 329, qu'il prouve qu'il a réellement pris en risque des objets d'une valeur égale à la somme empruntée.

De ces idées générales nous tirons la division que nous suivrons dans ce chapitre. Nous étudierons d'abord ce que peut être le profit maritime; nous verrons ensuite le paiement du prêt à la grosse, en quel lieu et en quel temps il doit être fait; et, enfin, nous expliquerons l'article 329, relatif à la preuve du chargé que doit faire l'emprunteur en cas de sinistre.

SECTION I

DU PROFIT MARITIME

Le change ou profit maritime est la somme que l'emprunteur s'oblige à payer au prêteur, outre la somme convenue, pour prix des risques dont ce dernier s'est chargé. On l'appelle quelquefois prime de grosse, par assimilation avec le contrat d'assurance.

Le profit peut consister en une somme d'argent ou en quelque autre chose évaluable. La loi ne limite aucunement le taux du change nautique, et en laisse la fixation à la libre volonté des parties. Il en était de même dans l'ancien droit, où le taux était souvent fort élevé. Émérigon (t. 2, p. 412) cite l'exemple d'un taux de 100 p. 100, pour voyage à Cayenne et retour.

« Quoique fort, disait Pothier, que le profit maritime ait été stipulé par le contrat à la grosse, il est toujours censé, dans le for extérieur, n'être autre chose que le prix des risques maritimes, et, par conséquent, entièrement licite..... Soit que le profit maritime consiste dans un intérêt, soit qu'il consiste dans une somme fixe, la quantité n'en est limitée par aucune loi, et elle est laissée au pouvoir des parties contractantes. » (n°s 2 et 20.)

Nous n'admettons pas que les tribunaux puissent juger qu'il y a excès dans la fixation du taux du profit nautique, et le modérer suivant les circonstances. La convention est, sur ce point, la loi absolue des parties, et ne laisse aucune place au pouvoir d'appréciation du juge.

Il n'est pas nécessaire que le change soit exprimé d'une façon formelle et littérale dans le contrat ; il suffit qu'il résulte clairement des clauses et conditions du contrat un profit ou avantage quelconque pour le prêteur.

Émérigon nous en donne un exemple remarquable (t. 2, p. 405). Un capitaine se trouvant à Smyrne, et ayant besoin de victuailles, avait emprunté d'un négociant français 1,000 piastres, monnaie du Grand-Seigneur, en s'obligeant à payer, à son arrivée à Marseille, les piastres de Turquie à raison d'un écu de France chacune, le prêteur courant les risques de mer jusqu'à destination. Émérigon fut consulté sur le point de savoir s'il y avait ou non en ce cas contrat à la grosse. Il décida l'affirmative attendu que la conversion de la monnaie turque en monnaies de France, sur le pied d'un écu par piastre, donnait au prêteur un bénéfice implicite d'environ 20 p. 100, qui était bien le prix du péril qu'il avait couru.

Mais il peut arriver que le contrat ne contienne ni stipulation formelle du change, ni disposition contenant implicitement un bénéfice pour le prêteur. Devrait-on considérer, malgré cela, le prêt comme valable, et permettre aux tribunaux de suppléer au silence du contrat en fixant l'intérêt maritime au cours de la place ?

Nous avons déjà rencontré cette question lorsque nous nous sommes occupés des énonciations que devait contenir l'acte de grosse. (Supra, ch. 2, sect. I.) Nous avons dit alors que nous tenions pour la négative, mais sans développer nos motifs, que nous allons donner maintenant.

Les tribunaux ne peuvent pas fixer l'intérêt omis dans un contrat à la grosse, parce que, à proprement parler, on ne peut pas dire qu'il y ait véritablement contrat à la grosse, quand les parties n'ont rien stipulé pour le change, condition essentielle à un acte de cette nature. En outre le change se mesure sur l'opinion toute personnelle que le prêteur peut se faire des périls de la navigation pour laquelle il prête, et l'on ne peut, sans injustice, lui imposer arbitrairement l'appréciation d'autres personnes.

L'opinion contraire, enseignée par Émérigon, a été reproduite par Pardessus (p. 499) et Boulay-Paty (p. 58), qui pensent que le change omis doit être réglé au cours de la place, eu égard aux temps et lieu du contrat. Quelle que soit, du reste, la solution qu'on admette pour les rapports des parties entre elles, il faut toujours refuser au prêteur le droit d'exercer son privilège à l'encontre des tiers. Il faut, pour que le donneur puisse exercer à leur égard un droit de préférence, soit pour son capital, soit pour le change maritime, un acte complet, se suffisant à lui-même, et qu'on n'ait pas besoin de compléter par des moyens étrangers. Comment admettre, d'ailleurs, qu'on puisse leur opposer un profit maritime non convenu, et dont ils devaient ignorer l'importance et jusqu'à l'existence ?

Le change peut être stipulé à tant par mois, ou à une certaine somme pour un temps convenu ou pour un voyage déterminé.

On peut stipuler que le profit sera variable, c'est-à-dire croissant ou décroissant, suivant la durée du voyage. Valin n'admettait pas cette stipulation, qu'il regardait comme usuraire : « Un tel contrat, disait-il, comme manifestement usuraire, ne saurait se soutenir en justice, même quand il y aurait réciprocité, c'est-à-dire quand il serait ajouté en faveur du preneur que le navire arrivant avant l'expiration du délai, il lui serait déduit le même demi p. 100 par mois, ne fût-ce qu'à cause que sa réciprocité ne serait qu'apparente ou en idée, rien n'étant plus rare qu'un vaisseau retourne avant le temps ordinaire, et rien n'étant plus commun, au contraire, que le retardement de son retour. (Sur l'art. 2, contr. à la grosse.)

13

Mais Pothier tenait pour l'avis contraire, en en constatant la pratique : « Lorsque l'emprunt, dit-il, est fait pour l'aller et le retour, on convient assez souvent que, si le vaisseau n'est pas de retour au bout d'un certain temps, le profit maritime augmentera à raison de tant pour cent par mois, depuis l'expiration de ce temps jusqu'au retour. » (N° 21.)

On stipule souvent une augmentation de profit nautique pour le cas où la guerre viendrait à éclater, et, à l'inverse, lorsque le prêt est fait en temps de guerre, une diminution de ce même profit pour le cas de survenance de la paix. Mais, si le contrat était muet sur ces points, la survenance de la paix ou de la guerre n'aurait aucune influence sur l'emprunt à la grosse.

Lors de la guerre de 1755 et 1756, dont les Anglais avaient commencé les hostilités le 8 juin 1755, sans déclaration préalable, l'Amirauté du Palais accorda aux assureurs une augmentation de prime proportionnée à l'augmentation des risques causés, quoique les polices faites en temps de paix fussent pures et simples. On donna pour raison qu'il était de l'intérêt du commerce maritime de prévenir et d'empêcher la ruine des assureurs, et ces décisions furent confirmées par arrêt toutes les fois qu'il y eut appel.

Pothier proposa d'étendre cela aux contrats à la grosse : « On peut dire en faveur d'une augmentation du profit maritime que la jurisprudence ayant trouvé juste d'accorder aux assureurs une augmentation de prime, lorsque la dernière guerre est survenue, il paraît qu'il y a la même raison pour accorder au donneur à la grosse une augmentation de profit maritime, puisque ce donneur à la grosse se trouve, de même qu'un assureur, exposé, par la survenance de la guerre, à beaucoup de risques. »

Nous repoussons absolument toute modification de ce genre apportée au contrat de grosse. Lorsque les parties ont traité, elles pouvaient prévoir toutes les éventualités de guerre ou de paix, et faire, en conséquence, les stipulations qu'elles jugeaient convenables. Si elles ne l'ont pas fait, on ne saurait suppléer au silence du contrat, qui doit être exécuté tel qu'il se comporte, sans aucune modification.

Dès que les risques ont commencé à courir pour le prêteur, il a droit, si les objets effectés au prêt n'ont pas péri, au profit maritime tout entier, quand même il ne les aurait pas courus pendant tout le temps convenu, par suite de l'abréviation du voyage. En serait-il de même, c'est-à-dire le profit serait-il également dû en entier, si le prêt ayant été fait pour l'aller et retour, il n'y avait pas de retour ?

La raison de douter vient de l'article 356, qui décide que, lorsque des marchandises sont assurées pour l'aller et retour, et qu'il n'y a point de chargement en retour, ou que le chargement en retour n'est pas complet, l'assureur reçoit seulement les deux tiers de la prime convenue. On se demande si cette bonification du tiers doit également être accordée à l'emprunteur sur le profit maritime, au cas où il n'y a pas de retour.

La question se posait dans les mêmes termes sous l'empire de l'Ordonnance de 1681, dont l'article 6 du titre des assurances contenait une disposition analogue à celle de notre article 356. Pothier était d'avis que le preneur ne devait payer que les deux tiers du profit, et jouir du même bénéfice que les assureurs. « L'Ordonnance, disait-il, ayant décidé pour le contrat d'assurances que l'assurance ayant été faite pour l'aller et retour, les assureurs étaient obligés de rendre le tiers de la prime, lorsqu'il n'y a pas de retour, il y a même raison de décider pour le prêt à la grosse, que le prêteur doit souffrir la déduction du tiers du profit maritime, lorsqu'il n'y a pas retour. »

Cette solution de Pothier avait contre elles la jurisprudence, et, entre autres, un arrêt du Parlement d'Aix, qu'Émérigon rapporte en nous en donnant les motifs suivants : « 1° La règle générale veut que, dès que le risque est commencé, la prime et le change maritimes soient dus en entier. — 2° Suivant l'art. 9, titre du fret, si le vaisseau ayant été affrété allant et venant, il est forcé de faire son retour lège, le fret entier est dû au maître. Il a plu au législateur d'accorder, en pareil cas, aux assurés, la bonification du tiers de la prime; mais cette grâce est de droit étroit. Jusqu'à ce qu'il y ait un nouveau règlement qui réduise aux deux tiers le change maritime et le fret, par le défaut de retour du navire, les preneurs, de même que les affréteurs, doivent être soumis à la règle générale. » (T. 2, p. 409.)

L'opinion contraire compte cependant des partisans.

Une note dans l'ouvrage de M. Cresp s'exprime ainsi : « Valin (t. 2, p. 17 et 49) et un jugement de Marseille du 18 novembre 1846 (J. M. 26, 1, 19) sont contraires à cette doctrine. *(Celle qui n'accorde pas la bonification du tiers au preneur.)* Nous croyons cette dernière solution préférable, car le contrat à la grosse n'est qu'une assurance. » C'est répondre à la question par la question, et remplacer le raisonnement par une simple affirmation. Nous avons déjà dit que, bien qu'il y ait de nombreuses affinités entre l'assurance et le prêt à la grosse, ce dernier contrat n'en a pas moins son existence indépendante, ses règles spéciales qui le distinguent de l'assurance. A notre avis, on doit encore admettre aujourd'hui, dans la question qui nous occupe, la doctrine du Parlement d'Aix et les motifs donnés par Émérigon. La disposition de l'art. 356 constitue pour l'assuré une faveur, un véritable privilège. Or tout ce qui est privilège étant de droit étroit, on doit restreindre l'application de l'art. 356 à l'assuré, et non l'étendre à l'emprunteur à la grosse. Du reste,

le plus souvent, lorsque le navire ne fera pas de retour, c'est
que le preneur aura trouvé à faire, au terme du voyage d'aller,
des transactions qui l'auront dédommagé du haut prix du change.

SECTION II

DU PAIEMENT

Dès que l'événement fixé comme condition de l'engagement
du preneur est arrivé, que le délai convenu est expiré, ou bien
lorsque, par son fait, l'emprunteur a rendu l'événement impossible ou changé les risques que le prêteur avait consenti à
courir, le prêt devient exigible, et le prêteur est recevable à
demander la restitution de son capital et le paiement du profit
maritime.

En principe, l'emprunteur est obligé de s'exécuter dès que la
condition à laquelle son engagement était subordonné vient à se
réaliser; mais, en pratique, on stipule presque toujours un délai,
ordinairement de 15 jours ou d'un mois.

Si aucun délai n'était stipulé dans le contrat, le juge pourrait-
il, suivant les circonstances, en accorder un au prêteur ? L'affirmative est conforme à l'art. 1244 C. civ, qui permet aux juges
de prendre en considération la position du débiteur et de lui
accorder des délais modérés; mais la négative peut résulter de
l'art. 157 C. com., aux termes duquel les juges ne peuvent
accorder aucun délai pour le paiement d'une lettre de change.
Quoi qu'il en soit, l'usage reconnaît au juge le pouvoir d'accorder ce délai. C'est l'application de la règle latine : *Quod dicimus
debere statim solvere, cum aliquo scilicet temperamento temporis intelligendum est; nec enim cum sacco adire debet.* Émérigon disait

déjà : « Dans ce cas, il est permis au juge d'accorder, par équité et suivant les circonstances, un certain délai qui, ne nuisant point au créancier, donne au débiteur le moyen de remplir sa promesse, sauf le change de terre, lequel court depuis la demeure, sans interpellation judiciaire. »

A moins de stipulation contraire, le preneur doit faire le paiement en argent, et il ne serait pas recevable à offrir des marchandises.

Le paiement doit être fait en la monnaie qui avait cours dans le temps et le lieu de la stipulation. Si le prêt, stipulé remboursable en France, avait été fait dans un pays dont le système monétaire différerait du nôtre, il y aurait lieu d'évaluer en francs la monnaie énoncée au contrat, et cette évaluation se ferait d'après le cours du change, au lieu et au jour de la stipulation. (Marseille, 1er octobre 1856, J. M. 34, 1, 274.)

Le paiement doit avoir lieu, sauf convention contraire, au lieu où se trouve le navire quand le risque finit, et cela, quand même le navire n'y terminerait pas sa navigation.

Il peut arriver qu'à l'endroit où le risque prend fin, le preneur ne trouve aucun mandataire du prêteur auquel il puisse faire le paiement. Il aura alors le choix, ou de faire le dépôt judiciaire de la somme empruntée, ou de la conserver provisoirement. Dans les deux cas, il sera exonéré de l'intérêt de terre, quand même il aurait été stipulé en cas de retard.

Si le preneur ne veut pas faire le dépôt judiciaire, il peut embarquer avec lui les fonds du prêteur pour les lui remettre une fois le voyage achevé, mais, dès leur embarquement, c'est à ses risques à lui, preneur, que les fonds voyagent.

L'emprunteur aurait encore un moyen de se libérer envers son prêteur absent : ce serait de tirer des lettres de ce change, payables à l'ordre de ce prêteur et qu'il lui transmettrait. Si le donneur avait autorisé à le rembourser ainsi, le preneur serait bien et dûment libéré au moyen de leur délivrance, et elles voyageraient pour le compte du donneur. Si, au contraire, il n'avait pas donné une semblable autorisation, les lettres fournies par l'emprunteur seraient à ses risques et périls, car le prêteur serait réputé avoir voulu son remboursement en argent effectif, et non en papier plus ou moins chanceux.

Nous avons dit que, dès que les risques étaient finis, l'emprunteur devait le remboursement de la somme prêtée et le paiement du profit maritime. Mais, s'il est en retard pour son paiement, doit-il l'intérêt de terre du capital et celui du change maritime ? Et, en admettant qu'il les doive, ces intérêts courent-ils du jour de la cessation des risques, ou seulement de la demande judiciaire ?

L'Ordonnance étant muette sur ces points, il y avait divergence entre les anciens auteurs. Pothier, poussé par l'idée de défaveur qui s'attachait généralement aux intérêts de l'argent, ne faisait courir ceux du capital que du jour de la demande, et déclarait le change maritime non susceptible d'en produire. « Ce profit, disait-il, étant un accessoire et une espèce d'intérêt de la somme prêtée, *nautica usura*, *nauticum fœnus*, on ne peut pas en demander d'intérêts ; ce serait un anatocisme que les lois défendent, *accessio accessionis non est*. »

Émérigon tenait pour l'avis contraire, conforme à la jurisprudence constante établie par de nombreuses décisions qu'il rapporte :

Du 19 juin 1742, sentence de l'amirauté de Marseille, condamnant aux intérêts de terre depuis la demeure les hoirs de Pierre Evesque, capitaine du vaisseau *la Marie-Fortunée*.

Du 17 juin 1743, arrêt du Parlement d'Aix confirmant cette sentence.

Du 21 janvier 1750, sentence de Marseille, condamnant aux intérêts de terre, depuis leur arrivée à Bordeaux, Mathieu David, capitaine, et François Isnard, capitaine en second, de la pinque *la Vierge de Caderot*.

Du 13 mars 1750, sentence de Marseille, condamnant aux intérêts de terre, depuis le risque fini, Balthazard Brusquo et Jérôme Ferro, officiers d'une felouque.

Du 30 juin 1761, arrêt d'Aix, condamnant aux intérêts de terre Jean-Baptiste Margerol, commandant en second de la pinque *la Vierge de la Garde*.

Enfin, de janvier 1779, sentence de Marseille, condamnant aux intérêts de terre Pierre Rathier, capitaine en second du navire *la Marie-Élisabeth*.

Lors de la rédaction du Code de commerce, on réclama une disposition formelle, qui fit cesser les controverses sur ce point. Le conseil de commerce de Cologne proposait de dire « que le créancier peut demander les intérêts depuis le jour que les risques ont cessé, jusqu'au jour où il est remboursé de ses avances, et que ces intérêts seraient calculés, non pas d'après ceux stipulés dans le contrat à la grosse, mais simplement sur le pied qui s'observe dans les contrats à usure où il n'y a point de risques, les effets devant cesser avec la cause. » La Cour de Rennes proposait l'article suivant : « L'intérêt de terre de la somme prêtée court de plein droit du jour de la cessation du risque. En aucun cas le profit maritime ne produit intérêt. »

Aucune de ces propositions ne fut admise, et le Code étant muet comme l'Ordonnance sur notre question, elle est encore discutée aujourd'hui. Pardessus et Delvincourt ne font courir l'intérêt de terre de la somme prêtée que du jour de la demande, à moins de stipulation contraire. C'est la reproduction de l'opinion de Pothier. D'autres ont modifié la décision de ce jurisconsulte, en se contentant d'un protêt ou d'une sommation simple. (Marseille, 16 mai 1832 ; J. M. 13, 1, 177.) M. Cresp combat ce moyen terme, avec juste raison, dans une note sur ce jugement de 1832. « Mauvaise décision, dit-il. On la concevrait si le billet de grosse eût été à ordre. Alors le tiers porteur eût dû à l'échéance demander son paiement et faire protester, pour exercer son recours contre ses endosseurs. Mais ici, rien de pareil, le billet n'étant pas à ordre, et c'était le prêteur lui-même qui, à l'échéance, en était porteur. N'ayant point de recours à exercer, il n'avait point de protêt à faire contre son débiteur direct. Le jugement objecte, il est vrai, qu'il faut bien que le porteur se présente et justifie s'être présenté, pour donner cours à l'intérêt de terre. Mais il n'en serait ainsi que tout autant que l'intérêt de terre ne courrait pas de plein droit. D'ailleurs il n'est pas toujours aisé de se présenter au lieu du paiement, souvent éloigné, juste au moment de l'exigibilité. Le débiteur a un moyen facile de se soustraire à l'intérêt, c'est de consigner. »

Suivant nous, les intérêts du capital doivent courir de plein droit du jour de la cessation des risques. Cette opinion est fondée sur l'usage constant du commerce, auquel l'art. 1153 du Code civil n'entend pas déroger. On ne voit pas, en outre, de bonne raison pour priver le prêteur de la jouissance de son capital pendant un certain temps, et pour en faire profiter le preneur, qui est en faute lorsqu'il n'a pas effectué le paiement au moment où le risque prend fin.

Quant au change maritime, Pardessus et Delvincourt n'admettent pas qu'il puisse porter intérêt, même du jour de la demande en justice.

L'opinion contraire nous semble préférable, et nous ferons produire intérêt au change maritime par l'effet d'une demande en justice ou d'une convention spéciale.

On ne peut pas, en effet, considérer le profit maritime comme étant simplement l'intérêt de la somme prêtée. Il y à bien un peu de cela dans le profit, mais il est avant tout et surtout le prix du risque, qui devient un véritable capital acquis dès que les risques ont pris fin.

SECTION III

DE LA PREUVE DU CHARGÉ

Le prêt à la grosse n'étant parfait que par l'existence d'un gage réel et certain, soumis à des risques maritimes, il fallait permettre au prêteur, en cas de sinistre qui doit libérer l'emprunteur de son obligation, d'exiger de celui-ci qu'il prouve qu'il avait mis réellement en risque des objets pour une valeur égale à la somme prêtée. C'est là l'objet de l'article 329, qui dispose en ces termes : « Celui qui emprunte à la grosse sur des marchandises, n'est point libéré par la perte du navire et du chargement, s'il ne justifie qu'il y avait, pour son compte, des effets jusqu'à la concurrence de la somme empruntée. »

Cette disposition est en quelque sorte le corollaire des articles 316 et 317, que nous avons étudiés quand nous nous sommes occupés du ristourne, et qui prévoient le cas où le preneur n'a pu ou n'a voulu faire qu'un paiement partiel. Ce qu'il y a de particulier dans le cas de l'art. 329, c'est que le sinistre s'est réalisé ; le preneur se prétend alors libéré de son engagement, mais le prêteur alléguant le défaut de chargement, l'emprunteur est obligé d'en établir l'existence. Il est tout naturel que ce dernier, qui doit, à peine de nullité totale ou partielle du contrat, charger des marchandises sur le navire pour une valeur au moins égale à la somme empruntée, soit astreint à fournir lui-même la preuve de l'accomplissement de cette condition.

La disposition de l'art. 329 est relative surtout aux prêts sur marchandises. Quant à un navire sur lequel le prêt aurait été fait, c'est un objet tel que son existence n'a pas besoin de preuves. Le fait d'avoir commencé le voyage et le sinistre lui-même en constituent de suffisantes. La difficulté ne pourrait s'élever que sur sa valeur, qu'on établirait par des documents tels que contrats d'achats ou évaluations se trouvant dans des actes antérieurs.

Émérigon cite un exemple assez curieux de navires n'ayant jamais existé. Un nommé Colvorty, négociant à Exon, en Angleterre, ayant fait des offres de service à Besson et fils, de Marseille, ceux-ci le chargèrent d'acheter du blé pour leur compte. Il leur donna avis que le blé était chargé sur tels et tels navires, leur envoya des connaissements, des factures et autres pièces justificatives, et tira sur eux, pour ses débours, des lettres de change qui furent payées. Mais tout était faux; les navires et le blé n'arrivèrent pas et Colvorty prit la fuite.

« On ne se serait pas attendu, dit Émérigon, que l'on supposât des navires qui n'eussent jamais existé; mais il suffit que ce cas, quelque extraordinaire qu'il soit, puisse arriver pour que nos négociants soient attentifs à se précautionner contre ce nouveau genre de fraude. » (T. 1, p. 306.)

Lorsqu'on a emprunté une somme destinée à subvenir aux besoins du navire pendant le voyage, le preneur n'est libéré en cas de perte, que s'il prouve que la somme a été embarquée et se trouvait réellement à bord au moment du sinistre.

La preuve qu'il y a eu réellement des marchandises chargées à bord résultera des connaissements, et à leur défaut ou en cas d'irrégularité, des expéditions de douane, du manifeste de sortie, des déclarations du capitaine et de l'équipage, en un mot de toute preuve écrite ou orale jugée concluante pour les tribunaux.

Outre la preuve de la quantité des espèces et de leur chargement à bord, il faut encore justifier de leur valeur. Si les parties ont d'avance évalué les choses affectées, cette évaluation conventionnelle dispense le preneur de toute justification à cet égard. Ainsi, si l'on a emprunté 1,000 fr. sur dix barriques de vin évaluées à 100 fr. l'une, et qu'on ait prouvé qu'elles se trouvaient réellement à bord au moment du sinistre, l'évaluation sera présumée exacte jusqu'à preuve contraire. Mais si la valeur des marchandises n'est pas fixée par le contrat, elle pourra être justifiée par les factures ou par les livres. A défaut, l'estimation en sera faite conformément à la règle de l'art. 339 C. com., c'est-à-dire suivant le prix courant au lieu et au temps du chargement, y compris tous les droits payés et les frais faits jusqu'à bord.

Le prêteur pourra toujours demander à faire la preuve contraire, et devra être autorisé à établir, soit qu'il n'y a pas eu chargement, soit que les objets chargés d'abord n'étaient plus à bord au moment du sinistre.

Dans la première hypothèse, au cas de défaut absolu de chargement, le prêt à la grosse est nul par la rupture du voyage, qui est toujours facultative pour l'emprunteur tant que le risque n'a pas commencé à courir.

Dans la seconde hypothèse, s'il y a eu déchargement au cours de voyage, les marchandises qui en ont fait l'objet sont considérées comme sauvées, et leur valeur répondrait non-seulement du capital prêté, mais encore du profit maritime. Par cette conduite, le prêteur, renonçant au voyage projeté après le risque commencé, a rendu le prêt exigible; il ne pourrait donc être libéré par un sinistre postérieur.

Il peut arriver que, la perte arrivée, le preneur ne puisse justifier du chargement que d'une fraction de la somme prêtée, d'une moitié, d'un tiers. La responsabilité du prêteur sera alors bornée à cette valeur, comme le faisait déjà remarquer Valin, (sur l'art. 14) : « S'il y a eu chargement, mais de moitié seulement, l'obligation de grosse sera éteinte alors pour moitié, et l'autre moitié sera sujette à remboursement avec le change. » C'est, comme on le voit, l'application de l'art. 317 sur la réduction du contrat et le remboursement de l'excédant. Que si le chargement incomplet provenait de la fraude de l'emprunteur, ce serait alors l'art. 316 qui s'appliquerait; le prêteur pourrait faire annuler le contrat, et, même en cas de sinistre, se faire rembourser son capital, avec intérêt au cours de la place.

Nous devons faire remarquer en terminant que, à la différence du bénéfice de l'art. 316, qui ne peut être réclamé que par le prêteur et ses ayants-cause, la nullité pour défaut absolu de chargement peut être demandée même par le preneur. Le défaut absolu de chargement faisant disparaître tout risque, le juste équivalent du profit maritime n'a jamais existé, et ce profit ne saurait dès lors être acquis. Le défaut de chargement est, il est vrai, le fait unique du preneur; mais tout ce qu'on peut lui reprocher, c'est la rupture volontaire du voyage, ce qu'il a incontestablement le droit de faire.

CHAPITRE VIII

DES EFFETS DU CONTRAT A LA GROSSE
VIS-A-VIS DU PRÊTEUR

Pour étudier les effets du contrat à la grosse vis-à-vis du prêteur, il faut distinguer suivant que le navire a fait une heureuse arrivée, ou que, au contraire, il a supporté des fortunes de mer.

Lorsque le navire est arrivé au lieu de destination, ou si le prêt a été fait pour un temps convenu, le délai est expiré, ou encore si les risques ont cessé par le fait de l'emprunteur qui a transbordé sans nécessité les objets affectés sur un autre navire, ou qui a changé volontairement de route, les risques sont terminés pour le donneur, qui peut exiger le paiement du capital qu'il a prêté et du profit maritime convenu.

Mais il peut arriver que, pendant le temps des risques, les objets affectés subissent des accidents de mer qui les détériorent ou même les détruisent en tout ou en partie. Les droits du prêteur se trouveront alors amoindris, ou même entièrement supprimés. Les sinistres maritimes n'ayant pas tous la même gravité, n'influeront pas de la même manière sur les droits du prêteur à la grosse, qui subiront une atteinte différente, suivant que la perte des objets affectés sera totale ou partielle, ou qu'ils auront seulement supporté des avaries.

SECTION I

PERTE TOTALE

En cas de perte totale des objets affectés au prêt, le preneur est totalement libéré, et le prêteur se trouve perdre le capital qu'il avait prêté.

C'est ce qu'exprimait l'Ordonnance de 1681, art. 11 : « Tous contrats à la grosse demeureront nuls par la perte entière des objets sur lesquels on a prêté. »

Cet article fut l'objet des critiques de Valin et d'Émérigon, qui, tout en approuvant la disposition en elle-même, trouvaient les expressions dont on s'était servi pour la formuler impropres et forcées. Les contrats, disaient-ils, ne sont pas et ne demeurent pas nuls ; en eux-mêmes, ils étaient et n'ont pas cessé d'être existants et valides ; seulement il y a pour ces contrats impuissance d'avoir effet, ce qu'on appelle en droit caducité, et cela attendu la défaillance de la condition qui seule, en se réalisant, aurait pu leur donner force d'exécution.

Le Code de commerce, en admettant une disposition semblable à celle de l'Ordonnance, l'a formulée en d'autres termes : Si les effets sur lesquels le prêt à la grosse a eu lieu sont entièrement perdus, et que la perte soit arrivée par cas fortuit, dans le temps et dans le lieu des risques, la somme prêtée ne peut être réclamée. (Art. 325.)

La perte totale pourra provenir du naufrage, de l'échouement ou de la prise. En ce dernier cas, les droits respectifs du prêteur et du preneur sont en suspens jusqu'à ce qu'on ait statué sur la validité de la prise. Si elle est déclarée bonne, le preneur est absolument libéré. Si, au contraire, elle est annulée en tout ou en partie, le contrat conserve ses effets relativement aux objets que le capteur devra restituer.

Pour que la perte totale soit à la charge du prêteur, il faut qu'elle soit le résultat d'un cas fortuit. Celui-ci n'en serait pas responsable si elle survenait par la faute de l'emprunteur, ou si, bien qu'arrivant par cas fortuit, elle avait été précédée d'une faute de l'emprunteur.

Doit-on assimiler à la perte totale des objets affectés au prêt les détériorations subies par fortune de mer, quand ces détériorations réduisent leur valeur des trois quarts, par application de l'art. 369, C. com., qui permet en ce cas à l'assuré de se libérer en faisant délaissement à son assureur? Et doit-on appliquer la règle lorsque la détérioration de plus des trois quarts provient d'avaries particulières, et que le prêteur avait stipulé la clause franc d'avaries?

Ces questions ont été résolues dans le sens de l'affirmative par un célèbre arrêt de la Cour d'Aix, du 5 décembre 1827, confirmant un jugement de Marseille du 26 juillet 1827. Cet arrêt est précieux en ce qu'il dégage le véritable intérêt de la question, qui a surtout de l'importance entre le prêteur et l'assureur avec lequel il aura traité pour son capital prêté.

Voici l'espèce: En 1825, Fesquet prête à la grosse à Charpentier et Barbier, l'un propriétaire et l'autre capitaine du brick *Marie-Zoé*, 3,000 fr. pour un voyage de Marseille à la Guadeloupe et retour. Il est convenu que le prêteur sera franc d'avaries. Fournier assure le capital de ce prêt.

Le navire part de Marseille, mais une tempête lui ayant occasionné de grands dommages, obligea de relâcher à Alicante. Le capitaine, faute de moyens pour payer les réparations faites au navire, obtint du Consul de France l'autorisation d'emprunter à la grosse 15,000 fr., sur les corps et cargaison de la *Marie-Zoé*. A son arrivée à la Guadeloupe, le navire est vendu aux enchères publiques, sur la poursuite du porteur du billet de grosse souscrit à Alicante; le prix de la vente ne s'élève qu'à 6,000 fr. Fresquet, qui avait prêté 3,000 fr. à la grosse, et qui avait fait assurer ce capital, fait signifier à Fournier délaissement du billet à la grosse et des droits qui y étaient attachés, et l'assigne devant le tribunal de commerce, à fins de validité et de condamnation.

Celui-ci soutient que l'action du prêteur sur l'emprunteur à la grosse n'est point éteinte, et que, dès lors, la condition qui devait faire naître son obligation comme assureur, ne s'est pas réalisée. Il est constant, dit-il, que le navire *Marie-Zoé* n'a éprouvé, dans le cours de sa navigation, que des avaries particulières. Or le prêteur, étant franc d'avaries, d'après sa convention, est étranger aux événements.

En second lieu, suivant l'art. 325, l'emprunteur n'est libéré envers le prêteur à la grosse, qu'autant que les effets sur lesquels le prêt a eu lieu sont entièrement perdus. Or, le navire *Marie-Zoé* n'a point péri; donc Fresquet conservant tous ses droits contre l'emprunteur n'a point d'action contre l'assureur.

Dira-t-on que dans l'espèce, les avaries excédant les trois quarts, l'événement se convertit en sinistre majeur, aux termes des art. 369 et 409 C. com. ? Mais ces articles n'ont trait qu'aux contrats d'assurance, car, outre qu'ils sont placés au titre des assurances, l'article 325, au titre des contrats à la grosse, renferme une disposition absolument divergente, et qui exclut toute idée de sinistre, à l'égard du prêteur, dès que la perte n'est pas entière ou matérielle, comme dans l'espèce.

Ce système de l'assureur fut condamné, et avec raison, par le Tribunal de commerce de Marseille d'abord, et, définitivement, par la Cour d'Aix. L'interprétation qu'il donne de l'art. 325, est insoutenable. Rien, dans cet article, ne peut faire penser qu'il ne vise que le cas de perte matérielle; tout ce qu'il dit, c'est que le preneur est absolument libéré par la perte entière des objets. Cette perte totale est sa décharge pleine et entière.

Mais s'il n'y a que perte partielle, l'emprunteur reste débiteur jusqu'à concurrence des effets restants, et ne pourra être libéré qu'en abandonnant cette valeur. Quant au prêteur, qui a fait assurer le prêt, on ne saurait l'empêcher de faire le délaissement. De lui à l'assureur, l'application de l'art. 327 est incontestable.

Quant à la clause *franc d'avaries*, il est vrai qu'elle exonère le prêteur des avaries particulières. Mais on ne saurait faire rentrer dans cette classe, d'après l'art. 409 C. com., celles qui donnent ouverture au délaissement, et qui constituent de véritables sinistres majeurs, auxquels la clause *franc d'avaries* n'est pas applicable.

Le même arrêt de 1827 a jugé qu'il fallait faire entrer en ligne de compte, pour reconnaître s'il y a ou non perte des trois quarts, les dépenses qui sont la suite directe et immédiate des fortunes de mer, aussi bien que le dommage matériel. Ainsi on devrait tenir compte des frais de déchargement et de séjour pour mettre le bâtiment en état de continuer sa route, l'achat de nouvelles victuailles, lorsqu'un événement de mer a emporté ou fait corrompre les anciennes, etc.

SECTION II

PERTE PARTIELLE

Lorsque les objets affectés au prêt ne sont perdus qu'en partie, l'art. 327 dispose que le paiement des sommes empruntées est réduit à la valeur des effets sauvés et affectés au contrat, déduction faite des frais de sauvetage. Cet article ne parle que du cas de naufrage, mais il n'entend donner par là qu'un exemple. La disposition s'appliquera toutes les fois qu'une partie des objets affectés au prêt a péri par suite d'un événement constituant une fortune de mer.

L'Ordonnance ne disposait pas dans les mêmes termes que l'art. 327. « Seront toutefois, disait l'art. 17, en cas de naufrage, les contrats réduits à la valeur des effets sauvés. »

Des termes de cet article, on pouvait conclure que réduire les contrats, c'était comprendre toutes les obligations qu'ils renfermaient, l'obligation de rendre la somme prêtée et celle de payer le profit maritime. La partie du contrat relative aux effets perdus s'anéantissait, et on n'accordait le profit maritime qu'en proportion du sauvetage.

Les rédacteurs du Code, ne voulant pas qu'on pût admettre une pareille rédaction, parlèrent dans l'art. 327 de la réduction non pas du *contrat*, mais du *paiement* des sommes prêtées à la grosse. Le contrat ne subit aucune réduction, aucune modification ; la perte partielle ne porte atteinte qu'au paiement, qui ne peut plus être exigé que sur la valeur des effets sauvés, l'étendue de cette valeur déterminant celle du paiement lui-même.

Le capital prêté et le profit maritime sont dus sur ce qui reste des objets affectés au prêt. Si, après que le prêteur s'est remboursé de son capital, il reste encore quelque chose des objets affectés, le prêteur se fera payer là-dessus ce qu'il *pourra* de son profit maritime. Mais si les effets sauvés sont d'une valeur égale ou inférieure au montant du prêt, le prêteur supportera la perte du profit maritime, et de la partie de son capital restée à découvert, sans pouvoir recourir en aucune manière contre son emprunteur, car l'action personnelle qu'il avait contre lui est éteinte, et il ne lui reste qu'une action réelle à exercer sur les objets sauvés.

Le prêteur pourra réclamer la portion sauvée de toute personne, quelle qu'elle soit, qui en aura fait le recouvrement et qui lui en devra compte, comme ayant été son *negotiorum gestor*. Si c'était le preneur lui-même qui eût recouvré les effets sauvés, ou s'il s'était rendu coupable de faute ou de négligence pour la conservation des débris, le prêteur aurait alors action contre lui, non plus en vertu du contrat à la grosse, mais en vertu des règles du mandat ou de la gestion d'affaires.

Il faudra, pour établir la valeur des effets sauvés, commencer par déduire les frais de sauvetage, de garde ou de magasinage des objets, qui doivent être payés avant toutes autres créances. On devrait aussi faire déduction du fret, si le prêt était fait sur tout ou partie du chargement, car le transport étant supposé avoir donné une valeur plus grande à la chose, il est de toute équité que ceux qui en ont été les agents soient préférés à ceux dont l'argent n'a fait que créer ou procurer cette chose, avec la valeur primitive qu'elle avait avant le départ. Mais si les deniers à la grosse avaient été donnés sur le corps et quille du navire, le privilége du donneur embrasserait non seulement les débris du navire, mais encore le fret des marchandises sauvées.

Lorsque, par suite du naufrage ou de l'innavigabilité du navire, les marchandises ont été mises à terre, et qu'il est impossible de se procurer un autre navire pour les y transborder et les rendre à destination, il y a rupture forcée du voyage, et le prêteur n'a de droit que sur les effets affectés au prêt qui ont été mis à terre, et qu'on considère comme objets sauvés.

Mais si le preneur a pu trouver un autre navire et y charger les effets, ce changement forcé ne termine pas les risques, qui continuent à courir à la charge du prêteur.

Enfin, s'il y a possibilité d'avoir un autre navire, mais que le preneur ne veuille pas y charger ses marchandises, et préfère en disposer sur les lieux où elles ont été débarquées, il y a rupture volontaire du voyage par le preneur, qui abrège ainsi les risques du donneur. Le contrat devra avoir son plein et entier effet, et le capital prêté et le change maritime seront dus au prêteur.

Émérigon donnait les mêmes solutions, et il rapporte sur cette question un arrêt du Parlement d'Aix, du 30 juin 1768, rendu dans l'espèce suivante : Un sieur Margerel, capitaine en second de la pinque *la Vierge de la Garde*, reçut, en 1758, du nommé Armelin, six douzaines de peaux de maroquin, pour raison de quoi il fut dressé un billet de grosse. La pinque arriva à Cayenne, où Margerel débarqua sa pacotille. Le navire fut ensuite déclaré innavigable.

Armelin demanda le paiement de son billet de grosse. Margerel répondit qu'il ne s'était obligé à payer le capital et le change maritime qu'à son heureux retour, et que l'innavigabilité du navire l'avait réduit à convertir les effets en papiers royaux, tombés depuis en discrédit. Il ajoutait qu'il n'avait pu trouver aucun navire où il pût charger en retrait des denrées du pays.

Le Parlement d'Aix condamna Margerel à payer le capital et

l'entier change, non en argent, mais bien dans les mêmes billets provenus de sa vente.

« Par où il fût décidé, observe Émérigon, que le défaut du retour de la pinque, occasionné par cas fortuit, avait rompu le contrat à la grosse, et que dès lors Margerel était devenu le facteur et le mandataire légal d'Armelin, au sujet des effets débarqués à terre. Mais si le preneur, pouvant charger ses effets ou leurs retraits dans un autre navire, aime mieux en disposer sur les lieux, dès lors il rompt volontairement le voyage, et il doit payer au donneur le capital et l'entier change maritime. » (T. 2. p. 551 et 552.)

Nous savons que lorsqu'une chose est affectée à un prêt à la grosse, et qu'elle est d'une valeur supérieure au montant de la somme empruntée, le preneur peut disposer de cet excédant de valeur et en faire l'objet d'une assurance ou d'un nouveau contrat à la grosse. En supposant une cargaison de 40,000 fr., l'emprunteur, qui a pris dessus 20,000 fr. à la grosse, peut faire assurer les 20,000 fr. restants. En pareil cas, s'il survient un sinistre, quels seront les droits respectifs du prêteur et de l'assureur sur les objets sauvés ?

L'art. 331 dispose : « S'il y a contrat à la grosse et assurance sur le même navire ou sur le même chargement, le produit des effets sauvés du naufrage est partagé entre le prêteur à la grosse, pour son capital seulement, et l'assureur, pour les sommes assurées, au marc le franc de leur intérêt respectif, sans préjudice des privilèges établis à l'article 191. »

La décision de l'Ordonnance sur ce point était différente. L'article 18, l. III, t. v, donnait la préférence au donneur sur l'assureur. Cette décision paraissait profondément injuste à Valin, qui consulta à ce sujet Émérigon, et il s'établit entre les deux savants jurisconsultes une controverse par lettres, que nous allons rapporter, car elle est pleine d'intérêt.

Émérigon répondit à Valin dans une lettre du 5 juillet 1755 : « Le principe est que par le moyen de l'abandon l'assureur est mis à la place de l'assuré ; il le représente et il n'a pas plus de droits que lui sur des objets sauvés.

» Or, l'assuré (respectivement preneur) ne pourrait pas venir en concours avec le donneur, suivant la règle du droit qui nous apprend que le créancier et le débiteur ne viennent jamais en concours, et que le créancier est préféré même à celui qui a été subrogé à son hypothèque pour la partie du prix déjà payée.

» Donc que l'assureur qui est simplement subrogé à l'assuré, qui tient sa place et qui le représente, ne doit point venir en concours avec le donneur qui est un créancier qui ne peut être privé de sa créance que par la perte de la chose.

» Il y a plus, les deniers donnés à la grosse donnent l'être à la chose, et sont infiniment plus favorables que l'assurance, qui est *simplex assumptio periculi*. Ainsi, le donneur trouvant des effets sauvés du naufrage qui forment en quelque manière son propre bien, doit être préféré à l'assureur, lequel ne peut toucher aux effets qu'en vertu de l'abandon et comme représentant l'assuré.

» En un mot, la loi l'établit de la sorte, peut-être encore parce que le contrat est infiniment plus utile au commerce que la simple assurance. »

Valin répondit à ces raisons, le 22 du même mois : « J'ai si bien compris, Monsieur, que l'assureur n'avait pas plus de droit que l'assuré, que j'ai soutenu que le droit du preneur à la grosse serait le même quand il n'aurait pas fait assurer, en considérant alors le preneur comme étant son propre assureur.

« Le créancier et le débiteur, dites-vous, Monsieur, ne viennent jamais en concours, et le créancier est préféré même pour le reste de son dû, à un tiers qui lui en a payé une partie quoique avec subrogation.

» Cela est vrai, *in eodem subjecto*, à moins que le créancier n'ait consenti volontairement la subrogation sans réserve de préférence. Mais cela n'a pas d'application à l'espèce, où il s'agit d'un prêt à la grosse sur un chargement plus considérable que la somme empruntée, et d'un navire qui a fait naufrage. Alors toute idée de créancier et de débiteur en concours s'évanouit, et *sauve qui peut*. Le prêt à la grosse n'a plus d'effet que pour donner droit au prêteur de réclamer les effets assujettis à son contrat et jusqu'à concurrence seulement.

» Or, dans l'espèce proposée d'un chargement de 20,000 liv. sur lequel il n'y a qu'une somme de 10,000 liv. prise à la grosse, peut-on supposer que les 20,000 liv. en entier soient affectées au prêt et que ce prêt ait donné l'être à la chose, de manière que le prêteur soit fondé à dire que les 20,000 liv. sont son propre bien ? Cela n'est vrai réellement, ou par fiction, que jusqu'à concurrence de sa somme de 10,000 liv. C'est donc le cas de ne l'admettre à réclamer les effets sauvés de ce chargement de 20,000 liv. que pour moitié, puisque ce n'est que cette moitié qui est censée lui appartenir, et que l'autre moitié ne lui doit rien. Autrement il s'ensuivrait que si du naufrage on sauvait la moitié du chargement, il ne supporterait aucune portion de la perte contre la nature de son contrat qui le soumet aux risques et périls de la mer.

» Pourquoi serait-il de meilleure condition dans l'espèce que si le chargeur eût emprunté à la grosse, sur le même chargement, une autre somme de 10,000 liv., pour ne courir aucun risque ? Dans ce cas, la contribution sur les effets sauvés du naufrage ferait-elle aucune difficulté entre les deux donneurs à la grosse ? Or, que le chargeur, au lieu d'obliger à la grosse cette autre moitié du chargement, l'ait fait assurer ou qu'il en ait pris les risques sur lui, n'est-ce pas la même chose ?

» L'article de l'Ordonnance qui donne la préférence au prêteur à la grosse ne serait donc pas réfléchi, s'il fallait appliquer sa disposition à un chargement plus considérable que le prêt ; car enfin, ce prêteur n'a aucun droit acquis sur la portion excédante ; autrement l'emprunteur serait bien mal avisé s'il chargeait au-delà de la valeur de la somme, puisque dans ce cas tout le péril serait pour lui à la décharge du donneur à la grosse.

» Vous voyez, Monsieur, qu'il n'est plus même question ici de l'assureur en concours avec le prêteur à la grosse. Que sera-ce donc si l'on fait attention à la faveur que mérite le contrat d'assurance ? L'Ordonnance a décidé que le donneur à la grosse était préférable à l'assureur, mais est-ce dans l'espèce proposée ? En ce cas, c'est ce dont je me plains d'autant plus que le contrat de grosse, loin d'être aussi utile au commerce que l'assurance, en est au contraire la ruine. Aussi, quand nous voyons ici un armateur prendre fréquemment de l'argent à la grosse, nous en concluons qu'il est près de manquer, parce qu'en effet les profits maritimes doivent l'écraser. Au lieu que l'assurance, dont la prime n'est rien en comparaison, prime encore qu'il ne paie qu'au retour du navire, est une précaution de sa part qui annonce qu'il fait le commerce avec prudence et sagesse.

» L'assurance est *simplex assumptio periculi ;* mais le prêt à la grosse est-il autre chose de sa nature ? La différence que je trouve entre les deux contrats est que, sans assurance, on ne saurait entreprendre un grand commerce, et qu'avec le prêt à la grosse, on ne pourrait le continuer deux ou trois ans ; parce que l'intérêt maritime enlève nécessairement tous les profits, et, le plus souvent, entame le capital. »

Valin finissait en demandant à Émérigon s'il avait d'autres objections à lui proposer, attendu que c'était là un point d'une extrême conséquence, et qui méritait un éclaircissement entier.

Émérigon répondit le 10 septembre suivant : « Qu'ayant proposé la question au Tribunal de l'Amirauté, l'avis unanime avait été que l'art. 18 avait eu pour fondement unique la faveur du commerce ; que c'est l'argent donné à la grosse qui procure les armements et les chargements, et qui facilite la navigation ; que c'est la raison pour laquelle on a donné à de pareils contrats un si grand privilège. (1) »

A mesure que le contrat d'assurance prit de l'extension, on trouva que l'article 18 de l'Ordonnance sacrifiait trop l'assureur au prêteur, et de nombreuses réclamations s'élevèrent, lors du projet de Code de commerce, contre le premier rang donné au prêteur sur les effets sauvés.

Le Tribunal du Havre, entre autres, s'exprimait ainsi :

« Il est aujourd'hui reconnu que le contrat à la grosse, quelquefois utile, est le plus souvent ruineux et funeste au commerce, tandis que le contrat d'assurance est de tous les contrats maritimes, le plus utile, le plus nécessaire même à la prospérité, à l'extension de la navigation, qui, sans ce contrat, serait nécessairement restreinte dans les bornes les plus étroites. » Et l'orateur du gouvernement semblait partager ces idées, lorsqu'il disait : « Le système des assurances s'étant amélioré depuis 1681, les rapports ont entièrement changé. Il serait actuellement impossible qu'un grand commerce subsistât sans assurances ; il serait impossible qu'il subsistât longtemps avec les contrats à la grosse. La raison de la préférence accordée à cette dernière espèce de contrat a donc cessé, et il a fallu rentrer, par une

(1) Voir Valin, **Commentaire de l'art. 18 du livre III, tit. 5.**

route presque opposée, dans ce même système d'équité que l'Ordonnance avait établi sous des rapports différents. »

C'est pour donner satisfaction à ces idées que fut rédigé l'art. 331, qui introduisit un droit nouveau, mais qui ne l'a fait qu'à titre d'exception et par faveur spéciale pour les assureurs, qu'on appelle à concourir avec le prêteur sur les objets sauvés. Le concours aura lieu au marc le franc ; le prêteur ne pourra venir que pour son capital seulement et l'assureur, pour le montant des sommes assurées.

L'art. 331 ajoute : sans préjudice des privilèges établis par l'art. 191. Cet article énumère les différents privilèges qui peuvent exister sur un navire et l'ordre dans lequel ils doivent être classés. La disposition finale de l'art. 331 signifie d'abord que la contribution ne se fait qu'après l'exercice des privilèges qui passent avant celui du donneur à la grosse et de l'assureur. Mais elle a un autre but, qui nous est indiqué par la discussion législative de notre article : c'est d'excepter du concours le prêt fait au capitaine pendant le cours du voyage. Celui qui a prêté ainsi dans une relâche *censetur salvam fecisse pignoris causam*, et est considéré comme ayant prêté en réalité aux assureurs eux-mêmes. Il est donc juste qu'il leur soit préféré, et il en sera payé avant eux sur le produit du sauvetage, non seulement de son capital, mais encore du profit maritime.

Nous devons faire observer, en terminant l'étude de l'article 331, que la règle qu'il a introduite a reçu une grave atteinte de la loi de 1874, sur l'hypothèque maritime, qui, dans son art. 27, supprime le privilège du prêteur à la grosse avant le départ, en ce qui regarde le prêt sur corps. Lors donc qu'il s'agit d'un prêt fait sur le navire, il faut distinguer deux hypothèses : s'il a été fait en cours de navigation, la réserve que nous avons indiquée comme résultant de l'art. 331 *in fine* s'appliquera, et le prêteur primera l'assureur ; s'il a été fait, au contraire, avant le départ, le prêteur n'ayant plus de privilège, mais seulement une simple hypothèque, dans le cas où il l'aura stipulée, sera primé par l'assureur.

Mais il va sans dire que ces modifications ne touchent que le prêt sur corps, et que rien n'est changé aux anciens principes touchant les prêts sur facultés.

Il arrivera fréquemment que la valeur de la chose affectée sera supérieure au montant de la somme prêtée. Si l'emprunteur n'a engagé qu'une partie déterminée de la chose, le tiers, la moitié, le prêteur n'aura de droits que sur cette partie, et ne pourra rien prétendre sur la partie réservée. Il y aura lieu, en cas de perte partielle, à contribution entre le preneur et le donneur, chacun en proportion de son intérêt au chargement. Si nous supposons, par exemple, un chargement de 50,000 fr., dont la moitié a été affectée au prêt ; si, après le sinistre, il ne reste que 10,000 fr. d'effets sauvés, ils seront partagés par moitié entre le prêteur et l'emprunteur. Pourquoi, en effet, la moitié appartenant à l'emprunteur serait-elle censée avoir péri plutôt que la moitié qui est seule affectée à la créance du prêteur ?

Mais il peut arriver que, bien que le montant du prêt soit inférieur à la valeur du chargement, on n'ait fait aucune restriction, qu'on se soit borné à dire qu'on empruntait sur la chose, sans limiter l'affectation à telle ou telle partie de la chose. Que décider en ce cas ? Le prêteur peut-il agir sur la totalité du chargement, ou doit-il entrer en contribution avec le preneur, qui sera réputé n'avoir voulu affecter la chose qu'en proportion de la somme prêtée, c'est-à-dire pour la moitié ou les deux tiers, si cette moitié ou les deux tiers équivalent à la somme prêtée. Par exemple, celui qui a prêté 1,000 fr. sur un chargement de

3,000 fr., pourra-t-il, en cas de perte des deux tiers du chargement, réclamer la totalité ou seulement le tiers de son capital?

En d'autres termes, l'affectation au prêt n'est-elle, en principe, et sauf convention contraire, que proportionnelle?

C'est là une des questions les plus importantes et les plus discutées de notre matière, et les auteurs les plus considérables en matière de droit commercial sont partagés sur la solution qu'on doit en donner, les uns tenant pour le concours entre le prêteur et l'emprunteur, les autres refusant au preneur tout concours, et ne lui permettant de toucher aux effets sauvés qu'après que le prêteur s'est payé (1).

Valin se prononçait pour le concours, en appliquant au prêt à la grosse les dispositions de rigueur en matière d'assurance, où les objets ne sont affectés que proportionnellement à ce qu'est la somme assurée par rapport à la valeur totale de la chose. Ainsi, si l'on a assuré 15,000 fr. sur un chargement qui en vaut 30,000, l'assurance ne s'applique qu'à la moitié de la chose, l'autre moitié est aux risques du chargeur qui est son propre assureur pour cette moitié. Valin proposait d'admettre la même solution pour le prêt à la grosse, et voulait (en substituant un prêt à l'assurance dans notre exemple) que, le chargement ayant péri, la perte fût pour le compte commun du prêteur et

(1) Pour le concours : Valin, sur l'art. 18, t. II, p. 21 ; Delvincourt, t. II, p. 322 et ss.; Fremery, p. 254 et ss.; Bressoles. p. 15 et ss.; Cresp, t. II, p. 362 et ss.

Contre le concours : Pothier, n° 49; Émérigon, ch. XI, sect. 2, § 3; Locré, sur l'art. 327, p. 381 ; Boulay-Paty, conf. sur Émérigon, p. 577 ; Pardessus, t. III, p. 527, n° 924 ; Bédarride, n° 960 et ss.; Aix, 19 novembre 1830; Marseille, 19 juillet 1841, (J. M. 11, 1, 253; 20, 1, 301.)

La question est traitée d'une manière très intéressante et très complète dans une brochure de M. L. M. de Valroger, intitulée : *Questions sur le prêt à la grosse*, extraite de la Revue critique de législation et de jurisprudence.

de l'emprunteur, intéressés dans le chargement chacun pour moitié, et que ce qui avait été sauvé se partageât entre eux dans cette proportion.

Pothier et Émérigon tenaient pour l'avis contraire : « Lorsque, disait Pothier (n° 49), on fait assurer une certaine somme sur un chargement d'une valeur plus considérable que n'est la somme assurée, par exemple, lorsque sur un chargement de 20,000 fr. on fait assurer une somme de 15,000 fr., on ne peut pas dire que le chargement soit assuré pour le total ; cela impliquerait contradiction ; il ne l'est que pour les trois quarts, et comme il est fait indéterminément, et non sur aucun des effets du chargement plutôt que sur d'autres, chacun des effets du chargement est assuré pour les trois quarts : donc le délaissement n'en doit être fait que pour les trois quarts, l'assuré n'étant tenu de délaisser que ce qui est assuré.

« Mais lorsque sur un chargement de 20,000 fr. il a été prêté 15,000 fr. à la grosse, rien n'empêche que ce prêt ne puisse être fait sur le total du chargement..... Cette convention n'a rien qui implique contradiction, ni qui blesse la justice. L'Ordonnance, à la vérité, ne permet pas d'emprunter à la grosse sur des effets d'une moindre valeur que la somme prêtée, mais elle ne défend pas de le faire sur des effets qui soient de plus grande valeur, et de le faire sur le total desdits effets, quoique de plus grande valeur. »

L'opinion de Pothier et d'Émérigon, adoptée aujourd'hui par la majorité des auteurs, nous semble parfaitement d'accord avec les principes qui régissent notre contrat, et nous paraît avoir été consacrée par le Code. Par ces mots : affectés au contrat, on a étendu les droits du prêteur sur tous les objets affectés au prêt, et cette affectation pèse sur la totalité du gage atteint indivisiblement. D'où il suit que tout ce qui a été sauvé doit être employé à remplir le prêteur, et que le débiteur n'a rien à y prétendre tant que celui-ci n'est pas payé.

Il faudrait, pour démontrer le contraire et établir le concours entre le prêteur et l'emprunteur, que la loi eût interdit de prêter à la grosse sur des effets d'une valeur supérieure au prêt, ce qu'elle n'a pas fait. L'article 15, où se trouvent énumérés les objets sur lesquels peut être affecté un prêt à la grosse, dit en terminant qu'il peut l'être sur une partie déterminée de chacun de ces objets; et l'article 320, expliquant cette disposition, dit qu'alors le privilège a lieu dans la proportion de la quotité affectée à l'emprunt. Dire qu'on ne pourra affecter à l'emprunt qu'une partie, une quotité de la chose, n'est-ce pas clairement indiquer qu'en principe, et à défaut de convention, l'affectation portera sur la chose entière? Si de plein droit l'affectation n'était que proportionnelle, à quoi bon dire qu'elle pourra l'être ?

Si les rédacteurs du Code avaient entendu admettre le système du concours, ils auraient exigé dans l'acte d'emprunt, à côté de la somme prêtée, l'estimation de la chose affectée au prêt, car autrement on ne saurait déterminer la mesure dans laquelle la chose se trouve affectée. C'est ce qui a lieu en matière d'assurance, où la police, d'après l'article 332, doit indiquer la nature et la valeur ou l'estimation des marchandises ou objets que l'on fait assurer. Rien de semblable dans le prêt à la grosse, où l'article 311 n'exige que la désignation des objets sur lesquels le prêt est affecté, sans indication de leur valeur.

On a voulu, dans l'opinion que nous combattons, arguer de l'article 331, qui fait concourir le prêteur et l'assureur, en disant que celui qui n'emprunte que jusqu'à concurrence d'une partie de la valeur de sa chose, doit être considéré comme son propre assureur pour l'excédant, et dès lors, concourir sur le produit du sauvetage avec le prêteur.

Cet argument est repoussé par un des défenseurs mêmes du système du concours, Delvincourt. S'il est vrai, dit-il, que l'assureur représente l'assuré, puisqu'il est sa caution, on ne peut cependant disconvenir qu'il ne soit plus favorable ; la loi a voulu favoriser l'assurance, qui est un moyen vivificateur du commerce ; il ne serait donc pas exact de conclure d'un cas à un autre, ou, en d'autres termes, d'induire du concours établi par l'art. 331 entre le prêteur et l'assureur, qu'il y ait lieu d'établir un concours semblable dans l'espèce qui nous occupe entre le prêteur et l'emprunteur.

Bien plus, on peut dire que, loin de prohiber de prêter sur des objets excédant la somme prêtée, le Code le suppose dans l'article 331. En effet, si le gage ne pouvait jamais être plus considérable que la somme empruntée, il serait impossible de prévoir un concours entre prêteurs et assureurs, l'assurance contractée par l'emprunteur sur des objets déjà affectés à un prêt étant illégale et nulle.

Et, sans doute, ajoute M. Bédarride (n° 962), la chance du sauvetage s'exerçant sur une plus vaste échelle est avantageuse au prêteur, dont il amoindrit les risques, mais le produit du sauvetage n'est pas toujours en rapport avec la quantité de marchandises embarquées, et ne cesse pas d'être aléatoire dans tous les cas ; d'ailleurs, comme observe Pothier, il est permis de croire que cette chance de profit a dû être prise en considération dans la détermination du taux du profit maritime.

Il faut appliquer la règle de l'impossibilité du concours entre le prêteur et l'emprunteur même au cas où ce dernier prétendrait agir du chef d'un créancier auquel le droit de concourir n'aurait pu être contesté. C'est ce qui a été jugé par le Tribunal de Commerce de Marseille, dont le jugement fut confirmé par la Cour d'Aix. Il s'agissait d'un armateur qui avait contracté deux emprunts pour le même voyage et sur les mêmes effets. L'un de ces emprunts, payable pendant le voyage, avait été acquitté par l'armateur. Il y eut sinistre, et le preneur demanda à venir concourir sur le produit du sauvetage avec son autre prêteur, comme subrogé aux droits du prêteur qu'il avait désintéressé. Cette prétention fut repoussée, avec juste raison, et le jugement fit observer qu'on ne peut être subrogé à des droits contre soi-même ; que, dès lors, le paiement fait par le débiteur ayant entièrement et définitivement éteint la dette, il ne peut appartenir à ce débiteur de la faire revivre dans son intérêt.

En résumé, nous considérons que lorsqu'un prêt est fait sur facultés en général, le chargement, quelle qu'en soit la valeur, répond tout d'abord de la dette, et que le prêteur n'aura à concourir qu'avec les autres prêteurs, s'il en existe, ou avec les assureurs.

Celui qui emprunte à la grosse sur l'intérêt qu'il a dans le chargement de tel navire, n'est obligé de mettre des objets en risque que jusqu'à concurrence de la somme prêtée. Mais, s'il a chargé davantage, peut-il, quand le contrat l'autorise à faire échelle, décharger en route l'excédant, sans qu'en cas de perte ultérieure du navire et du chargement, il soit obligé de rembourser au prêteur une partie du prêt, proportionnelle à la partie du chargement qui, ayant été précédemment débarquée, se trouve par là sauvée ?

Valin et Pothier, examinant la question au point de vue du contrat d'assurance, la résolvaient contre l'assureur en faveur de l'assuré. L'assureur, disent-ils, n'a jamais couru que le risque de la somme assurée. Émérigon adopte la même doctrine, qu'il applique au contrat à la grosse. Le preneur, dit-il, n'est obligé de mettre des effets en risque que jusqu'à concurrence de la somme empruntée à la grosse. S'il en met davantage, il accroît volontairement le gage du donneur, mais cet accroissement volontaire de sa part n'est pas irrévocable. Il dépend de lui, dans le cours du voyage, de décharger ce surcroît de marchandises, sans que le donneur puisse s'en plaindre.

« L'article 14, titre des contrats à la grosse, ajoute-t-il, dit que le chargeur qui aura pris de l'argent à la grosse ne sera point libéré par la perte du navire et du chargement, s'il ne justifie qu'il y avait pour son compte des effets jusqu'à concurrence de pareille somme ; d'où il suit que si le preneur justifie que, lors du sinistre, il y avait pour son compte des effets jusqu'à concurrence de la somme reçue à la grosse, il est libéré de toute obligation, et le contrat sera réduit, vis-à-vis du donneur, à la valeur des effets sauvés du naufrage lui-même. » (Ch. 12, sect. 2, § 3.)

Delvincourt et Cresp adoptent l'opinion des anciens jurisconsultes. « A la vérité, dit M. Cresp, le contrat de grosse peut avoir pour gage et pour sûreté une valeur supérieure au prêt ; cela n'est point prohibé. Il est vrai encore que le prêteur pourrait dire qu'il a voulu exiger cette valeur supérieure, qu'autrement il n'eût pas prêté.

« Aussi, comme pour l'assurance, semble-t-il juste qu'on l'avertisse qu'on se réserve de changer de route. Et pour cela il n'est pas besoin, comme certains le supposent, d'une clause stipulant permission de décharger des marchandises dans les différentes escales ; il suffit de la clause de faire échelle..... Par cette clause, l'assureur ou le prêteur est suffisamment averti que le navire, dans sa route, touchera divers points, qu'il négociera, qu'il y déchargera ou chargera selon l'occurrence, et il est censé y donner son consentement. » (T. 2, p. 361 et ss.)

Ces raisons ne nous semblent nullement décisives, et la doctrine que nous venons d'indiquer ne nous semble admissible que lorsque l'emprunteur n'a affecté qu'une portion du chargement d'une valeur égale au prêt, et que l'excédant est resté distinct et séparé de la quotité affectée. M. Bédarride (n° 968) cite comme exemple le cas où le prêt est fait sur une partie de marchandises déterminées, sur cent barriques de vin, ou sur une partie nouveautés. Rien ne saurait dans ce cas, ajoute-t-il, empêcher l'emprunteur de disposer à son gré de tout ce qui serait en dehors de cette partie.

Mais la solution contraire nous semble devoir être adoptée, quand l'emprunteur a affecté au prêt en termes généraux et sans restriction l'intérêt qu'il a dans le chargement de tel navire. Les parties avaient le droit de restreindre à une partie du chargement seulement la garantie du prêt ; si elles ne l'ont pas fait, c'est l'intérêt tout entier qu'y a le preneur qui forme le gage du prêteur.

M. Bédarride *(loc. cit.)* repousse l'assimilation qu'on a faite en cette matière du prêt à la grosse avec l'assurance. « Valin, Pothier, Émérigon ont raison, dit-il, à l'endroit de l'assureur, par la raison décisive qu'ils donnent eux-mêmes. Celui qui assure 1,000 liv. sur 3,000 n'a jamais rien eu à démêler avec les autres 2,000. A quelque chiffre que s'élève le chargement, il n'a jamais connu et pu courir le risque que de 1,000 liv. Sa condition n'est donc nullement changée, tant qu'une somme égale se trouve réellement sur le navire.

« Il n'en est pas de même du prêteur à la grosse. L'affectation générale et sans restriction grève le chargement entier à titre de garantie pour le cas de sinistre précisément. Celle de la moitié, du tiers, du quart de ce chargement pèse indivisiblement sur tout le chargement. De telle sorte qu'en déchargeant une partie quelconque, le preneur ne saurait opérer un partage légal et obligatoire. Les marchandises ainsi sauvées, l'ont été en faveur du preneur pour la proportion de la moitié, du tiers ou du quart, dont il doit dès lors lui être tenu compte. »

Quant à l'argument tiré de l'art. 14 de l'Ordonnance, qu'on reproduit en s'appuyant sur l'art. 329, M. Dalloz en fait justice en ces termes : Cet article oblige le preneur, pour empêcher toute fraude de sa part, à prouver, en cas de sinistre, la réalité d'un chargement au moins égal en nature à la somme empruntée. Mais on ne saurait induire de sa disposition que le preneur ne puisse pas valablement affecter au prêt des valeurs supérieures à ce prêt, ni par conséquent que, lorsqu'une pareille affectation a été consentie, il puisse en éluder les effets. Certainement, lorsqu'un individu a emprunté à la grosse sur l'intérêt qu'il a dans la cargaison d'un tel navire, sans autre explication, il suffit pour la validité du contrat, qu'il mette en risque des effets jusqu'à concurrence de la somme prêtée. Mais s'il veut faire un chargement plus considérable et se soustraire par rapport à l'excédant à toute action éventuelle de la part du prêteur, il faut que sa volonté, à cet égard, soit clairement manifestée ; sinon, l'on ne pourrait, sans tomber dans l'arbitraire, restreindre à une portion seulement de son intérêt dans le chargement les droits que les termes exprès du contrat attribuent au prêteur sur cet intérêt tout entier. (D. Répert., v° Droit marit., n° 1402.)

Concluons donc que, sauf convention contraire, les marchandises débarquées avant le sinistre répondent du prêt soit en entier, soit proportionnellement, suivant que l'emprunt a été contracté sur la totalité ou sur une quotité du chargement.

SECTION III

DES AVARIES

On appelle avarie tout dommage, toute détérioration, résultant pour un navire ou son chargement d'un accident de mer autre que le sinistre majeur, et non seulement le dommage matériellement éprouvé, mais encore tous frais et dépenses extraordinaires qui, grevant la chose, en diminuent la valeur.

L'avarie s'appelait autrefois *dan*, *dang*, *damnatge*, *perdua*, *consumament*, et surtout *encamirament*. Le Consulat de·la mer emploie le plus souvent cette dernière expression, et il désigne la marchandise détériorée par ces mots : *Roba encamerada* ou *mercaderia encamerada*.

Le Code (art. 399) divise les avaries en avaries grosses ou communes, et avaries simples ou particulières.

L'art. 400 cite des avaries communes : Les choses données par composition et à titre de rachat du navire et des marchandises ;

Celles qui sont jetées à la mer ;

Les câbles ou mâts rompus ou coupés ;

Les ancres et autres effets abandonnés pour le salut commun ;

Les dommages occasionnés par le jet aux marchandises restées dans le navire ;

Les pansements et nourriture des matelots blessés en défendant le navire, les loyer et nourriture des matelots pendant la détention, quand le navire est arrêté en route par ordre d'une Puissance, et pendant les réparations des dommages volontairement soufferts pour le salut commun, si le navire est affrété au mois ;

Les frais de déchargement pour alléger le navire et entrer dans un hâvre ou dans une rade, quand le navire est contraint de le faire par tempête ou par la poursuite de l'ennemi ;

Les frais faits pour remettre à flot le navire échoué dans l'intention d'éviter la perte totale ou la prise ;

Et, en général, les dommages soufferts volontairement, et les dépenses faites d'après délibérations motivées, pour le bien et salut commun du navire et des marchandises, depuis leur chargement et départ jusqu'à leur retour et déchargement.

L'art. 403 cite comme avaries particulières : Le dommage arrivé aux marchandises par leur vice propre, par tempête, naufrage, prise ou échouement ;

Les frais faits pour les sauver ;

La perte des câbles, ancres, voiles, mâts, cordages, causée par tempête ou autre accident de mer ;

Les dépenses résultant de toutes relâches occasionnées soit par la perte fortuite de ces objets, soit par le besoin d'avitaillement, soit par voie d'eau à réparer ;

La nourriture et le loyer des matelots pendant la détention, quand le navire est arrêté en voyage par ordre d'une Puissance, et pendant les réparations qu'on est obligé d'y faire, si le navire est affrété au voyage ;

La nourriture et le loyer des matelots pendant la quarantaine, que le navire soit loué au voyage ou au mois ;

Et, en général, les dépenses faites et le dommage souffert pour le navire seul, ou pour les marchandises seules, depuis leur chargement et départ jusqu'à leur retour et déchargement.

Les avaries communes sont supportées par les marchandises et par la moitié du navire et du fret, au marc le franc de leur valeur, tandis que les avaries particulières sont supportées et payées par le propriétaire de la chose qui a occasionné la dépense.

En cas d'avarie grosse, il y a donc lieu à contribution entre les chargeurs et propriétaires du navire, également intéressés dans le dommage. Cette contribution se fait par un état ou règlement d'avaries auquel procèdent des experts, nommés par le tribunal de commerce ou, à défaut, par le juge de paix, si le déchargement se fait dans un port français, par le consul de France ou par le magistrat du lieu, si le déchargement se fait dans un port étranger.

La répartition pour le paiement des pertes et dommages est faite sur les marchandises et sur la moitié du navire et du fret, à proportion de leur valeur au lieu du déchargement.

La décision des experts est rendue exécutoire, en France, par l'homologation du tribunal, à l'étranger, par le consul de France, ou, à son défaut, par tout tribunal compétent sur les lieux.

Tel est l'ensemble des dispositions de la loi sur les avaries. Nous devons les étudier maintenant dans l'hypothèse où les effets qui sont atteints par le dommage étaient affectés à un contrat à la grosse, et déterminer qui du prêteur ou de l'emprunteur doit supporter la perte qui en résulte.

L'ancienne législation ne mettait à la charge du prêteur que les avaries grosses. L'art. 5 du ch. 19, du Guidon de la mer porte : L'argent à profit n'est contribuable en aucune avarie, réservé qu'aux rachats, compositions et jets faits pour la salvation du total et pour le soulagement et l'évasion des dangers.

L'Ordonnance (art. 16) ne mettait aussi que les avaries communes à la charge du donneur, et non les avaries particulières à moins de convention contraire.

Ces mots *convention contraire* ne s'appliquaient qu'aux avaries particulières, pour permettre de les mettre à la charge du donneur. Le commentateur anonyme, qui avait précédé Valin, les avait compris autrement, et Valin relève ainsi son erreur : « La méprise du commentateur est remarquable, en ce qu'il applique a restriction aussi bien à la première partie de l'article qu'à la seconde, de manière que, selon lui, le prêteur à la grosse pourrait stipuler valablement qu'il ne sera pas tenu, même des avaries grosses et communes, ce qui serait détruire l'effet du contrat. » La convention qui exemptait le prêteur des avaries communes devait être considérée comme nulle et rejetée, puisque c'est à ces pertes qu'il devait la conservation de son argent qui, sans cela, eût été perdu avec le bâtiment. « S'il est donc vrai, dit à ce propos Émérigon, qu'on ait fait une dépense ou souffert un dommage pour sauver votre contrat et le rendre utile en votre faveur, il est juste que vous contribuiez à l'impense commune. Si vous refusez de vous soumettre à l'action *negotiorum gestorum*, intentée contre vous, remettez votre sort à la rapacité des pirates ou à l'impétuosité de la tempête. »

Le prêteur, nous l'avons dit, ne répondait pas des avaries particulières, à moins de convention contraire. Émérigon essayait d'expliquer cette décision, en disant que l'heureuse arrivée du navire forme la condition essentielle et caractéristique du contrat à la grosse ; or les avaries simples n'influent en rien sur l'accomplissement de cette condition.

Une telle idée était insoutenable, car on ne peut qualifier d'heureuse l'arrivée d'un navire ou d'un chargement qui a essuyé, pendant sa navigation, une dépréciation qui peut aller presque jusqu'aux trois quarts, sans devenir sinistre majeur. Aussi la plupart des auteurs considéraient comme défectueuse la disposition de l'Ordonnance. « Quoique le contrat à la grosse, disait Valin, soit en tout comparable à la police d'assurance par rapport aux risques, puisqu'au fond le prêteur est assureur du chargement jusqu'à concurrence de la somme qu'il donne, cet article (16) établit néanmoins de droit une différence très considérable entre le prêteur à la grosse et l'assureur, en tant qu'il décharge le premier des avaries simples ou particulières qui ne sont pas moins fréquentes et moins de conséquence que les avaries grosses et communes; tandis que l'assureur en est tenu indistinctement par la nature du contrat, aux termes de l'art. 26 du titre suivant.

« Heureusement que notre article ajoute: *s'il n'y a convention contraire*, sans quoi l'usage des contrats à la grosse aurait été aboli. Aussi n'en voit-on point qui ne dérogent à cet article; c'est-à-dire, sans une clause précise par laquelle le prêteur prend sur lui tous les risques et fortunes de mer comme l'assureur. »

Le projet primitif de Code reproduisait la disposition de l'Ordonnance, en supprimant les expressions *sauf convention contraire*, afin qu'on ne pût appliquer la restriction à l'avarie commune.

La Cour de Cassation demanda l'adoption du système pur et simple de l'Ordonnance, mais la Cour de Caen et le Tribunal de commerce de Saint-Malo protestèrent. « Que le prêteur à la grosse ne soit pas assujetti aux avaries simples sur les marchandises qui lui servent de gage, disait le Tribunal de Saint-Malo, cela paraît résister aux idées communes de justice et d'équité. En effet, le donneur à la grosse, qui a fait assurer son capital, recevra de son assureur la somme à laquelle s'élève l'avarie simple : recevra-t-il, en outre, de l'emprunteur, l'intérêt maritime de son capital ? Tout, dans ce contrat, serait alors au bénéfice de l'un et à la perte de l'autre. »

Ces observations semblèrent justes et firent adopter l'art. 330, ainsi conçu : Les prêteurs à la grosse contribuent, à la décharge des emprunteurs, aux avaries communes. Les avaries simples sont aussi à la charge des prêteurs, s'il n'y a convention contraire.

Comme on le voit, la première disposition est absolue et ne peut recevoir aucune modification. Le prêteur ne peut stipuler qu'il ne sera pas chargé des avaries communes, et la clause *franc de grosses avaries*, ne saurait produire aucun effet. Cette clause devait d'autant plus être proscrite en matière de contrat à la grosse que, comme le faisait remarquer la Cour de Cassation, les emprunteurs sont presque toujours réduits à recevoir les conditions que veulent imposer les prêteurs.

Il n'est pas permis au prêteur de stipuler qu'il ne sera pas chargé de la responsabilité de certains sinistres majeurs. Il serait tout à fait inique que lorsqu'un cas fortuit, arrivé dans le temps et lieu des risques, est venu faire perdre à l'emprunteur les objets affectés au prêt, cet emprunteur restât néanmoins obligé de payer le capital et le profit maritime, sous prétexte d'une stipulation manifestement usuraire.

« La contribution au rachat, disait Valin, ne s'impute pas *ipso jure* sur le capital donné à la grosse, à l'effet de diminuer le profit maritime ; l'imputation ne se fait que du jour que le donneur a été mis en demeure de contribuer. »

Cette idée est parfaitement juste, et doit être appliquée au calcul de ce que doit payer l'emprunteur au prêteur. Supposons qu'on ait donné à la grosse 20,000 fr. sur des marchandises chargées dans un navire, en stipulant un intérêt de 20 %. Les marchandises éprouvent une avarie de 2,000 fr. Que devra payer l'emprunteur au prêteur ?

Si l'avarie s'imputait directement sur le capital, on calculerait ainsi :

Capital prêté	20,000 fr.
Avarie	2,000
Reste.	18,000 fr.

18,000 fr. report.

Dont le profit maritime à 20 °/₀ est   3,600

Total. . . . .   21,600 fr. que l'emprun-

teur devra payer.

On doit au contraire établir ainsi le calcul :

Capital prêté . . . . .   20,000 fr.

Intérêt ou change à 20 °/₀ .   4,000

Total. . . . .   24,000 fr.

Déduisons l'avarie. . . .   2,000

Reste. . . . .   22,000 fr. que devra rece-

voir le prêteur, soit 400 fr. de plus que dans l'autre système.

Notre mode de calcul nous semble devoir être admis, car il est juste que le donneur qui, par le paiement de l'avarie, en a fait disparaître les effets, reçoive intact son capital et le profit maritime convenu.

Que doit, en effet, le prêteur ? Le montant de l'avarie, et rien de plus. Dans notre espèce, il doit 2,000 francs; dès qu'il les a payés, il est libéré, et l'on ne voit pas pour quel motif on lui ferait supporter en outre une perte de 400 francs.

On peut d'ailleurs ajouter que l'obligation de contribuer aux avaries ne prend naissance qu'à l'arrivée. Elle ne peut donc pas avoir pour effet de diminuer *ipso jure* le capital soumis aux risques, à l'effet de diminuer le profit maritime.

Mais comment fixera-t-on la contribution ? Comprendra-t-elle toute la part afférente aux objets affectés au prêt, dans la répartition générale des avaries sur la masse contribuable ? Ainsi, en supposant un prêt de 25,000 fr. sur un chargement de 50,000 fr., le prêteur supportera-t-il seul toute la contribution imposée sur le chargement ?

Les termes de l'article 330 pourraient le faire penser, et c'est ce qu'enseigne Pardessus (n° 926) : « Dans quelque état que les choses affectées au prêt arrivent à leur destination, l'emprunteur doit rembourser le capital et le profit maritime ; mais si elles ont éprouvé des avaries, le prêteur doit l'en indemniser. »

Cette opinion ne nous semble pas devoir être admise, et nous pensons que l'emprunteur doit concourir avec le prêteur au paiement de la contribution afférente à la chose affectée. Mais dans quelle proportion aura lieu ce concours ? « Nous observerons, dit Dageville, que le donneur n'est passible de la contribution que produit l'avarie grosse, qu'au marc le franc de la somme qu'il a donnée à la grosse sur les marchandises appartenant à l'emprunteur : ainsi, si ce dernier a un chargement de 20,000 fr. sur lequel il n'ait emprunté que 10,000 fr., le donneur ne contribue que pour la moitié et le preneur pour l'autre moitié. »

M. Bédarride est du même avis : « Si le prêt ne porte que sur une quantité déterminée, le prêteur et l'emprunteur supportent la contribution proportionnellement et chacun en droit soi. »

D'après ces idées, la contribution du prêteur serait invariablement déterminée par la quotité que représentait au départ la somme prêtée eu égard à la somme affectée, de sorte que, quoi qu'il arrive, le prêteur devrait toujours la même fraction de la contribution. M. de Valroger (*loc. cit.*) n'admet pas ce système, et propose un mode de calcul qui nous semble absolument logique et que nous n'hésitons pas à adopter.

« Ceux-là seuls, dit-il, d'après la loi, doivent contribuer à ces avaries qui se trouvent définitivement profiter du sacrifice faît pour le salut commun, c'est-à-dire ceux-là seuls dont les choses arrivent à terre. Ils contribuent à l'avarie dans la mesure du profit qu'ils retirent ainsi de la conservation de la chose, c'est-à-dire d'après son état et sa valeur à l'arrivée (art. 417, 424, C. com.). C'est d'après la valeur de la chose affectée, à l'arrivée, que sera fixé le dividende à elle afférent dans la répartition générale. La logique veut qu'on fasse d'après les mêmes principes la sous-répartition de ce dividende entre le prêteur et l'emprunteur. Le prêteur et l'emprunteur contribueront ainsi à payer le dividende afférent à la chose affectée dans la mesure de ce que chacun d'eux peut retirer de cette chose à l'arrivée. Prenons des exemples. Supposons qu'à l'arrivée le chargement vaille comme au départ 20,000 fr. Le prêteur prendra sur cette somme, outre son capital de 10,000 fr., son profit entier, que je suppose être de 1,000 fr., soit en tout $11/20^{es}$ de la valeur totale du chargement. Il paiera dans cette proportion le dividende afférent au chargement; l'emprunteur ne paiera que le surplus, soit $9/20^e$. Si l'on suppose qu'à l'arrivée le chargement ne vaut plus que 11,000 fr., c'est-à-dire juste la somme qui revient au prêteur, ce dernier se trouvant alors seul profiter de la conservation de la chose, devra payer seul et en entier la contribution. A l'inverse, si l'on suppose, ce qui sera le cas le plus fréquent, qu'à l'arrivée le chargement vaut plus qu'au départ, soit 30,000 fr., le prêteur, qui ne pourra toujours prendre que 11,000 fr., contribuera seulement pour $11/30^e$, ou un peu plus d'un tiers; l'emprunteur paiera le surplus. »

Lorsque c'est la chose même affectée au prêt qui a été sacrifiée pour le salut commun, M. Bédarride (nº 993) pense que la perte est pour le compte du prêteur, qui est seulement subrogé aux droits de l'emprunteur, relativement à la contribution due par le navire et le reste du chargement. Nous pensons que cette idée n'est pas exacte, que les choses sacrifiées pour le salut commun sont réputées arrivées, et que la contribution du prêteur devra se calculer en ce cas d'après les principes qui viennent d'être exposés. Les conséquences auxquelles conduit le système de M. Bédarride suffisent pour le faire repousser. En effet, la contribution due au propriétaire de la chose jetée ou sacrifiée se fixant toujours d'après la valeur qu'aurait eue cette chose à l'arrivée, il en résulterait, si l'on appliquait l'idée de subrogation, que la baisse des prix à l'arrivée diminuerait les droits du prêteur? Or la baisse des prix n'est pas un risque que le prêteur ait pris à sa charge, et il ne peut pas être victime de la fausse spéculation de l'emprunteur.

CHAPITRE IX

DU PRIVILÈGE

QUI RÉSULTE DU CONTRAT A LA GROSSE

Le navire, les agrès et les apparaux, l'armement et les victuailles, même le fret acquis, sont affectés par privilège aux capital et intérêt de l'argent donné à la grosse sur le corps et quille du vaisseau.

Le chargement est également affecté aux capital et intérêt de l'argent donné à la grosse sur le chargement.

Cette affectation de choses au prêt à la grosse existait dans l'ancien droit. L'Ordonnance de Wisby, dans son article 45, disait : « Si un maître est incommodé, court d'argent ou de victuailles, et à cette cause, contraint de vendre marchandises, ou prendre argent à la grosse aventure, il doit payer....., et s'il ne le fait, et que le navire soit vendu et mis un autre maître en sa place, le marchand auquel appartenaient les marchandises, ou le créancier qui aura prêté, auront toujours spéciale hypothèque et suite sur le navire dans l'an et jour. »

Et le Guidon de la mer (art. 1, ch. 19) : « Les obligations constractées par le maître du navire, pour subvenir au radoub, vivres, munitions ou autres choses pour voyages entrepris, ont spéciale hypothèque sur les deniers procédant du fret. »

Le privilège affecte le navire et ses accessoires, ou le chargement, suivant que le prêt est fait sur corps ou sur facultés.

Parmi les accessoires du navire, la loi comprend le fret acquis, qui est le produit, le fruit civil du navire, et qui devient, comme le capital lui-même, garantie de la dette : *Quod accedit pignori, pignus est.*

Lorsque le fret a été payé d'avance, en vertu d'accords intervenus entre le capitaine et le chargeur, le prêteur peut ne pas tenir compte de ce fait, et se faire attribuer le fret comme si de rien n'était. C'est ce qui résulte d'un arrêt de la Cour de Rouen et d'un arrêt de la Cour de Cassation (D. P., 1871, 1, 132, Cass., 1er août 1870), qui affecte au privilège aussi bien le fret dû par un sous-affréteur que le fret dû par l'affréteur principal.

Voici dans quelles circonstances s'était présentée la question : Le sieur Doublet avait affrété le navire *Malherbe* pour un voyage du Havre à la Havane, puis à Manzanillo (île de Cuba) et retour au Havre. Le fret stipulé pour ce voyage, aller et retour, fut payé en entier aux armateurs propriétaires du navire. Par suite d'avaries, le capitaine fut, à son arrivée à la Havane, obligé de contracter envers le sieur Hemely ou à son ordre un emprunt à la grosse, pour mettre le navire en état de continuer sa route. A Manzanillo, le sieur Doublet sous-affréta le navire aux sieurs Postel et Cie pour le retour au Havre, et par suite de ce sous-affrètement, les sieurs Postel restèrent débiteurs envers le sieur Doublet d'un solde de fret. Après l'arrivée du navire au Havre, les sieurs Morin fils, porteurs de la lettre de grosse, firent saisir, arrêter entre les mains des sieurs Postel la somme qu'ils devaient pour fret au sieur Doublet.

Celui-ci, excipant de ce qu'il avait payé lui-même le fret d'aller et retour, soutient que ce que les sous-affréteurs lui doivent ne saurait être affecté aux donneurs à la grosse qui ne pouvaient réclamer un fret payé aux armateurs. En conséquence, il assigne les sieurs Morin en main-levée de la saisie.

Cette prétention est repoussée par le Tribunal de commerce du Havre, et sur appel par la Cour de Rouen qui, le 22 janvier 1869, rend l'arrêt suivant :

« Considérant qu'aux termes de l'article 320 du Code de commerce, le navire est affecté par privilège au capital et aux intérêts de l'argent donné à la grosse sur le corps et la quille du vaisseau; qu'il suit de là que la confiance du prêteur est principalement déterminée par l'affectation du prêteur qui devient ainsi le gage spécial de la créance; que, d'après le susdit article le même privilège existe notamment sur le fret acquis depuis l'époque de la formation du contrat de grosse, jusqu'au jour de l'arrivée du navire au port de destination; qu'il n'en devait pas être autrement, puisque, en principe, l'accessoire suit le principal et que le fret constitue des fruits civils, produits par le navire et représentant la diminution de valeur que lui fait subir l'acte de navigation;

» Considérant que le fret dû par le dernier affréteur, autrement par le chargeur, est évidemment grevé du privilège dont il s'agit; qu'en effet, c'est ce fret qui est spécialement entré dans les prévisions du donneur de grosse, et dont le prêt a procuré le gain, en permettant au navire de réparer ses avaries et de reprendre la mer; que c'est le même fret pour lequel les articles 306 et 307 accordent au capitaine à l'arrivée un droit de préférence sur le chargement;

» Considérant, en fait, que Postel et fils étaient des chargeurs du navire *Malherbe*, et que, dès lors, Morin et Cie, porteurs par voie d'endossement de la lettre de grosse, ont le droit de faire saisir-arrêter le solde du fret encore dû par les chargeurs, et sont fondés à exercer sur ce solde le privilège attaché à leur créance;

» Considérant que Doublet objecte qu'il est le premier affréteur, et qu'il s'est libéré envers l'armateur du fret stipulé par eux, que dès lors la créance née du fret est aujourd'hui éteinte par le paiement, et que, par suite, il n'y a plus d'objet sur lequel le privilège des prêteurs à la grosse puisse être exercé;

» Mais considérant que cette objection repose sur une confusion; qu'en effet, le fret dû par les chargeurs, autrement par Postel et ses fils, était grevé du privilège du donneur de grosse et que ce fret n'est pas éteint par le paiement, puisqu'un solde est encore dû; que Doublet, en supposant qu'il ait payé intégralement le propriétaire du navire, a pu obtenir subrogation dans ses droits; mais que la subrogation n'éteint pas la créance et n'a pour effet que de la faire passer en d'autres mains; que dès lors, à ce titre, Doublet serait encore tenu, comme l'armateur lui-même, de subir sur le solde en litige l'exercice du privilège du porteur de la lettre de grosse. »

Par arrêt du 1er août 1870, la Chambre civile de la Cour de Cassation rejeta, après un délibéré en Chambre du conseil, le pourvoi formé contre cet arrêt, par les motifs suivants :

« Attendu que l'art. 320 du Code de commerce affecte par privilège, au capital et aux intérêts de l'argent donné à la grosse sur le corps et quille du navire, le navire, les agrès, les apparaux, même le fret acquis;

» Attendu que les termes de cette disposition sont généraux et absolus; qu'ils sont exclusifs ainsi de toute distinction entre le fret dû par l'affréteur principal et le fret qui aurait été consenti à celui-ci par le sous-affréteur; que ni l'un ni l'autre ne saurait être soustrait au privilège conféré au prêt à la grosse à moins d'une exception qui n'existe pas dans la loi, et que repoussent la nature comme le but du contrat; qu'introduit dans la législation commerciale pour favoriser la navigation, en vue des risques qui en sont inséparables, le contrat à la grosse doit conserver toutes les garanties sous lesquelles il a été stipulé, soit que l'affréteur principal ait acquitté le fret par lui dû, soit qu'il s'agisse du fret dû par le sous-affréteur; que, dans le premier cas, en effet, le fret continue de représenter les fruits civils du navire, d'en être l'accessoire et de rester, comme lui, soumis au privilège du prêteur à la grosse; que l'affréteur, s'il a payé à l'armateur le fret de l'aller et de retour, doit s'imputer de n'avoir pas exigé de celui-ci toutes les garanties voulues à l'effet de rester indemne, dans le cas où le porteur de la lettre de grosse exercerait son recours contre lui;

« Que, dans le second cas, le fret dû par le sous-affréteur doit, avec d'autant plus de raison, être grevé du privilège de l'article 320, que c'est en présence et par suite des sûretés qu'il offrait qu'a pu se faire l'emprunt qui a permis au navire de reprendre la mer et d'effectuer son retour;

« Que vainement on opposerait le principe qu'on ne peut emprunter que sur sa chose; que ce principe de droit civil reçoit des exceptions en droit commercial; que notamment l'article 315 du Code de commerce permet au capitaine d'emprunter à la grosse sur le chargement lors même qu'il ne lui appartient pas; qu'il faut même reconnaître, en droit commercial et surtout en droit maritime, qu'on peut affecter à un emprunt la chose à la conservation de laquelle l'emprunt est indispensable, quel que soit le propriétaire de la chose. »

La solution donnée par les arrêts précités à la question qui nous occupe nous satisfait pleinement. On ne saurait admettre que le prêteur se voie dépouillé de son privilège sur le fret, qui lui est reconnu par l'article 320, par le paiement anticipé que l'affréteur fait à l'emprunteur, en vertu d'une convention qui est pour le donneur *res inter alios acta.*

Ainsi, qu'il y ait ou non un sous-affréteur, l'affréteur principal est soumis à l'action du donneur de grosse ou de ses représentants. Mais il ne le sera pas d'une manière indéfinie, à quelque époque que le donneur exerce son action. L'affréteur doit payer le fret dès que, le navire étant déchargé, il rentre en possession de la marchandise pour le transport de laquelle il a traité. Lors donc qu'il s'acquitte après l'exécution complète du contrat d'affrètement, il est définitivement libéré envers et contre tous, et ne pourrait plus être recherché par le porteur du billet de grosse.

Boulay-Paty (t. 3, p. 149) et Dageville (t. 2, p. 524) estiment que la stipulation qui dispenserait l'emprunteur de rapporter, en cas de naufrage, le fret acquis du navire, serait nulle, comme contraire à l'essence du prêt à la grosse. Ces deux auteurs reproduisent l'opinion d'Émérigon : « La nature du contrat à la grosse soumet le donneur à tout sinistre majeur, sans exception, et même aux avaries grosses ; d'où il suit, par réciprocité de raison, que les débris sauvés et le fret dû au navire sont affectés en entier au donneur sur le corps. Son argent a procuré l'être à la chose. Sans le secours de cet argent, l'entreprise maritime n'aurait pas eu lieu ; d'où il suit que la dispense de rapporter le fret serait contraire à l'équité naturelle ; elle rendrait, en certains cas, le naufrage fructueux au preneur. En un mot, il suffit que ce pacte n'ait pas été autorisé à l'égard du preneur, pour qu'on doive s'en tenir à la disposition du droit commun. » (T. 2, p. 560.)

Malgré l'autorité qui s'attache au nom d'Émérigon, nous ne croyons point que la dispense de tenir compte du fret acquis soit contraire à l'essence du prêt à la grosse. La loi permet aux parties d'introduire dans le contrat telles clauses qu'elles le désirent, à condition qu'elles ne le fassent pas dégénérer en contrat usuraire. Or la clause par laquelle le prêteur renoncerait à tout privilège sur le fret acquis constituerait au contraire une aggravation de risque contre lui, qui serait tout à l'avantage de l'emprunteur. En outre, annuler une pareille clause, ce serait grever injustement le preneur, à qui on a certainement fait payer la faveur qu'on lui concédait par une augmentation du taux du profit maritime.

Nous devons ajouter que cette clause, étant exceptionnelle, ne saurait s'induire des circonstances, mais devrait être formellement exprimée.

Lorsque le prêt est fait sur facultés, le privilège affecte tout ce qui, à bord, peut appartenir à l'emprunteur, à moins de restrictions exprimées au contrat.

Il affecte également toutes les marchandises que le preneur pourra charger, en cours de voyage, dans tel ou tel lieu de relâche ou d'échelle, et, si le prêt est fait pour l'aller et retour, les marchandises chargées en retour, après que les marchandises d'entrée ont été vendues au lieu de destination. Ces marchandises de retour sont appelées retraits, elles remplacent et représentent les marchandises d'entrée, gage primitif du prêteur.

Si le prêt n'avait été fait que pour l'aller, le donneur n'aurait aucun droit sur les marchandises chargées au port de destination, ou achetées pendant le retour.

Si l'emprunt est fait sur un objet particulier, cet objet répond seul du paiement; s'il n'est fait que sur une partie d'un objet, le privilège n'a lieu que dans la proportion de la quotité affectée à l'emprunt.

Si le prêt est fait à la fois sur corps et facultés, le privilège est indivisible, de telle sorte que si, le navire venant à périr, les marchandises sont sauvées, elles restent affectées à la totalité du prêt, et *vice versâ*.

Nous rappelons que nous avons déjà dit que, lorsqu'on prêtait sur tel navire, sans rien décider de plus, on ne devait pas annuler le prêt, comme ne contenant pas désignation suffisante, faute des mots corps et facultés. On l'entendra comme portant sur tout l'intérêt que peut avoir le preneur, soit sur le corps, soit sur la cargaison, soit sur tous les deux ensemble.

Maintenant que nous avons vu sur quels objets porte le privilège du donneur à la grosse, nous devons voir quel rang lui assigne la loi parmi les divers privilèges sur le navire, et comment elle classe les prêts à la grosse successifs qui ont pu être faits sur le même objet.

L'idée de la loi est qu'on doit accorder la préférence à celui des créanciers qui, le plus récemment, a conservé, mis en état de fructifier, au profit de tous, le gage commun, *qui salvam fecit pignoris causam*.

Qui d'ailleurs, observe Vincens, voudrait prêter pour un nouveau voyage, si la priorité n'était accordée sur les voyages antérieurs ?

L'article 191 plaçait au neuvième rang des créances privilégiées les sommes prêtées à la grosse sur le corps, quille, agrès, apparaux, pour radoub, victuailles, armement et équipement, avant le départ du navire.

Étaient privilégiés avant les dettes suivantes :

1º Les frais de justice et autres faits pour parvenir à la vente et à la distribution du prix ;

2º Les droits de pilotage, tonnage, cale, amarrage, et bassin et avant-bassin.

3º Les gages du gardien, et frais de garde du bâtiment, depuis son entrée dans le port jusqu'à sa sortie ;

4º Le loyer des magasins où se trouvent déposés les agrès et les apparaux ;

5° Les frais d'entretien du bâtiment et de ses agrès et apparanx, depuis son dernier voyage et son entrée dans le port;

6° Les gages et loyers du capitaine et autres gens de l'équipage, employés au dernier voyage;

7° Les sommes prêtées au capitaine pour les besoins du bâtiment pendant le dernier voyage, et le remboursement du prix des marchandises par lui vendues pour le même objet;

8° Les sommes dues au vendeur, aux fournisseurs et ouvriers employés à la construction, si le navire n'a point encore fait de voyage; et les sommes dues aux créanciers pour fournitures, travaux, main-d'œuvre, pour radoub, victuailles, armement et équipement, avant le départ du navire, s'il a déjà navigué.

L'article 27 de la loi du 10 décembre 1874 a abrogé le n° 9 de l'art. 191, et supprimé le privilège du donneur à la grosse avant le départ du navire. L'emprunt hypothécaire fut seul permis, et l'art. 233, qui autorisait le capitaine à emprunter à la grosse sur les parts des copropriétaires qui refusaient leur contingent pour mettre le navire en état, fut modifié, et le capitaine dut emprunter hypothécairement sur la part du copropriétaire récalcitrant.

On ne peut plus, avant le voyage, contracter que des emprunts hypothécaires. De là résulte la conséquence suivante: lorsqu'il y avait plusieurs prêts à la grosse faits avant le départ du navire, ils venaient ensemble, sous l'empire de l'art. 191, car la préférence, en matière de privilèges, s'attache à la cause et non à la date. Il n'en sera plus de même aujourd'hui, et le rang, entre prêts avec hypothèque contractés avant le départ du navire, se règlera d'après la date des inscriptions, en vertu de la règle : *prior tempore, potior jure.*

La loi de 1874 fut inspirée par les protectionnistes, qui attribuèrent la situation critique dans laquelle se trouvait notre marine marchande, à l'insuffisance des ressources dont disposaient nos armateurs. Ce qu'il fallait, à les en croire, c'était appeler les capitaux vers les armements et la construction des navires, développer le crédit maritime en lui offrant des garanties nouvelles, celle d'une hypothèque, entre autres.

Il est permis de douter que la loi de 1874 ait atteint le but qu'on se proposait. « Le criterium de l'opportunité et de l'utilité d'une loi, écrivait M. Bédarride, en 1876 (1), c'est l'accueil qu'elle reçoit de la part des intéressés, c'est l'application qui lui est donnée dans la pratique. Or un an entier s'est écoulé depuis la mise à exécution de loi de 1874, et elle est encore à l'état de lettre morte.

» Nous avons voulu savoir quel effet elle avait produit dans nos grands ports du Midi, Bordeaux et Marseille.

» Il existe des projets d'opération, nous écrivait le receveur des Douanes de Bordeaux, à la date du 7 février 1876, mais encore en petit nombre. Jusqu'ici, je n'ai délivré que des certificats constatant qu'il n'y a pas eu d'hypothèque.

» Je m'empresse, veut bien nous écrire, le 8 du même mois, M. le receveur de Marseille, de vous faire connaître les résultats obtenus jusqu'à ce jour à Marseille, en vertu de l'application de la loi du 10 décembre 1874.

» Ils ne sont pas nombreux, et ne paraissent pas devoir prendre beaucoup d'extension.

» Je n'ai reçu, jusqu'à présent, que deux inscriptions:

1° Une de 15,000 fr. prise le 19 octobre 1875 et radiée le 18 novembre suivant, sur la moitié du trois-mâts le *Jacques-Seurice*, jaugeant 430 tonneaux; et, 2°, une de 125,000 fr. prise

____

(1) Commentaire de la loi du 10 décembre 1874, sur l'hypothèque maritime.

le 22 janvier 1876 et subsistant encore, sur la totalité du trois-mâts *Maria*, jaugeant 240 tonneaux (1). »

La loi de 1874 a porté, comme nous l'avons vu, une grave atteinte au contrat à la grosse, qui fut vivement attaqué dans la discussion du projet de loi. « Comme moyen de crédit, disait l'exposé de motifs, l'hypothèque maritime, par son organisation, par ses conditions, par sa publicité rigoureusement assurée, devait être préférée au contrat à la grosse avant le départ du

(1) Désireux de savoir si la question se posait encore de même qu'en 1876, époque à laquelle écrivait M. Bédarride, nous avons demandé sur l'état des inscriptions reçues au bureau du receveur des Douanes de Rouen, des renseignements qui nous ont été communiqués avec la plus grande obligeance.

Il en résulte qu'il a été reçu :

En 1879, inscription de 38,931
— 20,000
— 15,000
— 30,000
— 20,000
— 20,000
— 10,000
— 10,000   } Sur le navire le *Frigorifique*.
— 10,000
— 10,000
— 10,000
— 10,000
— 20,000
— 10,000
— 5,000

Inscription de 82,500

En 1879, inscription de 24,583 fr.

En 1880, néant.

« En résumé, ajoutait notre correspondant, l'hypothèque maritime n'est nullement entrée dans la pratique. C'est une loi mal faite, et dans laquelle on a multiplié comme à plaisir les difficultés et les formalités de toute nature. C'est peut-être une des raisons pour lesquelles cette loi trouve si peu d'applications. »

A Marseille, il a été reçu :

En 1879, 3 inscriptions, montant au total de 215,000 fr.
En 1880, 2 inscriptions, montant au total de 2,354 fr.

navire. Mais alors même que l'hypothèque ne présenterait pas tous ces avantages, le privilège attaché au contrat dont il vient d'être parlé ne devrait pas moins être supprimé; on ne pourrait en maintenir le principe dans la loi, sans faire périr du même coup l'hypothèque. En effet, il dépendrait de la volonté de l'armateur, de créer une créance privilégiée, et l'hypothèque se trouverait primée par des droits nés après elle, c'est-à-dire qu'elle ne pourrait être utilisée. »

« Cette disposition, disait le rapporteur sur l'art. 27, a pour objet de faire disparaître l'un des privilèges admis par la loi commerciale, celui du prêteur à la grosse pour radoub, victuailles, armement et équipement avant le départ du navire. Ce privilège naît de la convention; il n'est soumis qu'à une condition qui dépend de la volonté des parties, celle du dépôt d'une expédition ou d'un double de l'acte, au greffe du Tribunal de commerce dans les dix jours de sa date. N'est-il pas clair, dès lors, que son maintien est incompatible avec l'institution de l'hypothèque? La garantie du prêteur hypothécaire serait illusoire s'il était loisible au débiteur, en contractant un emprunt à la grosse, d'enlever son rang à l'hypothèque qu'il vient de constituer. Quel service, du reste, rend au commerce maritime le prêt à la grosse avant le départ? Aucun, car il y a dans ce moyen de se procurer des fonds quelque chose de si anormal, il est si onéreux, que nul armateur soucieux de son crédit n'oserait y recourir. On n'y recourt pas, en effet, et nous avons recueilli ce témoignage, que le prêt à la grosse avant le départ est resté sans application. Nous ne devions pas, dès lors, hésiter à sacrifier un privilège qui, dépourvu de toute utilité propre, eût été un très grave obstacle au développement du crédit hypothécaire.

« Il ne pouvait être question, bien entendu, de porter atteinte au privilège accordé pour les prêts faits au capitaine, en cours de voyage, pour les besoins du navire. Comme les sommes ainsi prêtées ont contribué à la conservation du bâtiment, il est naturel qu'elles soient remboursées de préférence aux créances hypothécaires. Le prêteur sur hypothèque devra mesu...r d'avance le risque résultant pour lui des emprunts contractés en cours de voyage, et il aura le moyen de l'atténuer en contractant une assurance. »

Nous n'avons pas le loisir d'examiner jusqu'à quel point sont fondés les reproches qu'on a faits au contrat à la grosse, et ce qu'il y a de vrai dans les éloges qu'on a adressés au prêt hypothécaire. Bornons-nous à dire que l'article 27 de la loi de 1874, qui a été fait pour venir en aide aux armateurs besoigneux et sans capitaux disponibles, en leur permettant de trouver facilement des prêteurs, nous semble avoir manqué son but. Que l'un d'eux ait besoin d'une somme pour armer un navire et tenter les chances d'une expédition, il eût pu, autrefois, trouver un prêteur à la grosse, qui aurait consenti à courir les risques de son capital, dans l'espoir d'un fort profit maritime. Qui donc, sous l'empire de la loi nouvelle, consentira à lui prêter et à exposer son capital pour un modique intérêt de 6 o/o! La loi de 1874 nous paraît donc avoir rendu un mauvais service à ceux-là mêmes qu'elle voulait protéger. Peut-être eût-il mieux valu ne pas enrégimenter ainsi dans une seule et même catégorie tous les prêteurs avant le départ, et leur laisser la faculté de choisir le mode de prêt qui leur convenait le mieux, selon leur intérêt et suivant les circonstances.

Quoi qu'il en soit, l'article 27 fut voté, le prêt à la grosse avant le départ fut supprimé et remplacé par le prêt hypothécaire. Mais, une fois le principe admis, une vive discussion s'éleva sur le point de savoir quel rang il fallait donner à l'hypothèque qu'on venait de créer. Devait-on la classer comme le privilège qu'elle venait de remplacer, ou devait-on, au contraire, la reléguer après tous les autres privilèges de l'art. 191, conservés par la loi nouvelle ?

« M. Clapier se prononçait dans le premier sens. En conséquence, il proposait de terminer l'art. 191, par la disposition suivante : Les créanciers hypothécaires prendront le rang assigné par le § 9 de l'art. 191, aux sommes prêtées à la grosse sur corps, quille, agrès et apparaux, pour radoub, victuailles, armement et équipement du navire avant le départ.

» Il disait à l'appui : Après le § 9 qui accorde un privilège au prêteur à la grosse avant le départ, l'art. 191 consacre dans le § 10 celui des assureurs pour la prime d'assurance, et dans le § 11 celui du chargeur pour les dommages-intérêts qui peuvent lui être dus à raison des avaries contractées pendant le voyage par la faute du capitaine.

» Ce privilège n'effrayait pas le prêteur à la grosse au lieu de départ, car ce prêt a un rang antérieur. Mais, d'après le projet qui nous est soumis, c'est après les dommages-intérêts résultant de la faute du capitaine qu'on place le prêt hypothécaire.

» Je dis que c'est là annuler trop simplement le prêt hypothécaire et le rendre impossible, car c'est faire dépendre le sort de ce prêt hypothécaire d'un événement futur, incertain, considérable, qu'il est impossible d'apprécier.

» Comment prêterez-vous aujourd'hui par hypothèque sur un navire, lorsqu'on pourra vous dire : Vous prêtez, c'est parfaitement bien, mais si le capitaine commet une faute, et si elle donne lieu à des dommages-intérêts, ils vous primeront et vous courrez risque de perdre votre rang.

» Dans une pareille situation, le prêt hypothécaire sera une illusion, et le faire sera une imprudence.

» La proposition de M. Clapier n'était ni sans inconvénients ni sans dangers, non-seulement pour les armateurs mais encore pour les prêteurs. Loin de protéger ceux-ci contre un péril éventuel, elle créait pour eux un préjudice certain et actuel.

» Sans doute, la certitude de conserver le rang qui lui est légalement acquis, est une des bases essentielles de l'hypothèque et en favorise le développement. Mais la perte de ce rang n'est pas seulement l'effet d'une préférence accordée à tel ou tel. Elle peut résulter de l'admission de plusieurs créances à une collocation commune.

« Or, c'est là ce que devait produire la proposition de M. Clapier. Le § 9 de l'art. 191 ne distingue pas entre les prêts à la grosse. Il concède le privilège à tous ceux qui ont été contractés avant le voyage indistinctement et à quelque époque qu'ils se soient réalisés.

» La sécurité n'existe donc pas, et, pour emprunter le langage de M. Clapier, on pourra toujours dire : Vous prêtez aujourd'hui, c'est très bien; mais si demain ou après il plaît à votre débiteur de consentir de nouvelles hypothèques, la vôtre aura beau avoir été inscrite depuis plus ou moins longtemps, vous devez subir la concurrence et ne recevoir que ce que cette concurrence vous assignera.

» La proposition offrait de plus un grave danger pour les armateurs qui étaient réduits à emprunter hypothécairement.

» Il est évident, en effet, que la préférence donnée à l'hypothèque sur les dommages-intérêts alloués aux chargeurs victimes des fautes du capitaine, menaçant ceux-ci de n'avoir qu'une créance illusoire, les déterminera à prévenir ce danger en ne traitant qu'avec des navires libres de toute hypothèque. Ce qui en résulterait forcément serait une concurrence désastreuse, non pas seulement entre les navires français et étrangers, mais encore entre navires français.

» De toute certitude, entre deux navires dont l'un aurait été franc d'hypothèques, et aurait, par conséquent, présenté toute garantie aux chargeurs à raison du dommage qu'ils pourraient éventuellement souffrir par la faute du capitaine, et un navire hypothéqué, ce n'est pas celui-ci qui aurait été choisi. Aussi un homme spécial en cette matière, qui faisait partie de la Commission législative, l'honorable M. Peulevey, caractérisait ainsi la proposition : Ce que nous demande M. Clapier, c'est la ruine des armateur. qui recouraient à l'hypothèque.

» Aussi la proposition fut repoussée, et voici les raisons du rapporteur : Si nous exposons le chargeur à se trouver primé, non plus seulement par le privilège garantissant l'emprunt limité aux besoins actuels des navires en partance, mais encore par l'hypothèque qui peut être indéfinie, nous disqualifions le navire ; nous le disqualifions vis-à-vis des navires étrangers qui nous font maintenant une concurrence déjà trop ruineuse ; nous le disqualifions même vis-à-vis des autres navires de la marine française qui appartiendraient à des armateurs assez riches pour n'avoir pas besoin de crédit.

« Eh bien ! c'était là une contradiction entre le but que nous poursuivons et le moyen par lequel nous cherchons à l'atteindre. Nous avons décidé, et c'est l'opinion de l'unanimité de la Commission, que, par cette seule considération, il n'y avait pas possibilité de faire droit à l'amendement de l'honorable M. Clapier. » (M. Bédarride, *loc. cit.*)

La loi de 1874 n'a porté aucune atteinte aux prêts à la grosse en cours de voyage, et, lorsqu'il y en a plusieurs, l'article 323 règle le rang qu'ils occuperont respectivement entre eux : « Les emprunts faits pour le dernier voyage du navire sont remboursés par préférence aux sommes prêtées pour un précédent voyage, quand même il serait déclaré qu'elles sont laissées par continuation ou renouvellement.

« Les sommes empruntées pendant le voyage sont préférées à celles qui auraient été empruntées avant le départ du navire ; et s'il y a plusieurs emprunts faits pendant le même voyage, le dernier emprunt sera toujours préféré à celui qui l'aura précédé. »

Comme on le voit, c'est toujours cette idée que la préférence doit être accordé à ceux qui ont contribué le plus récemment à la conservation des objets.

Il peut arriver que le prêteur qui a fourni des fonds pendant un voyage, au lieu d'exiger son remboursement quand le risque est fini pour lui, convienne avec l'armateur que les fonds lui seront laissés au même titre, pour un nouveau voyage à entreprendre. L'article 323, fin du premier alinéa, prévoit cette hypothèse, et décide que les fonds ainsi laissés en renouvellement passeront après ceux qui auront été contractés pour un voyage subséquent.

Il faut remarquer, du reste, que cette préférence ne se produira pour ainsi dire jamais, car il est bien facile de l'éluder en simulant un remboursement et en rédigeant un nouvel acte de prêt.

Mais si cette simulation était prouvée, l'art. 323 s'appliquerait et le billet de grosse devrait être rejeté après les emprunts du dernier voyage. C'est ce qu'enseignait déjà Valin, dont la doctrine a été reproduite par Locré, Delvincourt et Dageville. « Mais, dit le savant commentateur de l'Ordonnance, il n'y a que ceux qui n'ont pas prévu la conséquence de cet article qui peuvent se trouver dans le cas. Tout autre, au lieu de renouveler le prêt fait pour un premier voyage, et qui voudra prêter encore pour un second, aura soin de faire un nouveau contrat pour le second voyage, après avoir quittancé le premier contrat. Au moyen de quoi, il sera réellement prêteur à la grosse sur le second voyage, à l'effet d'entrer en concurrence avec les autres prêteurs, tout de même pour le second voyage..... Néanmoins, s'il y avait preuve du renouvellement, il faudrait donner la préférence à celui qui aurait réellement fourni les deniers pour le nouveau voyage. »

Lorsque des prêts ont été faits, l'un avant, l'autre pendant le voyage, le second est préféré. On peut donner aujourd'hui de cette préférence une raison autre que la disposition de l'art. 323. C'est que le premier prêteur n'a plus de privilège, aux termes de la loi de 1874, et que, eût-il une hypothèque, elle ne prendrait rang qu'après les créances privilégiées.

Émérigon enseignait qu'on ne devait pas accorder de privilège au prêteur qui avait fourni des deniers à la grosse après le départ du navire. Suivant lui, le privilège accordé au prêt à la grosse ayant eu pour cause l'intérêt du commerce et la nécessité de procurer aux armateurs le moyen de faire sortir leur navire, une fois que le navire a mis à la voile, l'intérêt public est rempli, et il n'est plus nécessaire d'accorder des privilèges pour une entreprise déjà exécutée.

Le privilège n'est accordé sur le corps qu'à ceux qui ont donné leur argent pour les nécessités du voyage, et il n'est accordé sur le chargement qu'à ceux qui ont donné leurs deniers pour le faire. Rien n'empêche, il est vrai, d'emprunter des deniers après le départ du navire, et d'assigner le paiement de ces deniers sur l'intérêt mis en risque ; mais cet assignat ne produit en faveur du créancier ni droit réel, ni privilège sur la chose indiquée (à moins qu'il ne s'agisse de deniers donnés à la grosse pendant le voyage pour les besoins du navire). Les deniers ne deviennent trajectices qu'autant que les effets nautiques ont été acquis par le moyen de la somme empruntée ; or, l'emprunt fait depuis le départ du vaisseau n'a pas procuré les marchandises déjà exposées aux hasards de la mer ; cet argent n'est donc pas trajectice. (Émérigon, ch. 4, sect. 3.)

Boulay-Paty reproduisait cette doctrine, que nous ne croyons pas fondée pour notre part. Les termes de la loi nous y semblent absolument contraires, car elle parle des prêts faits pendant le voyage, dans l'art. 323, par exemple, sans aucune restriction, et sans ajouter que l'argent provenant de ces emprunts doive avoir une destination spéciale pour que le prêteur ait un privilège. En outre, comme faisait déjà observer Valin (sur l'art. 16, tit. de la saisie), peu importe que le prêt ait été fait avant le départ ou depuis, parce que la présomption est, ou que les deniers ont été utilement employés pour la chose mise en risque, ou qu'ils ont servi à payer ce qui était dû à cet effet.

De même qu'on suppose, sans qu'il soit besoin d'en rapporter aucune preuve, que l'argent emprunté avant le départ a servi à payer les frais de mise-hors, il n'y a pas de motif pour ne pas présumer également que les sommes empruntées depuis le départ ont servi à rembourser les dépenses faites pour cette même mise-hors.

Lorsque plusieurs emprunts sont faits pendant le même voyage, le dernier emprunt est toujours préféré à celui qui l'a précédé. C'est la disposition de l'article 323. D'un autre côté, l'article 191, après avoir classé au septième rang des créances privilégiées les sommes prêtées au capitaine pour les besoins du navire pendant le dernier voyage, ajoute : les créanciers compris dans chacun des numéros du présent article viendront en concours, et au marc le franc, en cas d'insuffisance du prix.

Il n'y a pas, comme on le pourrait croire, antinomie entre ces deux dispositions, mais chacune d'elles a ses cas d'applications différents. Lorsque plusieurs prêts auront été faits pendant le même voyage, mais à des époques et dans des lieux différents, on appliquera l'art. 323, et la préférence sera accordée au dernier prêteur. Si, au contraire, plusieurs emprunts ont été contractés au même lieu de relâche, pour effectuer les mêmes réparations, le motif de préférence cesse, et il faut appeler tous les prêteurs en concours.

Lorsqu'un armateur ayant emprunté à la grosse, dans le même temps, de deux prêteurs, a remboursé, comme il s'y était engagé, l'un des prêteurs, avant l'achèvement du voyage, il n'est pas fondé, si le navire vient ensuite à être vendu pour innavigabilité, à faire concourir, sur le produit de la vente, le billet de grosse déjà acquitté avec celui qui reste encore dû : il serait contraire aux principes qu'un débiteur pût ainsi faire revivre à son profit une dette qu'il a précédemment éteinte.

Le privilège du prêteur à la grosse s'éteint, indépendamment des modes généraux d'extinction des obligations, par la vente en justice faite dans les formes établies par le titre deuxième du livre II du Code de commerce, ou lorsqu'après la vente volontaire, le navire aura fait un voyage en mer sous le nom et aux risques de l'acquéreur, et sans opposition de la part des créanciers du vendeur. C'est ce que dispose l'art. 284. Le projet portait au lieu des mots *les privilèges* seront éteints, ceux-ci *les droits* seront éteints. Cette rédaction fut modifiée pour qu'on ne pût pas croire qu'on faisait tomber sur le fond du droit une extinction qui n'atteint que le privilège.

La vente volontaire seule, non suivie de voyage en mer, ne suffit pas pour purger les privilèges. Il faut, en outre, avons-nous dit, que le navire ait fait au nom et aux risques de l'acheteur un voyage en mer. Un navire est censé avoir fait un voyage en mer lorsque son départ et son arrivée ont été constatés dans deux ports différents (quelle que soit d'ailleurs la distance entre ces deux ports) et trente jours au moins après le départ; ou lorsque, sans être arrivé dans un autre port, il s'est écoulé plus de soixante jours entre le départ et le retour dans le même port ; ou lorsque le navire, parti pour un voyage de long cours (voir l'art. 377 C. com.), a été plus de soixante jours en voyage, sans réclamation de la part des créanciers du vendeur.

Ces ventes opéreront la purge des privilèges, qu'ils aient été rendus publics ou qu'ils ne l'aient pas été. Ainsi le privilège du donneur de grosse est éteint par la vente volontaire du navire faite au lieu de l'armement, et suivie d'un voyage en mer, sous le nom et aux risques de l'acquéreur, bien que le contrat à la grosse ait été transcrit au greffe du tribunal de commerce du même lieu de l'armement. (Aix, 22 décembre 1824.)

Lorsqu'un navire est délaré innavigable et vendu par autorité de justice, le produit de cette vente est un sauvetage, qui doit être réparti entre les prêteurs et les assureurs comme l'exige l'article 331.

En cas de vente faite sur connaissement des marchandises affectées à un prêt à la grosse, le prêteur pourra, nonobstant la vente, faire saisir la marchandise, soit à bord, soit sur les gabares ou allèges qui la débarquent, soit sur quai. Son privilège ne serait éteint que si, la vente ayant été suivie de tradition réelle, les objets qui en ont fait la matière étaient arrivés en la possession effective de l'acheteur et déposés dans ses magasins.

Il en serait de même dans le cas où la marchandise aurait été remise après débarquement à un consignataire, sans que le prêteur ait protesté ou réclamé l'effet de son privilège. C'est ce que la Cour d'Aix a déclaré, par arrêt du 18 juillet 1862, par les considérations suivantes :

« Attendu que le billet de grosse, d'après ses causes, était dû par l'armateur seul ; que la cargaison en répondait seulement par l'effet du droit réel et privilégié dont l'avait grevé le capitaine, ou le vice-consul à sa place, pour dettes ne concernant que le navire ; que l'action du porteur du billet de grosse contre le réceptionnaire s'est trouvée, par suite, attachée à ce droit réel pour s'éteindre avec lui ;

» Attendu que les droits réels ont, comme conséquence et comme condition, un droit de suite sur les choses affectées ; qu'il n'y a pas de droit de suite sur les marchandises que ne détient pas le créancier par lui-même ou par un représentant ; qu'ainsi le droit réel du gagiste ou du commissionnaire s'éteint par la dépossession ; qu'un article du Code de commerce a étendu le droit réel du fret à une quinzaine après la délivrance des marchandises, pourvu qu'elles n'aient pas passé en mains tierces ; que lorsqu'une marchandise chargée sur un navire a été grevée d'un contrat à la grosse, le capitaine la détient pour le compte de tous les intéressés ; mais que lorsqu'elle vient à être débarquée, le créancier du billet, par application des principes qui régissent les droits réels sur les marchandises affectées, perd son droit par la délivrance de la marchandise dans les mains du propriétaire ou du commissionnaire qui la reçoit pour en disposer. »

Le pourvoi dirigé contre cet arrêt fut rejeté par la Cour de Cassation, le 8 janvier 1866, et la doctrine de la Cour d'Aix fut admise par la Cour de Caen, dans un arrêt du 15 janvier 1867.

Le privilège que nous venons d'étudier est acquis au prêteur, soit qu'il ait traité avec l'armateur lui-même, soit qu'il ait traité avec le capitaine. Nous savons, en effet, que celui-ci est mandataire de l'armateur, et qu'il peut, en conséquence, faire sur le navire les emprunts qui sont nécessités par les besoins du navire et les circonstances de la navigation, de même que, gérant de la cargaison, lorsqu'il n'existe à bord aucun subrécargue, il peut emprunter à la grosse sur le chargement pour subvenir aux dépenses exigées pour sa conservation.

L'armateur étant souvent inconnu des personnes qui, pendant le voyage, ont traité avec le capitaine, le tiers qui se portera créancier à raison du fait ou engagement de ce dernier pourra agir contre lui, et le jugement rendu contre le capitaine sera censé l'être contre l'armateur. Du reste, le capitaine ne pourra être condamné qu'en nom qualifié, sans exécution possible sur sa personne et ses biens, car, lorsqu'il emprunte en nom qualifié, il ne contracte aucune obligation personnelle ni contre l'armateur, ni à l'égard du prêteur.

Ce principe souffre cependant des dérogations, au cas où le capitaine a emprunté sans nécessité, ou lorsqu'il a distrait de leur destination les fonds provenant d'un emprunt, pour les employer à d'autres choses qu'aux nécessités auxquelles il devait pourvoir. Il est alors responsable envers l'armement et personnellement tenu du remboursement de l'argent.

Il faut aussi admettre que le capitaine peut s'engager directement et personnellement, et on ne saurait alors contester au créancier le droit de le poursuivre collectivement et solidairement avec l'armateur, ou même séparément de celui-ci. La Cour de Rennes, par arrêt du 25 juillet 1831, a appliqué ce principe dans une hypothèse où le capitaine qui avait emprunté en affectant ses propres biens ayant été remplacé, son successeur avait déclaré au pied du billet de grosse, qu'ayant pris connaissance du contrat, il s'obligeait solidairement à en remplir toutes les conditions. La Cour a vu là une obligation personnelle, rendant le successeur personnellement tenu du paiement de l'emprunt.

Il faut ajouter du reste que, dans ses rapports avec l'armateur, le capitaine qui s'est engagé sera réputé n'être intervenu que comme caution, et, s'il a été obligé de désintéresser le prêteur, il se fera rembourser intégralement par l'armateur.

Le propriétaire qui est engagé par le fait ou engagement de son capitaine en est tenu sur tous ses biens.

Mais a-t-il un moyen d'échapper à ces suites de l'obligation contractée par son mandant, et d'affranchir ses biens autres que son navire des conséquences de l'engagement dont il est responsable ?

L'Ordonnance, après avoir établi la responsabilité du propriétaire, lui permettait de s'en décharger par l'abandon du navire et du fret. (Liv. II, tit. VIII, art. 2.)

Mais quels étaient les faits du capitaine dont l'armateur pouvait éviter par l'abandon la responsabilité ?

Émérigon (ch. V, sect. 11, p. 454) y comprenait tous les faits et engagements quelconques du capitaine, licites ou non, bien ou mal contractés, conformes à la loi et à ses intentions ou non.

Valin, au contraire (t. 1, p. 568), distinguant entre les engagements du capitaine non valablement contractés, provenant de ses fautes, malversations, délits ou quasi-délits, et les engagements valables, licites, contractés pour le bien de l'expédition et dans les limites de son mandat, admettait la faculté d'abandon pour le premier acte de faits et le refusait pour le second.

Dans son ancien article 216, le Code s'exprimait ainsi :

« Tout propriétaire de navire est civilement responsable des faits du capitaine pour ce qui est relatif au navire et à l'expédition. La responsabilité cesse par l'abandon du navire et du fret. »

On conclut de ce texte que le Code avait tranché la controverse qui régnait sous l'empire de l'Ordonnance, que l'introduction du mot *civilement* avait pour effet de n'autoriser l'abandon qu'en cas de faits illicites ou punissables de la part du capitaine, et que la disposition était inapplicable aux engagements légitimes, tels que les emprunts à la grosse et autres actes pareils, autorisés par la loi.

Mais tout le monde n'adopta pas cette manière de voir, et il y eut des auteurs et des tribunaux qui continuèrent à ne pas distinguer, pour l'abandon, suivant la nature des faits dont le propriétaire était affranchi.

De ce nombre furent la Cour d'Aix, et les tribunaux de Marseille, de Rouen, de Nantes, de Saint-Malo, etc.

Le 17 juillet 1827, la Cour de Cassation, cassant un arrêt d'Aix, se décida en sens contraire, en se fondant surtout sur le mot *civilement* introduit dans l'article 216. Malgré la haute autorité de cette décision, confirmée par deux autres, du 14 mars 1833 et du 1er juillet 1834, les partisans de la doctrine d'Émérigon ne se tinrent pas pour battus, et certains auteurs, Boulay-Paty entre autres, et des tribunaux, parmi lesquels celui de Marseille, persistèrent dans leurs avis et jurisprudence contraires.

Enfin, émue de cette interminable controverse, la Chambre de Commerce de Marseille, prenant parti pour son tribunal consulaire, demanda une loi interprétative de l'art. 216 et le ministre, faisant droit à cette réclamation, présenta, en 1839, aux Chambres, un projet qui, après bien des vicissitudes, devint la loi du 14 juin 1841, modifiant l'art. 216.

Maintenant, le sens de cet article n'est plus douteux. Bien que le mot civilement ait été maintenu, l'adjonction, dans le second paragraphe du nouvel article 216, des mots *dans tous les cas*, permet au propriétaire d'échapper par l'abandon du navire et du fret aux conséquences de tous les actes du capitaine, quels qu'ils soient, et fait définitivement triompher la doctrine d'Émérigon et de ses partisans contre celle de Valin et de la Cour de Cassation.

Qu'arriverait-il si le capitaine n'accomplissait pas les formalités exigées dans certains cas pour l'emprunt à la grosse? Si, par exemple, voulant emprunter en cours de voyage, il n'obéissait pas aux prescriptions de l'article 234? Doit-on dire que l'emprunt fait ainsi au mépris des formalités prescrites doit rester étranger à l'armateur qui n'en est pas tenu?

Le contraire est universellement admis, et la doctrine est d'accord avec la jurisprudence pour décider que l'emprunt à la grosse auquel le capitaine a affecté son navire, sans observer les formalités prescrites par la loi, doit être considéré, malgré ces circonstances, comme obligatoire pour le propriétaire du navire à l'égard du prêteur. Mais il aura incontestablement son recours contre le capitaine, si l'omission des formalités lui a causé un préjudice.

Le motif donné pour justifier la responsabilité de l'armateur est que les formalités prescrites ne regardent que le capitaine respectivement aux propriétaires.

« Attendu, disait la Cour de Cassation dans l'affaire Torladès, que les formalités portées par l'art. 234 C. com. ne regardent que le capitaine respectivement au propriétaire; que ces formalités n'ont eu d'autre objet que de mettre le capitaine à portée de justifier de la nécessité de l'emprunt et d'éviter tout recours de la part du propriétaire; qu'elles ne concernent pas le prêteur qui a contracté de bonne foi et sans fraude avec le capitaine pendant le cours du voyage. » (Cass., 28 novembre 1821.)

La même doctrine est reproduite dans l'affaire Boullenger: « Attendu, dit l'arrêt, que le capitaine représente, pendant le cours du voyage, le propriétaire du navire pour tout ce qui est relatif au navire et à la cargaison ; qu'en conséquence, les actes faits par le capitaine pour les besoins et les nécessités de la navigation obligent le propriétaire, conformément aux dispositions de l'art. 1998 C. civ. et de l'art. 216 C. com., sauf, le cas échéant, la faculté d'abandon du navire et du fret, qui lui est accordée par ce dernier article ;

« Attendu que les formalités prescrites par l'art. 234 C. com., c'est-à-dire la délibération des gens de l'équipage et l'autorisation du juge, ont uniquement pour objet de mettre le capitaine à portée de justifier de la nécessité des emprunts qu'il a souscrits, et d'éviter ainsi toute demande récursoire de la part du propriétaire ; mais que ces formalités ne concernent pas le prêteur qui a traité de bonne foi avec le capitaine et qui n'est soumis à aucune justification à l'appui de son contrat de grosse. » (Cass., 5 janvier 1841.)

On peut ajouter que le véritable sens de l'art. 234 est fixé par l'art. 236 qui, en déclarant le capitaine responsable envers l'armement de l'argent par lui emprunté, sans nécessité, sur le corps du navire, démontre que le propriétaire est tenu, sauf son recours contre le capitaine, de désintéresser les tiers envers lesquels celui-ci s'est engagé.

Mais l'absence des formalités dont il s'agit peut être utilement invoquée par les tiers, à l'effet de faire annuler à leur égard, s'ils y ont intérêt, le privilège réclamé par le prêteur à la grosse. (Rennes, 16 décembre 1811, aff. Rateau ; Aix, 18 décembre 1818, aff. Bail.)

CHAPITRE X

COMPÉTENCE ET PRESCRIPTION
EN MATIÈRE DE CONTRAT A LA GROSSE

SECTION I

COMPÉTENCE

Il faut appliquer à notre matière la disposition de l'article 420 C. de Proc., qui permet au demandeur d'assigner, à son choix, devant le tribunal du domicile du défendeur, devant celui dans l'arrondissement duquel la promesse a été faite ou devant celui dans l'arrondissement duquel le paiement devait être effectué.

Le tribunal de commerce, dans le ressort duquel est payable un billet à la grosse souscrit par un capitaine de navire dans le cours d'un voyage, est compétent, même à l'égard du propriétaire du navire, pour déclarer commune avec lui la condamnation déjà prononcée contre le capitaine. (Req. 14 mai 1833.)

L'action en paiement du billet de grosse peut être portée devant le tribunal du lieu où ce billet est payable, aussi bien lorsqu'elle est dirigée contre l'armateur que quand elle l'est contre le capitaine lui-même.

Lorsque le contrat à la grosse est payable au lieu où le risque finit, le preneur qui ne trouve personne entre les mains de qui il puisse s'acquitter peut, nous le savons, faire le dépôt de la somme dont il est débiteur. Le juge du lieu sera compétent pour autoriser le dépôt, et c'est devant lui que le paiement pourra être demandé par le créancier.

Lorsqu'un emprunt à la grosse a été fait à l'étranger entre deux étrangers de nations différentes, et qu'il est payable en France, soit par la stipulation, soit par la fin du risque, le tribunal français doit en connaître, à l'exclusion du consul de l'un ou l'autre contractant.

La jurisprudence a même été plus loin. Elle a mis à l'écart la condition de nationalité différente chez les contractants à la grosse, et s'est attachée uniquement, pour déterminer la compétence du tribunal français, au point de savoir si c'est en France que, le risque fini, l'emprunt était remboursable, sans même que la convention étrangère eût expressément désigné la France comme lieu de paiement.

En voici deux exemples empruntés à M. Cresp :

Dans une première espèce, l'emprunt à la grosse avait été contracté à Gênes, entre un capitaine et un prêteur sardes, pour un voyage de Gênes au Brésil et à Buenos-Ayres, payables à six mois fixes et six mois de délai, même hors de Gênes.

Au lieu de ramener son navire à Gênes, le capitaine le ramène à Marseille.

En l'état de ces faits, le porteur du billet de grosse pratique une exécution sur le navire, et le capitaine oppose l'incompétence.

Dans une deuxième espèce, l'emprunt est fait à Syra (Grèce), entre un capitaine grec et un prêteur de même nation, pour deux mois obligés et deux mois au prorata, et payable là où l'obligation sera présentée au capitaine.

Le capitaine grec vient à Marseille. Les mandataires du prêteur grec se font autoriser par le juge de Marseille à saisir, et l'incompétence est également opposée par le défendeur.

Il fut jugé cependant dans les deux cas qu'en contractant une pareille obligation, le débiteur s'était implicitement soumis à la juridiction du pays où la représentation lui en serait faite après l'échéance.

« A plus forte raison, ajoute M. Cresp, si le billet était négociable, et s'il était endossé à un porteur français qui en réclamât le paiement. Le débiteur serait, en effet, en vertu des principes sur les effets négociables, censé avoir contracté avec le prêteur lui-même. »

Les prêteurs à la grosse peuvent, en vertu du droit réel attaché à leur créance, exercer des poursuites dans tous les lieux où ils trouvent la chose qui leur est affectée. Ces actions réelles, quand elles portent sur le navire, s'attachent à lui tant qu'elles n'ont pas été purgées. Toutefois, elles ne peuvent s'exercer que sous les restrictions apportées par l'art. 215 C. com. « Le bâtiment prêt à faire voile n'est pas saisissable, si ce n'est à raison des dettes contractées pour le voyage qu'il va faire ; et même, dans ce dernier cas, le cautionnement de ces dettes empêche la saisie.

« Le bâtiment est censé prêt à faire voile, lorsque le capitaine est muni de ses expéditions pour son voyage. »

SECTION II

PRESCRIPTION

L'Ordonnance de 1681 n'établissait aucune prescription en matière de contrat à la grosse. L'action du prêteur n'était donc prescrite que par trente ans.

Mais lorsque le billet de grosse était fait à l'ordre du donneur, et que celui-ci le négociait, le porteur était obligé de faire les diligences contre le preneur dans les délais prescrits par l'Ordonnance de 1673, tit. des lettres de change, art. 13 et 32, à compter du jour où le billet de grosse était exigible ; passé lequel temps, le porteur était non recevable dans son action de garantie contre l'endosseur. Dans ce cas, on ne considérait plus le billet comme contrat à la grosse, mais bien comme simple billet à ordre.

Lorsque les rédacteurs du projet de Code s'occupèrent de la prescription des actions résultant d'un contrat à la grosse ou d'une police d'assurance, ils proposèrent de fixer à quatre ans le délai pour la prescription.

Divers tribunaux se prononcèrent contre un délai uniforme, et demandèrent qu'on établît pour la prescription des délais variés, d'après l'étendue des voyages. Les nombreux procès qu'avait occasionnés l'application de ce mode de calcul consacré par l'Ordonnance, la crainte de les voir se renouveler, firent repousser cette proposition.

D'autres tribunaux trouvaient au contraire le délai de quatre ans trop court, et le tribunal de Paimpol signala une hypothèse où il aurait été certainement insuffisant. On fit droit à cette réclamation et le délai pour la prescription fut porté à cinq ans, art. 432.

Cette prescription court à partir de la date du contrat, et s'applique à toute action dérivant d'un contrat à la grosse ou d'une police d'assurance. Ces cinq ans constituent un délai préfix, jugé suffisant par la loi, et dans lequel le contrat est supposé avoir pu produire tous ses effets. Il résulte de là que notre prescription n'est susceptible d'aucune suspension.

La prescription de l'art. 432 n'est opposable qu'à l'action en paiement du billet de grosse. Ainsi si, sur la demande du porteur du billet, l'armateur du navire l'avait désintéressé, ses copropriétaires ne pourraient lui opposer l'article 432, lorsque, après plus de cinq ans, il réclamerait de chacun d'eux la part afférente à son intérêt dans le navire.

C'est ce qu'a jugé le Tribunal de Commerce de Marseille dans l'espèce suivante. Les héritiers du sieur Arnaud, copropriétaire avec le sieur Sanglar du navire le *Mithridate* dont il était armateur, demandaient à ce dernier le remboursement de la part à sa charge dans les billets de grosse payés par leur auteur à la décharge de l'armement, paiement qui remontait au-delà de cinq ans. Le capitaine Sanglar soutenait que l'action contre lui était éteinte par la prescription de cinq ans.

Le Tribunal repoussa cette prétention : « Attendu que l'action n'a pas de caractère différent suivant les causes des avances faites par un des copropriétaires ; quelles que soient les avances, pourvu qu'elles aient été nécessaires ou utiles, un copropriétaire a toujours le même droit d'en réclamer l'excédant contre l'autre et d'en prélever le montant sur l'avoir commun, s'il en existe ; que les conséquences de la subrogation qu'aurait rapportée l'un d'eux en payant une dette de l'armement ne sont opposables qu'aux tiers dans l'intérêt commun des copropriétaires ;

« Que l'action en règlement de comptes entre copropriétaires d'un bâtiment de mer ne saurait être soumise tantôt à la prescription de l'article 432, tantôt à celle de l'article 433, ou toute autre, suivant qu'un des propriétaires aurait acquitté la dépense d'une fourniture, ou un contrat à la grosse, ou toute autre charge ; que la loi n'ayant établi aucune prescription spéciale relativement à cette action, le défendeur ne peut se prévaloir que de la prescription trentenaire, qui n'est pas acquise. »

Le capitaine Sanglar ayant émis appel de ce jugement, un arrêt de la Cour d'Aix, du 23 décembre 1870, le confirma purement et simplement, et par adoption des motifs. (De Capdeville, *Bulletin des Arrêts d'Aix*, 1871, 193.)

Lorsque le billet de grosse est à ordre ou au porteur, la prescription de cinq ans court-elle de la date du billet, ou du jour du protêt ou de la dernière poursuite judiciaire, conformément à l'art. 189, C. com.

Pour un billet au porteur, nous admettons sans hésiter qu'il est régi par l'art. 432, car on ne saurait appliquer au titre au porteur une disposition, comme celle de l'art. 189, qui n'a pas été fait pour lui.

Bien que la question soit plus délicate en ce qui concerne le billet de grosse à ordre, nous croyons que la même solution doit être admise, et que l'art. 432 doit prévaloir sur l'art. 189. Nous ferons remarquer d'abord que les termes de l'art. 432 ne laissent place à aucune distinction entre le billet de grosse à ordre et celui qui ne l'est pas ; que la solution contraire amènerait entre ces deux contrats une différence choquante et injustifiable, et, enfin, qu'il n'y a pas de raison pour ne pas appliquer l'art. 432 dans notre espèce, le motif général qui a fait établir cette disposition subsistant ici avec une égale force.

Le créancier auquel on oppose la prescription quinquennale peut déférer le serment au débiteur sur le point de savoir si la dette a été ou non payée. Il est conforme à l'esprit de la loi d'autoriser la délation de serment toutes les fois que le débiteur invoque une de ces courtes prescriptions qui n'ont pour base qu'une présomption de paiement. On a contesté, il est vrai, que notre prescription eût pour base une présomption de libération, mais l'affirmative résulte pour nous de l'art. 434 C. com., portant que la prescription dont il s'agit ne peut avoir lieu s'il y a cédule, obligation, arrêté de compte ou interpellation judiciaire.

Mais quel sera l'effet de ces deux actes sur la prescription ?

Interromproni-ils simplement la prescription de cinq ans, ou bien la supprimeront-ils pour la remplacer par une autre ?

Il nous semble qu'après des actes de cette espèce, la prescription de cinq ans ne peut plus exister. Lorsqu'il est intervenu entre parties une obligation ou un arrêté de compte, il se réalise alors une novation dans le titre ; le créancier ne puise plus son droit dans le contrat à la grosse, mais dans l'obligation souscrite, dans l'arrêté de compte. L'interpellation judiciaire n'est pas par elle-même une novation, mais elle prépare cette novation, puisqu'elle aura pour effet de substituer l'autorité du jugement à celle du contrat.

Ainsi, il nous semble que les actes dont parle l'art. 434 n'opèrent pas seulement interruption de la prescription. Si le législateur eût voulu ne leur donner qu'un caractère interruptif, il n'eût pas manqué de le dire. Or l'art. 434 dit de la façon la plus formelle : la prescription *n'a pas lieu*, expressions d'autant plus significatives que le tribunal de Paimpol proposait seulement de donner à l'acte judiciaire l'effet d'interrompre la prescription.

La prescription serait interrompue par la reconnaissance de la dette, résultant de pourparlers avoués ou prouvés par écrit, qui seraient intervenus pour le règlement amiable des difficultés que peut offrir l'événement, en tant cependant que ces pourparlers se résumeraient en une promesse de paiement de la part du débiteur.

Déjà, sous l'empire de l'Ordonnance, Valin et Émérigon, d'accord avec la jurisprudence, soutenaient l'efficacité des pourparlers, comme obstacles à la prescription : « La moindre reconnaissance de la dette, disait Émérigon, *minima agnitio debiti*, suffit pour interrompre la prescription. Lorsque les assureurs, examinant les pièces qu'on leur exhibe, demandent des éclaircissements ultérieurs, ils reconnaissent de payer la perte dès que les choses seront mieux justifiées. Il serait très indécent qu'on présentât requête contre eux avant de les avoir satisfaits par des préalables qu'ils paraissent en droit d'exiger. Il serait donc injuste que ces mêmes préalables n'eussent été qu'un piège tendu aux assurés pour les faire déchoir de leur action. Il faudrait se méfier des assureurs comme on se méfie des pirates, et détruire la bonne harmonie qui doit régner entre concitoyens. » (Ch. 19, sect. 10, § 3.)

Mais il convient d'ajouter que l'effet des pourparlers diffère de celui de la cédule, de l'obligation, de l'arrêté de compte, de l'interpellation judiciaire. Tandis que ces actes empêchent la prescription spéciale, à laquelle ils substituent la prescription ordinaire, ceux-là ne produisent jamais qu'une interruption jusqu'au moment où, les pourparlers n'ayant pas abouti, la partie est mise à même et par cela même en demeure d'agir.

CHAPITRE XI

LÉGISLATIONS ÉTRANGÈRES [1]

Maintenant que nous avons terminé l'étude du contrat à la grosse dans notre droit, nous allons jeter un rapide coup d'œil sur les législations étrangères, en nous bornant à indiquer les points principaux sur lesquels elles présentent des différences avec les dispositions de notre Code.

La *Belgique* et la *Grèce* suivent la même législation que la France.

En *Angleterre*, la loi reconnaît deux sortes de contrats à la grosse. Le premier, appelé *bottomry*, a pour objet les besoins du navire, et le navire y est affecté en gage; le second, appelé *respondentia*, est fait sur marchandises.

Le contrat est fait par écrit, mais il n'est soumis à aucune forme particulière.

Il n'est pas nécessaire, pour que le contrat à la grosse soit valable, que des objets y soient réellement affectés; il suffit que ces objets soient la cause déterminante du contrat, qu'il ait pour cause des risques maritimes auxquels soient exposés un navire ou des marchandises, sans que l'emprunteur soit tenu de

(1) Voir l'ouvrage de M. Hœchster, *Manuel de Droit commercial français et étranger*, auquel nous avons emprunté les indications contenues dans ce chapitre, et la *Concordance des Codes de commerce étrangers avec le Code de commerce français*, par Anthoine de Saint-Joseph.

justifier d'un intérêt sur le navire ou les marchandises. Ainsi, le contrat peut, par défaut d'intérêt, revêtir les caractères d'un pari. Cependant un pacte de cette nature ne serait pas admis dans le trafic avec les Indes Orientales.

Il est également interdit de prêter à la grosse, en Angleterre, à des navires étrangers qui se rendent aux Indes.

Le prêteur anglais ne répond pas des avaries communes.

Les intérêts du capital prêté ne courent pas de plein droit, du jour où ce capital devient exigible, à moins toutefois que l'emprunteur ne l'ait rendu exigible par l'inaccomplissement des conditions du contrat, ou qu'il n'ait occasionné des retards inutiles.

En *Allemagne*, le capitaine peut contracter un emprunt à la grosse, en cours de voyage, mais seulement au cas d'une nécessité absolue, qui devra être constatée par le consul allemand ou son gérant; à défaut de consul, par le Tribunal du lieu où l'emprunt doit être fait; ou, en l'absence de toute autorité compétente, par les officiers du bâtiment.

Le montant du prêt à la grosse doit être remboursé, s'il n'y a pas convention contraire, dans la huitaine de l'arrivée du navire au port de destination du voyage pour lequel le prêt a été fait. A dater du huitième jour, les intérêts courent de plein droit, pour le capital et pour le profit maritime.

Le prêteur à la grosse ne supporte aucune avarie, ni commune ni particulière; mais il supporte le dommage résultant de ce que, par suite d'avaries, la valeur des objets engagés est insuffisante pour le désintéresser.

Le capital prêté et même le profit maritime peuvent faire l'objet d'un contrat d'assurance.

Lorsque le capitaine s'est écarté de la route qu'il devait suivre, qu'il a modifié le voyage convenu, ou que, les risques du voyage désigné terminés, il a exposé les objets à de nouveaux risques, sans que ces faits soient justifiés par l'intérêt du prêteur, le capitaine est responsable vis-à-vis du prêteur jusqu'à concurrence de la somme nécessaire pour parfaire la créance dudit prêteur, à moins toutefois qu'il ne prouve que le déroutement ou le prolongement de voyage n'ont produit aucune avarie ni aucun préjudice qui aient diminué le gage du prêteur.

En *Autriche*, la législation est muette sur le contrat à la grosse, aussi bien que sur l'assurance.

Nous ne trouvons que cette indication dans une ordonnance de Marie-Thérèse, du 25 avril 1774, publiée pour les possessions autrichiennes en Italie, sous le titre suivant : *Editto politico de navigazione mercantile austriacâ*, art. 35, ch. III : En cours de voyage, le capitaine ne peut faire réparer le navire, ni emprunter en son nom personnel, ni hypothéquer le navire, ou aliéner les agrès et apparaux, à moins qu'il ne soit expressément et spécialement autorisé à cet effet des armateurs ou de leurs fondés de pouvoirs, ou à moins qu'il n'y ait nécessité urgente et justifiée. Dans ce dernier cas, le capitaine doit consulter les officiers, consigner leurs avis sur le livre de bord, et informer les armateurs dans le plus bref délai (1).

En *Italie*, l'art. 427 règle les formalités d'enregistrement, qui sont assez compliquées : Le prêt à la grosse fait dans le royaume doit être transcrit sur les registres de l'administration maritime du département où il a eu lieu ; mention en est faite dans l'acte de nationalité du navire, dans les dix jours de sa date, sous peine de perdre le privilège. Le prêt à la grosse fait à l'étranger doit être transcrit sur les registres du consulat royal du lieu où il est signé ; mention en est faite dans l'acte de nationalité dans le même délai, et sous la même peine. S'il n'y a ni agent

____

(1) Anthoine de Saint-Joseph. — *Concordance des Codes de commerce étrangers avec le Code de commerce français*, v. Autriche.

consulaire, ni aucun autre qui en remplisse les fonctions, il faut mentionner le contrat sur l'acte de nationalité, par les soins du capitaine, de l'autorité qui concède l'autorisation, ou de tout autre officier public du lieu. Le capitaine qui ne justifie pas de l'accomplissement de ces formalités, est tenu personnellement au paiement du profit maritime.

En *Espagne*, il faut, pour que le privilège du prêteur soit efficace à l'égard des tiers, que le contrat de grosse soit transcrit dans les huit jours au bureau des hypothèques de l'arrondissement où il a été fait.

On ne peut emprunter sur corps et quille que jusqu'à concurrence des trois quarts de la valeur du navire.

En cas de sinistre, quand le prêteur se trouve en concours sur les objets sauvés avec un assureur, ils partagent au prorata de leur intérêt respectif le produit du sauvetage, à condition toutefois que, après déduction du montant du prêt, la somme assurée y ajoutée n'excède pas la valeur totale des objets affectés. Au cas contraire l'assureur n'aurait droit qu'à la part proportionnelle correspondant au reste de la valeur des choses assurées, après déduction du sauvetage.

En *Portugal,* au cas de perte résultant de naufrage, le prêteur peut se faire rembourser de son capital sur les objets affectés au prêt et sauvés, après déduction des frais de sauvetage. Au cas où la valeur de ces objets excéderait le capital, le profit maritime serait payé sur l'excédant. Si l'objet sauvé n'était affecté que pour une partie, l'emprunteur et le prêteur viendraient ensemble en concurrence sur le produit du sauvetage, le prêteur en proportion de la somme empruntée, et l'emprunteur en proportion de l'excédant de la valeur.

L'article 1667 oblige l'emprunteur à prévenir le prêteur de tout sinistre maritime ou de toute saisie qui vient à frapper le navire, dès que la nouvelle lui en est parvenue. Si, au moment du sinistre, de la prise ou de la saisie, le preneur se trouve lui-même à bord, il est tenu, sous peine de dommages-intérêts, de faire pour le recouvrement et le sauvetage toutes les diligences d'un bon administrateur.

En *Roumanie*, le prêt à la grosse n'a pas besoin d'être enregistré; mais il doit être fait par écrit et légalisé par le Tribunal.

Dans les *Pays-Bas*, quand on emprunte à la grosse sur marchandises avant que le voyage ne soit commencé, on doit faire mention du prêt sur les connaissements et sur le manifeste de chargement, et indiquer, en outre, le nom de la personne à qui le capitaine doit faire connaître son heureuse arrivée au port de destination. Si ces indications étaient omises, le consignataire qui, sur la foi du connaissement n'indiquant pas l'emprunt, aurait fait des avances ou accepté des lettres de change, serait préféré au porteur du billet de grosse.

Le prêteur à la grosse ne contribue aux avaries qu'à raison du dommage résultant de la perte ou de la diminution, à moins qu'il n'y ait convention contraire.

Lorsque le navire ou les marchandises affectées éprouvent quelque sinistre, ou qu'ils sont capturés, l'emprunteur est tenu d'en donner immédiatement avis au prêteur, aussitôt que la nouvelle parvient à sa connaissance. Sa négligence à transmettre l'avis du sinistre le rendrait passible de dommages-intérêts vis-à-vis du preneur.

Lorsqu'il y a sinistre et concours pour les objets sauvés entre le prêteur et un assureur, si l'emprunt a été contracté par nécessité et pour le salut du navire et des marchandises, le prêteur à la grosse prime l'assureur; mais si l'emprunt à la grosse a été fait avant le départ, le prêteur à la grosse et l'assureur partagent, chacun en proportion de ses intérêts.

En *Danemark*, le capitaine, en cours de voyage, ne peut contracter un emprunt à la grosse qu'en cas d'urgence constatée par trois hommes de l'équipage.

Dans ce pays aussi il existe deux sortes de prêt : *at bottomry* et *at respondentia*. Ces deux prêts, bien qu'affectant également le navire et le fret, produisent cependant des effets différents. Le prêt at bottomry est le véritable prêt à la grosse, créant entre les prêteurs certains droits de préférence pour l'exercice de leur privilège. Les prêteurs at respondentia n'ont aucun droit de préférence entre eux, et n'ont qu'un privilège de dernier rang, qui les fait colloquer après les prêteurs at bottomry et les autres créanciers privilégiés.

La raison de cette préférence accordée par le droit danois au prêt at bottomry sur le prêt at respondentia, s'explique par cette idée que le premier n'est autorisé qu'en cas de nécessité absolue dûment justifiée, tandis que le second peut être contracté pour des opérations commerciales purement aléatoires.

En cas de sinistre, le prêteur a droit au capital prêté et au profit maritime, jusqu'à concurrence du produit des objets affectés qui auront été sauvés.

Le prêteur répond des avaries particulières, mais non des avaries communes, à moins de convention spéciale.

Dès que le navire est arrivé à destination, le paiement du capital et du profit peut être exigé de l'emprunteur. Le prêteur doit faire cette déclaration dans les six mois de l'arrivée du navire, sous peine de déchéance de ses droits ; mais, durant ce délai, il conserve ses droits sur le navire, lors même qu'il viendrait à être vendu. S'il est stipulé que le paiement sera effectué dès le retour du navire au lieu du départ, et que le navire n'y soit pas retourné dans l'an et jour, le remboursement du prêt peut être exigé, et les intérêts courent du jour de l'échéance.

Il existe encore, en droit danois, une autre sorte de contrat à la grosse, qui produit tous les effets du prêt at bottomry, et est soumis à quelques règles particulières. C'est ce qu'on appelle le *billet de navire*, prêt fait pour subvenir à la réparation ou même à la construction d'un navire. Ce contrat a ceci de particulier que si le prêteur ne réclame pas le paiement du billet avant que le navire n'ait mis à la voile, il est déchu de ses droits contre l'emprunteur, et le bâtiment se trouve libéré.

En *Suède*, le prêteur ne contribue pas aux avaries communes, et dans le cas où les objets affectés au prêt deviennent, par suite de ces avaries, insuffisants pour garantir la dette, le preneur doit compte au prêteur du déficit.

La somme prêtée et le profit stipulé doivent, à moins de convention contraire, être remboursés dans les quatorze jours qui suivent l'arrivée du navire au port où finit le voyage pour lequel l'emprunt a été contracté. Si le paiement n'est pas fait dans ce délai, l'emprunteur doit payer les intérêts à 6 % du capital et de la prime.

En cas de déroutement volontaire, le capitaine devient personnellement responsable de la partie de la dette que les objets affectés ne suffisent plus à garantir, à moins qu'il ne prouve qu'il n'a agi que par ordre de l'armateur, ou que la perte des objets ne résulte pas du déroutement.

Si le voyage pour lequel l'emprunt à la grosse a été contracté se trouve rompu, la somme prêtée doit être remboursée dans les quatorze jours, avec les intérêts, plus 2 %, mais sans profit maritime.

En *Russie*, le prêt à la grosse est défini : une convention d'emprunt sous la caution du navire ou du chargement, d'où il semble résulter que ce contrat, au lieu d'avoir, dans ce pays, le caractère aléatoire qu'il a dans les autres pays, n'y constitue qu'un prêt sur gage.

Le capitaine ne peut emprunter sur le chargement que si le navire n'offre pas lui-même une garantie suffisante. Il ne peut vendre ou échanger des marchandises, sans justifier de l'impossibité de contracter un emprunt.

Le profit maritime ne peut être fixé au delà de 6 %.

Les articles 798 à 802 du Code de commerce russe contiennent des dispositions relatives à l'emprunt de vivres, fait en pleine mer par l'équipage d'un navire en détresse, emprunt forcé et soumis par le Code russe à des règles qu'on ne rencontre dans aucune autre législation.

Ainsi, le capitaine qui souffre de la disette de vivres peut, s'il rencontre un autre navire, lui en emprunter, même contre sa volonté dans le cas où le capitaine de ce navire se refuserait à le secourir contre toutes les lois de l'humanité. Il ne doit prendre que ce qui est strictement nécessaire à ses besoins. Il doit prendre les vivres au poids et à la mesure, et laisser au capitaine qui les lui délivre un écrit indiquant son nom, le nom de son navire, celui de l'armateur, le lieu de son départ, celui de sa destination, la quantité de vivres qu'il a prise, et les conditions stipulées pour le paiement. Il doit recevoir du capitaine auquel il emprunte les vivres un écrit contenant les mêmes mentions. A l'arrivée de l'un des deux bâtiments au premier port, le capitaine est tenu de laisser à la douane l'écrit qu'il a reçu ou délivré, et le capitaine qui a emprunté doit déclarer la quantité de vivres qui lui restait lors de son départ du premier port, en spécifiant les accidents imprévus ou les évènements de mer qui ont retardé sa navigation.

Si la disette dont l'équipage a eu à souffrir provient de sa négligence à s'approvisionner lors du départ, ou s'il n'a éprouvé ni accident, ni sinistre qui ait pu retarder son voyage, il est responsable du dommage ou de la perte qu'il a occasionnée à l'autre navire.

Dans l'*île de Malte,* le taux du profit maritime n'est pas illimité ; il est fixé selon le cours et l'usage de la place. Si on stipulait un intérêt supérieur à ce cours, il devrait être réduit. Cependant, on peut convenir que le profit sera augmenté ou diminué suivant la survenance de l'état de guerre ou de paix.

En cours de voyage, le capitaine n'est pas tenu de prendre l'avis des principaux de l'équipage pour emprunter sur corps ou sur facultés ; mais il doit faire mention de l'emprunt sur les registres de bord. Lorsque l'emprunt est reconnu nécessaire pendant le voyage, le capitaine peut, sur le refus des propriétaires ou chargeurs présents sur les lieux, se faire autoriser par le juge à le contracter.

Le prêteur a droit au produit du sauvetage, mais seulement jusqu'à concurrence de la somme prêtée, car le profit n'est pas dû en cas de perte.

Les intérêts du capital courent à partir du jour de l'heureuse arrivée ; ceux du profit maritime ne sont pas dus de plein droit, mais seulement du jour de la demande en justice.

Si le prêt est fait pour l'acquisition de marchandises, mais que le navire et la cargaison soient tous deux affectés à la garantie du prêt, le prêteur exerce d'abord son privilège sur les marchandises, et subsidiairement seulement sur le navire. Son privilège sur le navire ne lui donne de droit de préférence qu'à l'égard des créanciers des précédents voyages, et non à l'égard des créanciers privilégiés du dernier voyage.

Aux *États-Unis,* le prêt à la grosse est régi par les mêmes principes que dans le droit anglais. La formalité de l'enregistrement n'est pas exigée. Le capitaine ne peut emprunter à la grosse qu'en cas d'absolue nécessité, dont la preuve incombe au prêteur, car on craint que l'espoir d'un gain ne l'amène à consentir trop facilement des prêts onéreux pour l'armateur.

L'emprunt peut affecter le navire et le fret, mais non les marchandises.

Si le voyage est interrompu, et si le navire n'a pas couru tous les risques prévus par le contrat, le Tribunal de l'Amirauté peut réduire le profit maritime stipulé en proportion des risques courus.

Le prêteur contribue aux avaries particulières, mais non aux avaries communes, à moins de stipulation contraire.

Si, à l'échéance, le prêteur laisse partir le navire affecté sans exercer son recours, sa négligence est considérée comme une renonciation au privilège, et il n'a plus qu'une action personnelle contre l'emprunteur. Cependant la jurisprudence lui accorde un certain délai pour exercer son action, ordinairement jusqu'à la fin du voyage suivant.

Au *Brésil,* en cas de sinistre, l'obligation de l'emprunteur est réduite à la valeur des objets sauvés, sur lesquels le prêteur se paie du capital et du profit maritime, après déduction des frais de sauvetage et des loyers dus à l'équipage pour le dernier voyage.

Le prêteur à la grosse qui, par son accord avec le capitaine, cause un préjudice aux armateurs et chargeurs, répond solidairement avec le capitaine des réparations dues, sans préjudice de l'action criminelle.

Les loyers des gens de l'équipage, le fret espéré ou le profit espéré de quelque opération, ne peuvent faire l'objet d'un prêt à la grosse.

En cas de prise ou de perte par fortune de mer du navire ou des facultés affectées à l'emprunt, le preneur est tenu d'en donner avis au prêteur dès que la nouvelle lui en parvient.

En cas de retard dans le paiement, constaté par un protêt, le prêteur a droit aux intérêts légaux, tant pour le capital que pour le profit maritime.

Au *Chili,* on ne peut emprunter à la grosse que jusqu'à concurrence de la valeur des objets affectés, d'après le cours du lieu où les risques commencent à courir.

Le prêteur à la grosse peut prendre à sa charge, en vertu d'une convention expresse, les risques provenant du vice propre de la chose, la baraterie de patron, le changement volontaire de route, de voyage ou de navire, mais il ne peut jamais se rendre responsable de la faute de l'emprunteur, ni de la contrebande.

Lorsque l'époque du paiement n'est pas indiquée, il est exigible un mois après la cessation des risques. Pendant ce délai, l'intérêt du capital est dû, mais non celui du profit maritime, qui ne court que du jour de la demande en justice.

Au *Pérou,* l'acte de grosse sous signature privée doit être fait en présence de deux témoins.

Lorsqu'il est contracté en pays étranger, l'intervention du consul péruvien est nécessaire, dans les ports où il existe un consulat. S'il n'y en a pas, l'emprunteur doit remettre une copie de l'acte au premier port péruvien où il aborde, pour qu'il soit transcrit sur le registre des hypothèques.

En cas de concours entre prêteur et assureur sur des objets sauvés, le prêteur est d'abord couvert, et les assureurs viennent ensuite sur ce qui reste.

TABLE DES MATIÈRES

DROIT ROMAIN

DROIT FRANÇAIS

Chartres. — Imprimerie Édouard Garnier.